Redes sociais, segregação e pobreza

FUNDAÇÃO EDITORA DA UNESP

Presidente do Conselho Curador
Herman Jacobus Cornelis Voorwald

Diretor-Presidente
José Castilho Marques Neto

Editor-Executivo
Jézio Hernani Bomfim Gutierre

Assessor Editorial
Antonio Celso Ferreira

Conselho Editorial Acadêmico
Alberto Tsuyoshi Ikeda
Célia Aparecida Ferreira Tolentino
Eda Maria Góes
Elisabeth Criscuolo Urbinati
Ildeberto Muniz de Almeida
Luiz Gonzaga Marchezan
Nilson Ghirardello
Paulo César Corrêa Borges
Sérgio Vicente Motta
Vicente Pleitez

Editores-Assistentes
Anderson Nobara
Arlete Zebber
Ligia Cosmo Cantarelli

CENTRO DE ESTUDOS DA METRÓPOLE

Diretora
Marta Arretche

Conselho Diretor do CEM
Adrián Gurza Lavalle
Alvaro Augusto Comin
Antônio Sérgio Guimarães
Charles Kirschbaum
Eduardo Marques
Fernando Limongi
Nadya Araújo Guimarães
Márcia Lima
Marta Arretche
Henri Gervaiseau
Paula Montero
Ronaldo de Almeida
Sandra Gomes
Vera Schattan Coelho

Comissão Coordenadora do Instituto Nacional de Ciência e Tecnologia
Antônio Sérgio Guimarães
Celi Scalon
Eduardo Marques
Elisa Reis
Fernando Limongi
Marta Arretche
Nadya Araújo Guimarães
Paula Montero

EDUARDO MARQUES

Redes sociais, segregação e pobreza

centro de estudos da metrópole

© 2010 Editora UNESP

Direitos de publicação reservados à:
Fundação Editora da UNESP (FEU)
Praça da Sé, 108
01001-900 – São Paulo – SP
Tel.: (0xx11) 3242-7171
Fax: (0xx11) 3242-7172
www.editoraunesp.com.br
www.livrariaunesp.com.br
feu@editora.unesp.br

Centro de Estudos da Metrópole
Rua Morgado de Mateus, 615
04015-902 – São Paulo – SP
Tel.: (0xx11) 5574-0399
Fax: (0xx11) 5574-5928
www.centrodametropole.org.br

CIP – Brasil. Catalogação na fonte
Sindicato Nacional dos Editores de Livros, RJ

M315r

Marques, Eduardo
   Redes sociais, segregação e pobreza em São Paulo / Eduardo Marques. – São Paulo: Editora UNESP; Centro de Estudos da Metrópole, 2010.
   216p.: il.

   Inclui bibliografia
   ISBN 978-85-393-0012-9

   1. Pobreza urbana – São Paulo (Estado). 2. Segregação – São Paulo (Estado). 3. Redes de relações sociais – São Paulo (Estado). 4. São Paulo (Estado) – Condições econômicas. 5. Renda – Distribuição – São Paulo (Estado). 6. Sociologia urbana – São Paulo (Estado). II. Título.

10-1195.
CDU: 307.76098161
CDU: 316.334.56(815.61)

Editora afiliada:

Não existe isso a que chamam de sociedade. Existem homens e mulheres individuais, e existem famílias.
Margaret Thatcher, 1987.

É um assunto para debate o quanto do retorno da ideia de que as pessoas são responsáveis individualmente por suas próprias posições sociais, como resultado de boas ou más escolhas, deve-se ao surgimento de política impregnada de religião.
Brian Barry, 2005.

Por tempo demais ignoramos a importância das redes sociais no desenho de políticas de bem-estar, pois pressupomos que uma certa combinação de incentivos e habilidades seria suficiente para solucionar o problema da exclusão social. O único debate sobre o futuro dessas políticas que merece atenção é sobre como os sistemas de proteção podem se tornar parte do que dá sustentação ao tecido relacional de nossa sociedade.
Perri 6, 1997.

Aqui é cada um com o seu cada qual.
Morador do Jardim Elba, Sapopemba, 2007.

AGRADECIMENTOS

Este livro é baseado nos resultados de minha tese de livre-docência defendida na Faculdade de Filosofia, Letras e Ciências Humanas da Universidade de São Paulo (FFLCH/USP) em 2007. Inicio agradecendo pela leitura atenta e as inúmeras sugestões interessantes apresentadas pela banca, composta pelos colegas Maria Hermínia Tavares de Almeida, Brasílio Salum, Argelina Figueiredo, Celi Scalon e Naércio Menezes. Várias delas foram posteriormente integradas a este livro.

O trabalho foi profundamente marcado pelo ambiente do Centro de Estudos da Metrópole (CEM) do Cebrap. A própria motivação de explorar conjuntamente as redes e a segregação como mecanismos da produção das condições de vida e da pobreza derivou de estudos anteriores desenvolvidos coletivamente, em especial do livro *São Paulo: segregação, pobreza e desigualdades sociais,* editado por mim e por Haroldo Torres, em 2005. A obra traz a influência de diversas discussões travadas no interior do CEM ao longo dos últimos anos. Agradeço aos diversos colegas do Centro que contribuíram de forma difusa para este trabalho.

Nessa mesma direção, impossível não explicitar meu sincero agradecimento à Fundação de Amparo à Pesquisa do Estado de São Paulo (Fapesp) pelo financiamento de longo prazo do Centro, sem o qual essa pesquisa não teria sido possível. No caso do CEM, mais do que financiar esta ou qualquer outra investigação especificamente, a Fapesp tem viabilizado avanços de pesquisa construídos por meio do encadeamento de investigações ao longo dos anos, possibilitando a produção de conhecimento cumulativo e articulado. Trabalhos como este seriam impossíveis sem tal financiamento. Espero que os frutos desse esforço se reproduzam no tempo e contribuam tanto para a produção de um campo de conhecimento mais rico e sistemático em Ciências Sociais quanto para o urgente enfrentamento da pobreza e das desigualdades sociais nas cidades.

A publicação deste livro, entretanto, veio a se concretizar por meio dos apoios institucionais do Centro de Estudos da Metrópole, da Editora UNESP e da proposta de difusão do SESC São Paulo, fundamentais para viabilizar esta edição.

O mais efusivo agradecimento, entretanto, é endereçado à equipe da pesquisa sobre redes e pobreza, que tem este livro como um de seus produtos. O grupo incluiu, em momentos diversos e pela ordem de entrada em cena: Renata Bichir, Miranda Zoppi, Thais Pavez, Igor Pantoja, Encá Moya e Rafael Soares. A participação de todos foi fundamental pelas muitas discussões conceituais, empíricas e existenciais que travamos, assim como pela inestimável ajuda operacional nas entrevistas e no processamento dos dados.

Após a defesa da tese, retornei ao campo para aumentar o número de casos e desenvolver a etapa qualitativa da investigação, o que resultou na ampla revisão do texto anterior e na inclusão de novos capítulos. Nesse estágio, agradeço pela leitura atenta e generosa de Renata, Encá, Miranda e Val, que ajudaram a retirar as ambiguidades do texto e a torná-lo mais acessível. Adicionalmente, agradeço à Miranda pela ajuda na revisão final e à Renata por uma última leitura atenta, em especial aos resultados reportados. Este livro não seria possível sem o trabalho dedicado e alegre dessa equipe, que contribuiu não apenas em termos operacionais, mas também intelectuais para esse resultado.

Por fim, agradeço à Val pela alegre e improvável combinação cotidiana de densidade e leveza.

Sumário

INTRODUÇÃO   11
   O estudo   19
   O livro   24

CONSTRUINDO PONTES CONCEITUAIS.
POBREZA URBANA, SEGREGAÇÃO
E REDES   27
   Pobreza urbana e segregação   28
   Redes sociais e pessoais   43
   Pobreza, segregação e redes   57

OS ESPAÇOS E AS POBREZAS DE SÃO PAULO   59
   A metrópole paulistana e suas pobrezas   59
   Locais estudados e procedimentos de pesquisa   66
   As localizações   73
   Comparando os locais de moradia dos
   entrevistados   91

COMO SÃO AS REDES DE INDIVÍDUOS
EM SITUAÇÃO DE POBREZA?   95
   Os entrevistados e suas características   96
   As redes e a sociabilidade   101
   Atributos e redes   106
   Sumarizando os efeitos dos atributos   117

COMO AS REDES VARIAM? TIPOS DE REDES E TIPOS DE SOCIABILIDADE   121

Os tipos de redes   122
Os tipos de sociabilidade   131
Combinando tipos de redes e de sociabilidade   138

AS REDES IMPORTAM PARA O ACESSO A BENS E SERVIÇOS OBTIDOS EM MERCADOS?   141

Trabalho   142
Trabalho protegido   144
Precariedade social   145
Rendimentos   149
Sumarizando os efeitos das redes   153

AS REDES IMPORTAM PARA O ACESSO DE BENS E SERVIÇOS OBTIDOS FORA DE MERCADOS?   155

Trocas, ajudas e confiança   156
Ajudas   159

COMO AS REDES IMPORTAM? MECANISMOS NAS (E DAS) REDES   173

Mudança na rede   175
Os mecanismos que moldam as redes e medeiam a sua mobilização   177

CONCLUSÃO   187

ANEXO   195

REFERÊNCIAS BIBLIOGRÁFICAS   197

Introdução

Este livro sustenta a importância da sociabilidade para a compreensão das condições de pobreza urbana, tanto no que diz respeito ao acesso a bens e serviços obtidos via mercado quanto no provimento aos indivíduos de elementos oriundos de trocas e apoio social. Embora essa afirmação possa parecer simples a um leitor não especialista, que considere evidente que o cotidiano dos indivíduos influencia as suas condições de vida, os principais debates acadêmicos sobre o tema foram construídos de tal forma que acabaram por apontar em outras direções. Fui levado a essa abordagem pelos resultados de meus trabalhos anteriores sobre o tema, realizados em registro mais tradicional, como sobre a distribuição da estrutura social no espaço, as desigualdades de acesso a políticas e a segregação, assim como pela discordância da forma pela qual as relações têm sido incorporadas pela literatura.

A maior parte do que foi escrito sobre pobreza urbana, em especial no Brasil, tem sido polarizada por perspectivas baseadas em dinâmicas econômicas sistêmicas ou categorias macrossociológicas e pela análise de atributos e comportamentos individuais. A primeira e fundadora geração de estudos de nossa sociologia urbana desenvolveu, nos anos 1970, diversas análises derivando condições de vida e de pobreza diretamente da especificidade de nosso capitalismo (periférico), do seu mercado de trabalho caracterizado pela presença estrutural do trabalho informal e da extensa desigualdade de acesso a políticas a que grande parte da população se encontrava submetida. Nesse período, acumulamos extenso conhecimento sobre nossas periferias e os processos envolvidos com sua geração.

Seguiu-se um período de intensa fragmentação teórica e temática a partir dos anos 1980, durante o qual a questão da pobreza foi interpretada por meio de categorias macrossociológicas amplas, como cidadania, vulnerabilidade e exclusão. Se, por um lado, essa literatura atualizou o quadro geral de descrição do fenômeno para o novo momento político e social que vivia o país, por outro distanciou-se da ambição de buscar suas causas, concentrando-se em interpretar as consequências da sua presença para a sociedade e para os indivíduos em situação de pobreza. Esse tom ainda predomina nas análises sociológicas sobre o tema.

A partir da segunda metade dos anos 1990, o campo de estudos sobre a pobreza urbana passou a viver sob uma ampla hegemonia de interpretações focadas em atributos individuais e em processos de natureza econômica. Nesse quadro, os processos societais foram relegados no máximo ao papel de fatores limitadores ou que exercem influência sobre aqueles mesmos atributos, comportamentos e decisões individuais.

Embora concorde com a importância das condições econômicas e do mercado de trabalho, assim como com a existência de atributos, credenciais e comportamentos individuais, acredito que processos e elementos societais de médio alcance, associados aos padrões de relação nos quais os indivíduos se inserem, têm grande importância para o entendimento da pobreza. Eles têm sido fortemente menosprezados nos debates sobre o tema. Mostrar a sua relevância, assim como analisar de que forma operam na produção e na reprodução da pobreza, são os objetivos deste livro.

Em período recente, dimensões societais entram no debate principalmente por meio do destaque à produção do espaço. Ao longo da última década, inúmeros autores, inclusive eu mesmo (CEM, 2004; Marques; Torres, 2005), descreveram e discutiram a pobreza em nossas cidades centrando a análise nos processos de produção do espaço. De forma geral, encontraram elevadas desigualdades de acesso, mas ao mesmo tempo situações crescentemente heterogêneas quanto às condições sociais e econômicas, soluções habitacionais (com destaque para as precárias) e de segregação socioespacial. Especialmente quando estruturas espaciais e sociais foram analisadas em detalhes e quando a pobreza foi considerada um fenômeno multidimensional, obteve-se um retrato de São Paulo que apontava ao mesmo tempo para uma intensa presença de pobreza e precariedade social, mas marcada por elevada heterogeneidade, o que não é compatível apenas com o destaque às dimensões econômicas. De fato, a heterogeneidade dos lugares (em especial periféricos) foi encontrada mesmo sob condições econômicas similares. Ademais, apesar da intensa deterioração dos mercados de trabalho no Brasil após a abertura comercial dos anos 1990 (Baltar, 2002), as condições de pobreza se tornaram ainda mais heterogêneas (CEM, 2004), inclusive nas favelas (Saraiva; Marques, 2005), e mesmo a estrutura social mudou muito pouco (Scalon; Marques, 2009), apesar da presença de locais de vulnerabilidade muito elevada e concentrada (Torres; Marques, 2003).

Isso foi creditado à dinâmica das políticas públicas desde a transição democrática (Faria, 1992; Silva, 1992; Figueiredo et al., 2006), especialmente considerando o efeito da segregação espacial sobre a desigualdade de acesso a políticas. Investigando o papel do Estado na provisão de diversas políticas, vários autores, incluindo eu mesmo (Marques, 2000; Marques, 2003), mostraram a distribuição da estrutura social (Preteceille; Cardoso, 2008; Bógus; Taschner, 1999; Marques et al., 2008; Scalon; Marques, 2009) e seu descompasso com a estrutura de provimento de serviços, assim como a importância da segregação para um amplo leque de processos desde emprego (Gomes; Armitrano, 2005), vulnerabilidade social (Bichir el al., 2005) e condições ambientais (Torres et al., 2007) até escolaridade (Torres et al., 2005). Esses estudos mostraram melhora substancial da provisão de serviços para os mais pobres, ao menos em média, mas com a manutenção de importantes diferenças de qualidade (Figueiredo et al., 2006; Torres; Bichir, 2007; Bichir, 2009). Apesar disso, grandes desigualdades persistem, e a pobreza mostra uma dimensão territorial, levando a circuitos socialmente negativos de cumulatividade associados à concentração territorial da pobreza. Esses fenômenos certamente não são novos no caso brasileiro, mas tudo indica que as formas mais tradicionais de pobreza se somam a manifestações mais recentes, ecoando, em certa medida, resultados da literatura internacional (Wilson, 1987; Massey; Denton, 1993; Torres; Bichir, 2009), embora com importantes diferenças que veremos nos capítulos que se seguem.

A descoberta da dimensão territorial da pobreza em São Paulo levou alguns estudos a seguir a linha explicativa mais comum, sustentando que os efeitos da segregação devem estar associados à separação de certos grupos sociais de oportunidades, assim como de outros grupos, além dos efeitos negativos da concentração da pobreza. Embora essas premissas sejam lógicas, partem de algumas simplificações excessivas com consequências negativas para as interpretações desenvolvidas. Em sua forma mais mecânica, essa hipótese sustenta a importância dos chamados efeitos de vizinhança (Durlauf, 2001; Morenoff, 2003; Sampson; Morenoff, 1997; Sampson; Randenbush, 1997; Case; Katz, 1991). Essa literatura confunde correlação com causa, já que o conceito faz referência à regularidade empírica da ocorrência de certos processos em espaços contíguos em vez de procurar os mecanismos sociais que explicam tais regularidades.

Em suas formas mais sofisticadas, essa linha de raciocínio identifica diretamente segregação espacial com separação social. Isso pode não ser verdade em diversas situações, inclusive porque já sabemos que proximidade espacial não significa necessariamente conexão social ou mesmo sentimento de comunidade (Blokland, 2003; Small; Newman, 2001; Telles; Cabannes, 2006; Sabatini, 2001). Efetivamente, mesmo que a segregação separe os grupos (e os indivíduos), os contatos sociais podem conectá-los por sobre o espaço, ou associados a ele de formas complexas (Briggs, 2001). Nesse processo, relações no interior da família (Gonzalez de la Rocha, 2001), assim como ligadas a diversos padrões informais (Mingione, 1994; Roberts, 1994; Morris, 1994) e à provisão da habitação (Fawax, 2008; Pamuk, 2000; Smith, 2003), entre outros, podem dar acesso a bens, serviços e mercados.

Portanto, é central integrar as relações sociais ao arcabouço teórico que já considerava políticas públicas e espaço. De fato, já sabemos há bastante tempo que a integração econômica depende não apenas do acesso a mercados, mas também da redistribuição produzida pelo Estado e da reciprocidade social, com a mediação do espaço (Mustered; Murie, 2002; Kaztman, 1999; Kaztman; Retamoso, 2005). Ou então, formulando de maneira diferente, a provisão do bem-estar depende de elementos providos pelos mercados, pelo Estado e por unidades sociais, como as comunidades locais e a família (Esping-Andersen, 2000). Embora concordando completamente com a importância dessas três fontes de bem-estar, este livro centra a sua atenção no terceiro elemento, entendido não apenas como uma fonte de bens e serviços em si, por meio dos apoios sociais obtidos pelos indivíduos, como também por mediar o acesso aos mercados e ao Estado de diversas formas.

A grande maioria dos estudos mais recentes tem incorporado essa terceira dimensão do bem-estar por meio do conceito de capital social, ou usando redes sociais de forma metafórica, considerada genericamente os elementos relacionais que produzem integração. Embora várias perspectivas analíticas coexistam, a categoria capital social serve de elemento unificador (Blokland; Savage, 2008).

Desde os trabalhos pioneiros de Coleman (1988), Bourdieu (1986) e Putnam (1996), capital social se tornou um termo de uso genérico, que inclui elementos societais, de pequena escala e também individuais (Durston, 2003). O conceito teve o mérito de trazer processos e variáveis sociais para o centro do debate, deslocando um pouco o foco exclusivamente econômico. A incorporação dessas dimensões, entretanto, foi feita de forma muito imprecisa, levando a uma significativa cacofonia em que vários autores utilizam o mesmo termo com diferentes conotações, criando falsos consensos e impedindo o acúmulo do conhecimento sobre os elementos em investigação. Entre as dimensões incluídas podemos listar confiança e associativismo em nível societal, confiança próxima e coesão social no nível do bairro e da vizinhança, e conexões, confiança pessoal e outros atributos em nível individual (Briggs, 2005). Esses últimos elementos são mais próximos de compreensões mais estritas de capital entendido como um conjunto de ativos, como em capital humano. São também mais compatíveis com a ideia de obtenção de status no sentido da literatura de estratificação social, envolvendo a realização de status ao longo do ciclo de vida (Lin, 1999b; Valle Silva, 2007) e a aquisição de características individuais que são usadas socialmente na construção de hierarquias, como renda, escolaridade, cultura etc. Essa compreensão de capital social também incorpora redes sociais (Lin, 1999b).

De acordo com essa última interpretação, vários processos e atributos dependeriam da existência de capital social composto por elementos produzidos e armazenados acima do nível dos indivíduos, mais precisamente em suas redes de relações (Perri 6, 1997). Para os autores que tentam conectar as redes sociais ao capital social, as características comportamentais destacadas pela literatura como confiança mútua e civismo (Putnam, 1996) seriam geradas e reproduzidas pelas redes de relações. Essas características seriam associadas às capacidades de coesão e ponte (*bond* e *bridge*) por meio de vínculos fortes e fracos, respectivamente, seguindo o trabalho pioneiro de Granovetter (1973). O primeiro elemento pode auxiliar na produção de identidades, na promoção de sensação de pertencimento e na construção de controle social nas comunidades. O segundo efeito tem consequências sobre a integração social, a redução do isolamento de grupos sociais específicos e a construção de padrões de sociabilidade com troca e integração mais intensa entre grupos. Tanto redes sociais quanto redes pessoais produziriam potencialmente coesão e integração.

Se é verdade que essa literatura traz uma importante contribuição ao sugerir que os padrões de relações devem ser incluídos na análise das condições de vida conjuntamente com o espaço e a segregação, também é verdade que isso não será alcançado apenas pelo uso da ideia de ponte, pela classificação da força dos vínculos ou pelo uso metafórico das redes. Essa crítica será precisada de forma mais detalhada no primeiro capítulo, porém esse entendimento das redes costuma levar a uma interpretação estática e instrumental dos padrões de relações entre indivíduos. As mesmas conexões sociais podem promover pontes ou coesão para pessoas diversas ou grupos sociais distintos, assim como em situações diferentes. De maneira similar, tanto a força dos laços quanto os tipos de relações estão em constante movimento, podendo carrear diferentes elementos. Se quisermos ultrapassar a ação meramente instrumental e uma compreensão instrumental das redes, devemos evitar premissas normativas sobre as relações (e as redes), assim como escapar de uma visão meramente ambiental dos contextos sociais, que, em vez de construir uma perspectiva relacional, nos levará a criar uma ecologia das relações. Adicionalmente, vale dizer que depois de analisar a estrutura das relações (as próprias redes), é fundamental que compreendamos a sua mobilização na vida cotidiana dos indivíduos, pois os mecanismos sociais (Tilly, 2001; 2005) que explicam a produção da pobreza e das desigualdades sociais estão associados àquela mobilização na sociabilidade cotidiana dos indivíduos. Apenas o estudo detalhado dos padrões relacionais na sua complexidade pode nos levar a entender os mecanismos que produzem pontes e coesão em cada situação e para diferentes grupos sociais.

As redes sociais são padrões complexos de relações de diferentes tipos acumuladas ao longo de trajetórias de vida e em constante transformação. Elas são heterogêneas – variam de indivíduo para indivíduo –, são intrinsecamente dinâmicas e podem ser mobilizadas por eles de diversas maneiras dependendo da situação. Mesmo o sentido e o uso dessas redes podem variar para indivíduos de grupos sociais distintos. De fato, se realmente pretendemos incorporar a ontologia relacional que Emirbayer (1997) denomina *trans-actions* – a ontologia social da sociologia relacional –, devemos considerar que até mesmo as estratégias individuais e as representações dadas às situações sociais nas quais estão inseridos não existem previamente ou fora dessas relações. Consequentemente, as redes devem ser consideradas simultaneamente relacionais (no sentido de serem constituídas de relações) e relativas (no sentido de que a sua mobilização pode variar dependendo da situação). Para conseguir essas dimensões plenamente, os estudos devem capturar ao mesmo tempo a sua estrutura (as próprias redes e suas características) e a sua mobilização na sociabilidade cotidiana.

Tal deslocamento analítico tem por objetivo integrar os pobres ao estudo da pobreza, como sugerido por Mingione (1996), preservando elementos importantes presentes nesses dois campos. Acredito que essa perspectiva permita a construção de um quadro analítico que delimite alguns dos mecanismos sociais presentes nos padrões de relações e no espaço e que levam à reprodução da pobreza e das desigualdades sociais. Ambas as tarefas contribuem para um avanço mais significativo do que o caso específico de São Paulo e estão na origem deste livro.

Para sustentar tal ponto de vista, baseio-me nos resultados de pesquisa sobre redes pessoais de indivíduos em diversas situações urbanas de pobreza em São Paulo, reconstituindo seus atributos e padrões de relações em que se inserem e investigando os condicionantes, as consequências e a mobilização de suas redes pessoais. O livro representa uma versão revista e bastante ampliada de minha tese de livre-docência, defendida no Departamento de Ciência Política da Universidade de São Paulo, enriquecida com novos campos de pesquisa, além da parte qualitativa da pesquisa.

Em período recente, as redes sociais têm sido citadas de forma frequente como elemento de destaque para o entendimento das condições de pobreza e da reprodução dos padrões de desigualdade social no Brasil. Apesar disso, sabemos pouco sobre seu real funcionamento, para além da referência metafórica. Da mesma forma, apenas intuímos, a partir de bases empíricas bastante frágeis, a sua influência sobre os mais variados processos. Este livro visa contribuir para a superação dessa importante lacuna, perseguindo respostas a quatro perguntas articuladas sobre o tema:

- Como são as redes de relações dos pobres no Brasil metropolitano, e o que as condiciona e influencia?
- Quais são os tipos de redes existentes e de que forma elas se associam com padrões distintos de sociabilidade?
- Que consequências essas redes produzem para os indivíduos e para a pobreza em geral? Considerando que as redes mediam o acesso dos indivíduos a vários elementos importantes para o seu bem-estar, essa terceira questão envolve ao menos dois conjuntos de elementos: o acesso a bens e serviços obtidos por meio de mercados (em trocas mercantis) e fora de mercados, tanto de outros indivíduos (em trocas personalizadas) quanto de organizações e do Estado, quando, apesar da lógica universalizadora da cidadania, o acesso a políticas é mediado por outros indivíduos.
- Finalmente, quais são os mecanismos pelos quais as redes influenciam as condições de vida, a pobreza e as desigualdades sociais no cotidiano dos indivíduos?

As evidências apresentadas nos capítulos que se seguem indicam a existência de grande heterogeneidade nas redes de indivíduos em situação de pobreza, embora de forma geral elas sejam menores, mais locais e menos variadas em termos de sociabilidade do que as redes de indivíduos de classe média. Os resultados sugerem que certos tipos de redes de pessoas em situação de pobreza estão empiricamente associados a melhores condições de vida, trabalho e rendimentos, demonstrando a relevância da sociabilidade dos indivíduos para a definição de suas situações sociais em um sentido amplo e de pobreza em particular. A observação da mobilização das redes pelos indivíduos, no entanto, sugere que por trás da heterogeneidade do fenômeno se escondem importantes regularidades associadas à operação de mecanismos sociais. Como veremos, esses mecanismos explicam grande parte da heterogeneidade das redes em si, além de mediar o acesso dos indivíduos a oportunidades e auxílios cotidianos, contribuindo decisivamente para a produção (e reprodução) da pobreza urbana.

A relevância do tema é ao mesmo tempo acadêmica e relacionada à construção das políticas públicas de corte social. Por um longo período, a ênfase da literatura e das políticas de combate à pobreza esteve em atributos pessoais dos indivíduos e famílias em situação de pobreza, tentando dotá-los de características (ou ativos) que supostamente seriam estratégias para que saíssem da pobreza e ascendessem socialmente. Embora outras dimensões tenham sido incorporadas ao longo do tempo, uma parte importante das iniciativas públicas continua orientada por esse viés, em especial no caso brasileiro. Essa compreensão "atomista" da pobreza talvez seja explicada pela hegemonia de uma visão (marcada pelo discurso econômico) que foca a existência ou a inexistência de rendimentos monetários ou, no máximo, de ativos individuais entendidos dentro do marco das discussões do capital humano (Moser, 1998) e associados à educação, às boas condições de saúde etc. Segundo essa visão, tais elementos seriam importantes por permitir aos indivíduos acessar mais facilmente, ou com melhores credenciais, estruturas de oportunidades similares às consideradas quando se pensa apenas nos rendimentos. Embora essas dimensões, inclusive as dinâmicas das chamadas estruturas de oportunidades (Kaztman, 1999; 2005), sejam absolutamente essenciais para a compreensão da pobreza e para o seu enfrentamento pelas políticas de Estado, tanto trabalhos acadêmicos quanto as políticas já implementadas demonstram que outros elementos também podem ser fundamentais.

Em período recente, deslocamentos importantes têm ocorrido nas políticas em diversos países, incorporando o efeito de processos coletivos e sociais em especial a partir da consideração do espaço e da segregação. Entre essas incluem-se as políticas focadas operacionalmente no território, de forma a enfrentar os efeitos nocivos da concentração da pobreza (Le Galès, 1996; Power, 1996; Levitas et al., 2007), mas também políticas que tentem promover mistura social ativa e, consequentemente, desconcentração territorial da pobreza (Greenbaum et al., 2008; Curley, 2008; 2009). A construção desse tipo de iniciativa representa um avanço e apenas de forma muito tênue começa a se fazer presente no Brasil (Torres, 2005b; Marques; Torres, 2005).

Apesar disso, a experiência internacional demonstra que a mera incorporação do local de moradia, entendido como "ambiente" (Osterling, 2007), parece não dar conta de todos os desafios a enfrentar. Apesar de considerarem elementos supraindividuais, essas políticas ainda estão baseadas na visão atomista típica das iniciativas prévias, pois considera que mudanças ecológicas ou ambientais impactarão a pobreza pela sua influência sobre propensões e capacidades individuais. De forma ainda mais ambiciosa, consideram que as políticas podem influenciar comportamentos coletivos, criando o que se considera capital social comunitário (Cecci et al., 2008) – confiança e coesão social. Entre as razões que temos para acreditar que tais políticas não serão bem-sucedidas está o fato de vizinhanças serem distintas de comunidades (Blokland, 2003), assim como dos padrões de relações mobilizados pelos indivíduos cotidianamente. Vale acrescentar que estudos recentes sugerem que esses padrões são impactados de formas muito diversas e contraditórias por políticas públicas (Curley, 2008; 2009; Pavez, 2007; Soares, 2009), sendo mais do que prematuro acreditar que possuímos controle sobre a forma pela qual as ações do Estado impactam as redes.

A questão é de especial relevância, pois uma geração recente de políticas de combate à pobreza já tem as redes como um dos elementos de interesse.[1] É inegável que políticas públicas ajam sobre redes sociais (Policy Research Initiative, 2005a; 2005b; Cechi et al., 2008; Perri 6, 1997; Levitas et al., 2007; Pavez, 2007; Soares, 2009), mas a sua consideração explícita pode ser importante para o desenvolvimento de melhores políticas. As abordagens existentes, entretanto, estão ainda baseadas na ideia de capital social, partindo do pressuposto de que as políticas podem produzir ou destruir o capital social, o que se entende como "redes de relações sociais que podem promover acesso aos indivíduos e aos grupos para recursos e apoio" (Policy Research Initiative, 2005b, p.5). As análises existentes indicam que vários elementos fundamentais não foram levados em conta por essas iniciativas (Blokland; Savage, 2008).

Sabe-se pouco sobre o fenômeno, assim como sobre a sua contribuição para a reprodução das situações de pobreza, o que é um problema. Todas as políticas partem de teorias (normalmente implícitas) a respeito da questão sobre a qual pretendem agir, assim como sobre o impacto das soluções de políticas para aquele problema. Não sabemos ainda de que forma relações sociais, espaço e atributos se relacionam entre si. Consequentemente, políticas que tentem interferir nas associações entre esses elementos certamente falharão. Se quisermos levar às últimas consequências a dimensão relacional da pobreza (Perri 6, 1997), é preciso que compreendamos muito mais detalhadamente os padrões de relações que cercam os indivíduos e suas interações com vários processos, inclusive espaciais.

O ESTUDO

Antes de entrarmos propriamente no assunto, entretanto, é importante estabelecer alguns pontos de vista de método. Em primeiro lugar, é relevante explicitar como se pensa a causalidade entre redes e atributos sociais. Tanto padrões de relações quanto condições sociais são construídos ao longo das trajetórias de vida dos indivíduos, levando a certas configurações. Este livro estuda tais configurações, associando redes, sociabilidade e atributos sociais, mas nenhum desses elementos de forma isolada é considerado causa do outro, embora eles se influenciem dinamicamente no tempo. Como consequência, as distinções e separações desenvolvidas nos

---

[1] Um exemplo emblemático disso são os estudos desenvolvidos pelo Prime Minister's Strategy Unit por meio da Social Exclusion Task Force do governo britânico e do Policy Research Initiative do governo canadense (http://www.cabinetoffice.gov.uk/social_exclusion_task_force e http://www. policyresearch.gc.ca).

capítulos que se seguem são meramente analíticas e a causalidade entre eles é considerada múltipla.

Outra dimensão de método fundamental a explicitar diz respeito ao fato de a pesquisa analisar redes pessoais, e não redes de comunidades ou redes egocentradas em indivíduos. As redes de comunidades podem ser espacial ou tematicamente constituídas; representam os ambientes relacionais que cercam os indivíduos em um dado contexto, acontecimento ou processo, como ao longo de uma mobilização social (Diani; McAdam, 2003; Hedstrom et al., 2000), no interior da organização comunidades de políticas (Knoke et al., 1996; Schneider et al., 2003), em atividades de *lobby* (Heinz et al., 1993), nas conexões entre empresas (Mizruchi; Schwartz, 1987), em interações sexuais entre adolescentes (Berman et al., 2004) ou nas relações de parentescos ou econômicas entre famílias patriarcais (Padget; Ansell, 1993), alguns exemplos que utilizam as redes para analisar contextos muito distintos entre si. Este trabalho analisa redes diferentes dessas, levantando as redes dos indivíduos e considerando a sua sociabilidade como assunto ou tema (que organiza as perguntas nas entrevistas). Contudo, as redes consideradas não se restringem às redes egocentradas (ou *egonets*) dos indivíduos, que levam em conta apenas informações sobre os contatos primários dos indivíduos e sobre os vínculos entre eles.[2] Diferentemente da maior parte da literatura internacional, considero que uma parcela importante da sociabilidade que influencia a pobreza e as condições de vida ocorre a distâncias maiores do ego do que o seu entorno imediato,[3] razão pela qual são levantadas aqui as redes totais dos indivíduos, sem limitar previamente o seu tamanho. Essa decisão mostrou-se muito acertada, e o método permitiu captar a variabilidade do fenômeno, pois as redes encontradas na pesquisa variaram entre 4 e 179 nós.

A decisão de centrar a atenção em redes pessoais baseou-se no pressuposto de que é por meio delas (isoladamente e em imbricação com outras redes) que os indivíduos obtêm acesso aos diversos elementos envolvidos com sua reprodução social e que contribuem para o seu bem-estar. Tal delimitação, entretanto, tem sentido apenas analítico, visto que essas redes representam recortes metodológicos de contextos relacionais societários mais amplos em que todos os indivíduos e as entidades estão envolvidos. Apesar de utilizar redes individuais metodologicamente, portanto, o estudo considera uma ontologia social fortemente relacional. Os elementos envolvidos com esse ponto de partida são discutidos em detalhes no primeiro capítulo.

---

[2] Vínculo primário aqui é uma denominação técnica e diz respeito aos laços diretos do ego. Em outros capítulos explorarei os vínculos primários em sentido sociológico.

[3] Ou, tecnicamente, a apenas um passo do ego.

Adicionalmente, todos os elementos analisados neste livro envolvem complexa multicausalidade associada à articulação de vários processos e condicionantes. O resultado é fortemente influenciado pela combinação e pela ordem dos processos existentes. Por essa razão, a pesquisa foi desenvolvida por meio de estudos de caso detalhados escolhidos de forma intencional em locais de concentração de pobreza submetidos a diferentes condições de segregação, na escala da cidade (macrossegregação). Não se pretende representar aqui estatisticamente os locais de moradia da população pobre da cidade, para posteriormente expandir a amostra e determinar os tipos de redes de indivíduos em situação de pobreza existentes no conjunto de São Paulo, mas, sim, cobrir a variedade das situações de pobreza urbana, utilizando uma lógica de estudos de caso. Esse ponto será discutido mais detalhadamente no segundo capítulo, assim como os demais partidos metodológicos adotados.

Em termos de técnicas de pesquisa, os objetivos da investigação me levaram a usar técnicas quantitativas e qualitativas, envolvendo análise de redes, geoprocessamento e ferramentas estatísticas, como regressão e técnicas exploratórias de dados incluindo análise fatorial e *cluster*, além de entrevistas em profundidade. Esse é um elemento importante, pois a natureza dos fenômenos estudados necessita do uso de um amplo conjunto de métodos (Wilson, 2002; Small, no prelo).

As informações da pesquisa, todavia, são oriundas de entrevistas com os próprios egos das redes. Os dados utilizados, portanto, são de tipo cognitivo – passam pelos processos de entendimento dos próprios indivíduos a respeito de suas redes (Marsden, 2005). À primeira vista, esse método pode parecer problemático por corrermos o risco de viés do informante, dadas as diferenças de entendimento diante dos instrumentos de pesquisa e das próprias redes. É verdade que nas entrevistas foram observadas diferenças significativas quanto ao entendimento que os entrevistados têm das suas redes. Considero, entretanto, que isso não introduz viés na análise, mas representa, ao contrário, parte da própria dinâmica do fenômeno observado. Isso porque os indivíduos mobilizam em suas práticas cotidianas as relações (e os padrões de relação) da forma que as compreendem, e, se as entendem diferentemente, tendem as utilizá-las de maneira distinta em suas práticas sociais. Na verdade, se adotarmos uma concepção não substantivista das redes, chegaremos à conclusão de que elas são exatamente o que os indivíduos entendem que elas são, e não estruturas ocultas em algum lugar, cuja configuração "real" deve ser descoberta pelo método. Assim, considerando que a maneira pela qual os indivíduos entendem as suas redes é o que as define e orienta o seu uso social cotidiano, o que obtemos pelo método baseado nos dados cognitivos é realmente o que é importante para a reprodução das condições sociais dos indivíduos.

Com essas dimensões de método estabelecidas, podemos descrever sucintamente a pesquisa. O estudo levantou as redes pessoais de 209 indivíduos em situação de pobreza e trinta pessoas de classe média, de forma a construir um padrão de comparação. A fim de explorar os efeitos da segregação espacial sobre as redes pessoais, escolhi locais bastante distintos sob o ponto de vista da inserção urbana, partindo de estudos anteriores sobre a distribuição espacial dos grupos sociais em São Paulo. Foram levantadas aproximadamente trinta redes pessoais em cada local estudado, além do grupo de controle de classe média, sem especificação de local de moradia. Na verdade, se controlássemos a localização residencial da classe média, encontraríamos um padrão concentrado no centro expandido da metrópole, a ampla região central mais bem equipada, embora as suas redes se expandam por um amplo território e não incluam praticamente nenhum indivíduo da sua vizinhança física, em um padrão similar ao que Wellman (2001) denomina comunidades pessoais, como veremos no Capítulo 1. Esse padrão é muito distinto do encontrado entre indivíduos em situação de pobreza, o que indica enormes diferenças nos padrões de relações e nas possibilidades de utilização dessas relações.

A escolha dos locais estudados, portanto, foi resultado de uma amostra intencional das localizações de indivíduos em situação de pobreza na cidade sob o ponto de vista da distância do centro, dos graus de consolidação das áreas, dos padrões construtivos e dos graus de intervenção do Estado. Entre os locais estudados, a localização de pobreza mais central inclui cortiços do centro da cidade, e localizações mais segregadas e distantes incluem uma favela na franja periurbana da região metropolitana, entre os municípios de Taboão da Serra e São Paulo – Vila Nova Esperança –, um conjunto habitacional de grande porte na franja urbana da zona leste do município de São Paulo – Cidade Tiradentes – e uma área periférica na zona sul, o chamado "fundão" do Jardim Ângela. Além desses locais, foram pesquisadas redes pessoais em duas favelas de grande porte com localizações relativamente próximas ao centro expandido – Paraisópolis, contígua a um bairro de renda extremamente alta, o Morumbi, e objeto de inúmeros estudos anteriores, e a Vila Nova Jaguaré, contígua a bairros de classe média e alta e próxima à Universidade de São Paulo. Uma terceira favela de pequeno porte próxima ao centro do município de Guarulhos e inserida em um distrito industrial – a favela Guinle – completa o conjunto estudado. As características gerais desses locais são apresentadas no Capítulo 2. As entrevistas foram realizadas entre setembro de 2006 e agosto de 2007.

Em cada um desses locais foram realizadas entrevistas com um questionário semiaberto e um gerador de nomes. A escolha dos entrevistados em cada campo ocorreu de forma aleatória ao longo de percursos pelos locais estudados, sendo os indivíduos abordados nos espaços públicos ou na entrada de suas casas, tanto em dias de semana quanto durante finais de semana. Em alguns casos, a entrada nos locais de estudo foi mediada por informantes de pesquisas anteriores ou membros dos movimentos associativos locais.[4] Ao longo dos trabalhos de campo, a amostra de entrevistados foi controlada por alguns atributos sociais básicos, como sexo, idade, status migratório e ocupacional e área de moradia no local estudado. Esse controle objetivou garantir uma proporcionalidade razoável com as características médias da população local e evitar a constituição de vieses. Como veremos no Capítulo 3, a comparação entre as características dos entrevistados e da população estudada sugere que esse objetivo foi alcançado com bastante sucesso.

Os indivíduos em situação de pobreza apresentam rendimento familiar entre baixo e muito reduzido e pouca escolaridade. Em termos ocupacionais, o grupo inclui trabalhadores de baixa qualificação, como empregadas domésticas, jardineiros, operários da construção civil, seguranças, vendedores, operadores de telemarketing e trabalhadores industriais, mas também estudantes, donas de casa e aposentados. Tendem a pertencer a famílias com elevada presença de crianças e idade média mais baixa do que o restante da cidade. Apesar dessas características gerais comuns, seus atributos variam substancialmente em termos relativos, o que inclui situações de pobreza mais e menos extremas.

A classe média foi definida de maneira ampla, mesclando critérios de rendimento com ocupação. Ela inclui profissionais liberais, funcionários públicos, pessoas envolvidas com atividades intelectuais e donos de estabelecimentos comerciais de certo porte. A delimitação do grupo não seguiu maiores preocupações conceituais ou metodológicas, visto que o objetivo das entrevistas com indivíduos assim classificados era apenas constituir um padrão de comparação para a análise das redes de indivíduos em situação de pobreza. As informações das redes de classe média, portanto, foram utilizadas apenas como parâmetro e nunca em análises mais centrais e conclusivas.

O conjunto das informações assim geradas foi posteriormente tratado com ferramentas de análise de redes sociais, resultando em 239 redes pessoais. Em seguida, explorei diversas características das redes dos indivíduos em situação de pobreza, tentando acessar seus principais condicionantes e os processos que influenciam em sua formação e dinâmica, comparando com as redes de classe média. Foram estudados processos de criação e rompimento de vínculos, dinâmicas da homofilia[5] e condicionantes sociais

---

[4] Agradeço aos colegas Encá Moya, João Marcos de Almeida Lopes, Teresinha Gonzaga, Letizia Vitale, Gabriel Feltran, Rafael Soares e Henri Gerveseau que, em diversos momentos, auxiliaram em contatos para entrevistas.

[5] Relações homofílicas se dão entre pessoas de mesmo atributo. Os capítulos seguintes exploram com destaque essa dimensão que associa a produção das relações aos atributos.

da construção e manutenção de redes. As redes variam segundo diversos atributos e variáveis específicas, incluindo sexo, ciclo de vida e status migratório e ocupacional, entre outros. De forma geral, praticamente inexistem relações dos indivíduos com pessoas de grupos sociais e de renda diferentes dos seus. Essa é talvez uma das mais importantes características dessas redes para a reprodução da pobreza e da desigualdade social. Naturalmente, a questão não se origina nas redes, mas representa apenas uma faceta relacional da estrutura social.

Em seguida, e já com as análises estatísticas realizadas, escolhi um conjunto de redes pessoais para empreender a parte qualitativa da pesquisa. Os critérios para a escolha dos casos combinaram os tipos de redes encontradas, os campos estudados e características pessoais dos entrevistados. Ao todo foram feitas entrevistas qualitativas com vinte indivíduos, realizadas entre fins de janeiro e início de maio de 2008. As transformações das redes foram exploradas desde as primeiras entrevistas, assim como a sua utilização pelas pessoas no cotidiano, como na migração, na obtenção de emprego, em ajudas com relação à saúde, a cuidados com as crianças, na habitação, na obtenção de empréstimos de vários tipos, no acesso a apoio emocional e a políticas públicas, entre outros tipos de auxílios. Essas informações me permitiram compreender a dinâmica dos padrões relacionais e a sua mobilização pelos indivíduos. Os padrões e as recorrências observados me levaram a delimitar mecanismos sociais responsáveis tanto pela constituição e transformação das redes quanto pela sua mobilização pelos indivíduos em suas práticas.

O LIVRO

A estrutura do trabalho segue as quatro perguntas já apresentadas. No primeiro capítulo, resenho sucintamente as literaturas relativas à pobreza, à segregação e às redes sociais, destacando os elementos mais importantes para a construção dos argumentos da pesquisa. Mais do que acompanhar exaustivamente os debates, o objetivo do capítulo é construir as pontes conceituais necessárias para a articulação dos vários elementos dessa pesquisa, visto que esta se localiza em um ponto de interseção entre os debates sobre pobreza, redes e segregação.

O segundo capítulo situa os leitores quanto às características gerais da metrópole em termos de estrutura urbana, pobreza e desigualdades, além de fornecer uma breve descrição dos locais estudados. Dado o relativo ineditismo do tema, mesmo em nível internacional, vários instrumentos de pesquisa foram desenvolvidos ou adaptados para a realização da pesquisa de campo e a obtenção das informações. O capítulo se encerra com a apresentação desses instrumentos de pesquisa.

O terceiro capítulo tem início com a análise dos dados coletados, explorando os atributos dos indivíduos e de suas redes. Trata-se de um primeiro exercício de aproximação ao problema, por meio do qual se endereça a primeira pergunta esboçada no começo dessa introdução – como são as redes de indivíduos em situação de pobreza e o que as condiciona? Começo a análise pela caracterização dos entrevistados, de suas redes e de sua sociabilidade, para, então, investigar as associações entre atributos sociais e padrões de relação. Embora o exercício tenha um caráter necessariamente descritivo, alguns resultados importantes já emergem. Quando comparadas com as redes de classe média, as de indivíduos em situação de pobreza tendem a ser menores, mais locais e menos coesas e a apresentar sociabilidade menos diversificada. Apesar disso, no interior do grupo de indivíduos em situação de pobreza, a variação é muito grande, e também estão presentes redes com características relacionais e de sociabilidade ricas e dinâmicas. As redes variam intensamente segundo atributos sociais básicos, como sexo, idade, renda, escolaridade e padrões migratórios, entre outros. Locais mais segregados, contudo, não costumam ter redes diferentes sob o ponto de vista do tamanho e da coesão, embora abriguem redes menos locais em termos médios (contrariamente ao que seria intuitivo considerar), sugerindo que ao menos certas redes têm integrado efetivamente alguns indivíduos espacialmente segregados. Em seu conjunto, as informações indicam a heterogeneidade das redes de indivíduos em situação de pobreza e a existência de associações não diretas e bastante complexas entre características das redes e atributos sociais.

A questão colocada inicialmente, portanto, desdobra-se na investigação dos padrões de variação das redes, de forma a explorar a heterogeneidade encontrada. O quarto capítulo desenvolve essa análise, ao delimitar os tipos de redes e de sociabilidade presentes, com o objetivo de responder à seguinte indagação: quais são os tipos de redes existentes e de que forma elas se associam com padrões distintos de sociabilidade? Os dados sugerem a existência de tipos diferentes (e bastante regulares) de redes segundo o tamanho, a estrutura, a inserção urbana e a sociabilidade nelas contida.

O quinto e o sexto capítulos analisam as consequências das redes para os padrões de vida dos indivíduos e, em especial, para a presença de situações de pobreza e de precariedade social, tentando responder à última das indagações que guiam este trabalho: como as redes influenciam as condições de vida, a pobreza e as desigualdades sociais por meio do cotidiano dos indivíduos?

No quinto capítulo investigo os efeitos das redes para o acesso a mercados. Utilizando os tipos anteriores e variáveis socioeconômicas classicamente consideradas centrais na caracterização da pobreza, analiso quantitativamente os principais condicionantes de os indivíduos terem emprego – com alguma proteção –, estarem em situação de precariedade social, assim como disporem de rendimentos. Os resultados sugerem a centralidade das redes e da sociabilidade para a definição de cada uma das situações mencionadas, demonstrando a necessidade da sua integração aos estudos sobre o tema, assim como nas políticas que pretendem combater a pobreza e promover o bem-estar.

Entretanto, como consideramos a pobreza de forma multidimensional, a análise não estaria completa se não levássemos em conta os elementos que geram ou mitigam as situações de privação social, mas são obtidos fora da lógica mercantil. Isso inclui o efeito das redes sobre o acesso dos indivíduos a bens e serviços mobilizados cotidianamente pelos indivíduos fora dos mercados, tanto de outros indivíduos (em trocas personalizadas) quanto do Estado (por meio da lógica da cidadania), mas de alguma forma mediado por outros indivíduos. Isso inclui a dinâmica do clientelismo e também a circulação de informações sobre políticas entre burocracias de nível da rua e demandantes de políticas, ou mesmo entre estes últimos. O sexto capítulo explora essa dimensão. Utilizando as informações da parte qualitativa da pesquisa, discuto de que maneira os padrões relacionais influenciam na mobilização de ajudas e bens que permitem a solução de problemas do dia a dia, como os cuidados com crianças e idosos, acesso a políticas, pequenos empréstimos ou apoio emocional, por exemplo, contribuindo para a mitigação da pobreza.

O sétimo capítulo discute as transformações das redes e os mecanismos que explicam a sua mobilização cotidiana. O capítulo visa responder à última das perguntas formuladas anteriormente – quais são os mecanismos pelos quais as redes influenciam as condições de vida, a pobreza e as desigualdades sociais na vida cotidiana dos indivíduos? Esses mecanismos explicam substancialmente não apenas as grandes diferenças entre as redes dos indivíduos, quanto à sua mobilização diferenciada para resolver problemas do dia a dia, gerando acessos desiguais a ajudas e oportunidades. Embora essa diferença seja apenas analítica, e na prática os processos sejam muitas vezes concomitantes, no primeiro caso as redes são impactadas pelos mecanismos, enquanto no segundo o acesso a oportunidades é mediado por mecanismos que envolvem redes. Os resultados confirmam a discussão dos capítulos anteriores, indicando a centralidade da sociabilidade para as condições de vida. Além disso, permitem que passemos das correlações aos mecanismos, especificando de que maneira as redes importam e compreendendo o seu papel primordial na reprodução das condições de vida e de pobreza.

Ao final, resumo os resultados apresentados e discuto sucintamente as consequências dos padrões encontrados para as políticas públicas. O conjunto dos resultados permite afirmar a relevância da sociabilidade para a explicação das condições de pobreza, assim como ilumina os efeitos diferenciados de diversos contextos relacionais no acesso dos indivíduos às estruturas que interferem nas condições de vida e na pobreza.

Construindo pontes conceituais. Pobreza urbana, segregação e redes

Considero a pobreza um fenômeno multidimensional gerado por diversos processos sociais, os quais estão ligados à inserção social e econômica dos indivíduos. Essa inserção ocorre de forma dinâmica em trajetórias de vida, ao longo das quais os indivíduos têm acesso tanto a estruturas diversas – considerando os atributos e as credenciais – quanto a estratégias, práticas e eventos sociais cotidianos. O acesso a essas estruturas é mediado, entre outras, pela localização dos indivíduos no espaço urbano e pelas redes sociais em que estão incluídos, por meio da operação de mecanismos sociais específicos, porém diversos e articulados. O objeto deste capítulo é construir conceitualmente essa perspectiva a partir das literaturas pertinentes. Não se trata de forma alguma de resenhar os debates, alguns deles já bastante conhecidos, mas, sim, delimitar o objeto e a abordagem a serem seguidos e explicitar a maneira como considero que pobreza, espaço e redes se conectam dinamicamente.

Este capítulo é dividido em três seções. A primeira introduz uma discussão geral sobre a pobreza urbana e suas conexões com a produção do espaço. A segunda seção apresenta a literatura sobre redes sociais e pessoais, discutindo a ontologia social considerada pela literatura e especificando de que forma vários elementos de interesse para o tema deste livro foram tratados pelos debates a respeito das redes sociais. Fecho a seção resenhando com algum detalhe as contribuições sobre redes pessoais que encontram paralelo com processos discutidos ao longo do livro. Na última seção do capítulo, por fim, discuto sucintamente a associação entre os três elementos destacados – pobreza urbana, segregação e redes sociais.

Eduardo Marques

POBREZA URBANA E SEGREGAÇÃO

A pobreza é um dos fenômenos mais analisados pelas literaturas sociológica e econômica nas últimas décadas. No caso da América Latina, a centralidade das dimensões econômicas e dos mercados de trabalho percorre todo o período de hegemonia, desde o paradigma da modernização sobre os estudos a respeito do desenvolvimento nos anos 1950 até a crítica posterior que sustentava a inexistência de convergência e a importância da inserção dependente na divisão internacional do trabalho. Apesar de nuançada, essa associação direta da pobreza com processos econômicos em geral, com o mercado de trabalho e com rendimentos em particular, marca diversos estudos até hoje.

Para alguns autores, a persistência da ênfase nos rendimentos se liga à sua relevância (Rocha, 2003), mas se associa também às dificuldades de incorporação de outras informações (Boltvinik, 1998; Iceland, 2006), apesar de esforços de mensuração mais complexa desenvolvidos recentemente (Levitas et al., 2007). Estabelecer uma unidade de medida única facilmente mensurável e padronizada é um passo importante para o desenvolvimento de estudos comparativos. Por essa razão, trabalhos que utilizam a distribuição dos rendimentos e as chamadas linhas da pobreza são tão disseminados (Rocha, 2003; Hoffman, 2000), com discussões intensas a respeito das dimensões absolutas e relativas da pobreza (Boltvinik, 1998; Iceland, 2006).

Muitos autores têm introduzido outras variáveis nas análises da pobreza, pois tornou-se, inclusive, praticamente consensual que um conjunto amplo de elementos exerça grande influência sobre as condições de vida. Entretanto, essa incorporação pode não chegar a alterar a ontologia considerada para o fenômeno, tratando processos sociais como quase econômicos. Em um estilo de análise hoje hegemônico no debate brasileiro, atributos sociais têm sido utilizados como ativos na busca de rendimentos monetários (Barros; Henriques; Mendonça, 2000; Neri, 2000). Esses ativos seriam compostos por capital físico – acesso à moradia, posse de bens duráveis, capital humano – educação e experiência profissional, assim como por capital social – participação em entidades associativas e atividades políticas, acesso à informação (Neri, 2000). Segundo essa visão, a pobreza seria gerada pela ausência de ativos (Moser, 1998), sendo os locais geográficos da sua concentração marcados pelo que Wacquant (1996, p.149) denominou criticamente "premissa da desorganização".

Não há dúvida de que os ativos são muito importantes e que a sua posse incide sobre diversos processos reprodutores da pobreza, em especial as credenciais sancionadas ou não no mercado de trabalho, gerando rendimentos monetários. A questão, entretanto, não se restringe às variáveis utilizadas. Sob esse ponto de vista, a incorporação de outras variáveis referentes a atributos individuais, aparentemente, pode tornar complexos os modelos – como no caso da escolaridade –, mas continua baseada na ideia de que a pobreza é produzida pela incapacidade individual de obter rendimentos de forma atomizada no mercado. Isso não soluciona o problema, pois mantém o ponto de partida ontológico da pobreza como um fenômeno produzido individualmente.

Todavia, se pretendemos compreender a produção do fenômeno em toda a sua complexidade, devemos partir da ideia amplamente disseminada nas ciências sociais de que o bem-estar nas sociedades de mercado contemporâneas é produzido (e reproduzido) por pelo menos três esferas – mercados, Estado e comunidade/família (Esping-Andersen, 2000) –, associadas a diferentes inserções econômicas – trocas mercantis, redistribuição e solidariedade (Musterd; Murie, 2002) ou, ainda, vinculadas a três estruturas de oportunidade diversas em sentido econômico mais estrito (Kaztman, 1999; Kaztman; Retamoso, 2005).

Inegavelmente, o Estado provê um amplo leque de políticas e serviços que, embora varie muito entre os países, "descomodifica" uma parte importante do trabalho nas sociedades capitalistas contemporâneas (Esping-Andersen, 2000). Essa ação estatal torna a pobreza urbana fortemente influenciada pelo leque de políticas provido pelo Estado em situações diferentes, como mostra a comparação da situação norte-americana com a francesa (Wacquant, 2008; 2001), assim como entre os países europeus (Mustered; Murie, 2002). O terceiro conjunto de elementos – societários – pode incluir tanto características das famílias (Gonzalez de la Rocha, 2001) quanto elementos, processos e arranjos coletivos localizados em níveis superiores a elas (Mingione, 1994; Silva Telles; Cabannes, 2006).

Em cada caso, o bem-estar seria provido por uma combinação específica e dinâmica dessas três instâncias, e a pobreza seria causada pelo provimento de bem-estar em quantidade ou qualidade insuficiente ao conjunto dessas esferas, mediadas por estruturas de médio alcance, como as instituições, o espaço, as redes sociais e as estratégias individuais. A vulnerabilidade social, nesse sentido, pode estar na inexistência de ativos, gerando o que Moser (1998) denomina vulnerabilidade de ativos (tanto tangíveis quanto intangíveis, como relações familiares e capital social), mas também no acesso restrito às estruturas de oportunidades existentes, o que dificulta o uso dos recursos da pobreza, no sentido de Gonzalez de la Rocha (2001). Em outras palavras, a vulnerabilidade pode ser causada por insuficiências nas estruturas de oportunidades e também por dificuldades dos indivíduos em acessá-las (Kaztman; Retamoso, 2005; Briggs, 2001).

Por essa razão, e seguindo a crescente literatura, a pobreza é considerada um fenômeno multidimensional (Mingione, 1996; Levitas et al., 2007; Mustered; Murie, 2002) influenciado por vários processos, inclusive supraindividuais e extraeconômicos. A definição desses elementos depende dos enquadramentos culturais e dos patamares de justiça aceitos por uma dada sociedade (Sen, 2000) e instituídos nas políticas do Estado (Paugam, 2005), que conformam limites mínimos de bem-estar reconhecidos socialmente de maneira ampla. Compreender a pobreza de forma multidimensional nos permite enquadrar com maior plasticidade aqueles indivíduos que, apesar de conseguirem sobreviver, não têm acesso aos mais importantes benefícios das sociedades urbanas modernas. Além disso, diversos acontecimentos, como doenças, envelhecimento e desemprego, podem transformar a vulnerabilidade em privação social.[1] O sentido de vulnerabilidade aqui consiste na existência de uma condição de fragilidade diante de contingências e/ou crises, tornando muito possível a passagem desses indivíduos para situações de privação em sentido estrito no futuro. Na verdade, é provável que tais indivíduos transitem entre situações próximas da privação ao longo do tempo. O sentido dessas contingências e as respostas a elas tendem a variar substantivamente, considerando as diversas instituições do bem-estar, os contextos culturais e os diferentes arranjos de reciprocidade presentes (Mustered; Murie, 2002; Esping-Andersen, 2000; Mingione, 1994).

Em vez de uma única forma de pobreza, portanto, podemos considerar várias pobrezas distintas, associadas a atributos sociais diversos ligados à estrutura etária, à composição familiar e à inserção no mercado de trabalho. A distribuição espacial dessas formas de pobreza aumenta ainda mais a complexidade do fenômeno, já que a inserção desses grupos no espaço urbano pode facilitar ou dificultar o acesso a bens, serviços e oportunidades. Outra fonte de heterogeneidade está no fato de a privação social tender a se sobrepor e se acumular em determinadas regiões, embora não de uma forma completa ou perfeita, como mostraram Bichir, Torres e Ferreira (2005) no caso de São Paulo. Consequentemente, certas regiões concentram precariedade de maneira mais intensa do que outras, com diversos efeitos negativos para quem lá reside (Wilson, 1987; Massey; Denton, 1993).

Concentração espacial da pobreza e segregação

Os elementos espaciais são destacados nos esforços mais sociológicos de análise da pobreza urbana. A concentração no espaço é, talvez, a faceta da pobreza mais amplamente destacada pela literatura. Os efeitos negativos

---

[1] Levitas et al. (2007) diferenciam esses acontecimentos entre fatores de risco – associados a dimensões sociais mais de fundo como o envelhecimento, a inserção precária no mercado de trabalho, e gatilhos causais – e eventos que explicam em termos causais a privação, como a doença, a perda do emprego ou a dissolução da família, por exemplo.

da concentração espacial sobre as situações de privação social crescem quando acompanhados de segregação social no espaço, o que se entende como separação de grupos sociais em áreas relativamente homogêneas e distantes entre si no território da cidade (Marques, 2005a). Nesse caso, as "famílias têm que dar conta não apenas da sua própria pobreza, mas também do isolamento social e da privação econômica das centenas, senão milhares, de outras famílias que vivem perto delas" (Jargowsky, 1997, p.1).

A mais importante referência aqui é, certamente, o clássico estudo de Wilson (1987). O autor trabalhou em um ambiente intelectual bastante polarizado teórica e politicamente entre culturalistas, que defendiam a existência de culturas da pobreza e tendiam a culpar os pobres, e estruturalistas, que defendiam a relevância dos processos de reorganização econômica na elevação da presença de pobreza nas grandes cidades norte-americanas. Wilson produziu uma explicação que levava em conta tanto dinâmicas macrossociais quanto o cotidiano dos moradores nos chamados guetos negros, desmontando a ideia de cultura da pobreza, assim como da relevância central do racismo para a explicação do aumento da pobreza e dos problemas sociais. O autor demonstrou que o recrudescimento da pobreza em áreas centrais nos Estados Unidos foi o produto combinado de transformações econômicas que levaram à elevação do desemprego e à queda da renda dos mais pobres, com o aumento da concentração espacial da pobreza e da homogeneidade social dos chamados guetos negros.

Embora, segundo Wilson, a dimensão racial não esteja no centro da causalidade, ela seria trazida para o centro da explicação de Massey e Denton (1993). Enquanto para esses autores a espiral de pobreza estaria associada a preconceito racial, para Wilson (1987) o aumento da segregação de grupos sociais em desvantagem teria sido produzido pela migração das famílias mais afluentes (principalmente a classe média negra) para melhores regiões, deixando para trás apenas as parcelas da "comunidade" em piores condições sociais e reduzindo a mistura entre grupos sociais (negros). Os resultados obtidos por Jargowsky (1997) sobre segregação em todas as cidades norte-americanas confirmam as hipóteses de Wilson (1987), mas Jargowsky e Yang (2006) sugerem que a concentração nas cidades estadunidenses recentemente tem retrocedido. Apesar de o argumento central desses trabalhos conter uma dimensão relacional muito forte, os autores não utilizam análise de redes, o que seria realizado mais adiante por trabalhos como o de Briggs (2001).

Wacquant (2002; 2008), no entanto, leva os argumentos de Wilson mais longe ao afirmar que a existência da nova pobreza urbana decorre não mais da ausência de desenvolvimento, mas justamente do dinamismo econômico do capitalismo contemporâneo em suas versões mais avançadas. Além disso, está associada a um novo fenômeno nas grandes cidades de todo o mundo – o hipergueto –, que por sua vez está relacionado ao aumento das desigualdades e à dualização do mercado de trabalho, pela retração do estado do bem-estar, a crescente concentração da pobreza e a associação dos seus espaços a estigmas territoriais ligados especialmente à violência, enquadrada pelo Estado sob a lógica da penalização. Esses espaços se caracterizariam pelo seu desligamento do dinamismo da economia como um todo, pela fixação e estigmatização territorial, associadas à dissolução do lugar, o que é entendido como a perda de um território onde a população se sinta segura e com o qual se identifique (Wacquant, 2007; Auyero, 1999; Auyero; Swistun, 2009), a perda dos grupos de apoio de fundo presentes no gueto anterior e a fragmentação simbólica e social em um contexto de desproletarização. Cada uma dessas dimensões reforçaria o isolamento e a subordinação política dos grupos ali residentes.

Estudos sobre São Paulo têm destacado a importância do estigma territorial, bem como de estratégias de penalização da pobreza, entretanto a maior parte das evidências descarta a ideia de polarização. Apesar da elevada pobreza e da precariedade que marcam as grandes cidades brasileiras, a presença do Estado na provisão do bem-estar tem crescido desde a redemocratização. Isso faz com que a penalização seja concomitante a processos de reconhecimento de direitos, o que gera resultados complexos e, por vezes, contraditórios.

A ideia de gueto aqui é metafórica e não específica, pois há polêmicas se os bairros negros e latinos nas grandes cidades norte-americanas dos dias de hoje representam guetos (Massey; Denton, 1993; Marcuse, 1996; Jargowsky, 1997; Briggs, 2001; Wacquant, 2008; 1996). A maior parte dos autores, contudo, defende que os graus de segregação ali existentes, embora elevados, não contam com limites físicos e, principalmente, com dispositivos legais suficientes para que se sustente a existência desse fenômeno, exceto em sentido metafórico. Em relação às principais cidades europeias, a literatura parece ser unânime em rejeitar a qualificação de gueto, embora destaque a elevada presença de situações de pobreza, porém de forma menos segregada, em cidades como Paris, Stuttgart, Londres, Hamburgo, Bruxelas, Berlim e Milão (Mingione, 1994; Musterd; Murie, 2002). De forma similar, a inexistência de dispositivos legais nas cidades brasileiras nos leva a rejeitar o conceito de gueto para caracterizar nossas periferias, embora possamos observar graus de separação muito elevados e resilientes no tempo (Bichir; Torres; Ferreira, 2005; Torres, 2005c; Marques; Gonçalves; Saraiva, 2006).

A situação de completo isolamento espacial do gueto representa o ponto culminante na variação contínua da segregação residencial (Grafimeyer, 1996). Quando o isolamento é voluntário e usualmente associado a estratégias exclusivistas de grupos sociais que recorrem à autossegregação, diz-se que ocorreu a formação de uma cidadela (Marcuse, 1997a). Em ambos os casos, há barreiras físicas ou institucionais a serem transpostas para sair (do gueto) ou para entrar (na cidadela) e, muito frequentemente, há regras legais limitando a circulação e o acesso (Marcuse, 1997a; 1997b). Sob o ponto de vista social, entretanto, os fenômenos são completamente distintos (Wacquant, 2001; 1996; Fainstein; Gordon; Harloe, 1992; Mingione, 1996; Davis, 1993; Massey; Denton, 1993).

Em período recente, os processos de autossegregação têm criado cidadelas ou enclaves fortificados de riqueza inseridos no tecido urbano de inúmeras cidades do mundo, em especial nas Américas e, inclusive, em São Paulo (Davis, 1992; Sabatini, 2001; Salcedo; Torres, 2004; Duren, 2006; Caldeira, 2000; Salgado, 2000), levando, segundo alguns, a uma fragmentação das cidadanias urbanas (Alsayyad; Roy, 2006). No caso da metrópole paulistana, o fenômeno é amplamente visível em termos políticos e simbólicos (Caldeira, 2000), mas embora a extensão dessas ocupações seja significativa na zona oeste, a escala do fenômeno não é relativamente tão grande quando comparada ao estoque populacional de classe média localizada no centro expandido, pelo menos até o ano 2000 (Marques; Bitar, 2002).

Se o isolamento completo entre grupos não é a dimensão que especifica centralmente a segregação em nossas cidades, esta deve ser considerada um fenômeno contínuo que incorpora distâncias físicas. Isso pode introduzir dificuldades para as estratégias de mensuração quantitativa do fenômeno,[2] mas aparentemente deve ser considerada por razões conceituais. Na ausência de barreiras físicas ou institucionais (como as presentes em um gueto), a separação dos grupos sociais em espaços socialmente homogêneos só ganha sentido se houver dificuldades para o estabelecimento de contato frequente entre eles. As distâncias, portanto, dão origem a padrões mais contínuos do fenômeno do que os capturados pelos conceitos de guetos, cidadelas e enclaves citados anteriormente. No caso das grandes cidades brasileiras, marcadas por elevada segregação de amplas periferias, a questão está no centro do debate desde os anos 1970 (Bonduki; Rolnik, 1982; Kowarick, 1979) e permanece ainda hoje como elemento reprodutor de vulnerabilidade social (Kowarick, 2009).

Em termos mais técnicos, a análise da segregação pode ser realizada pela mensuração da separação e da homogeneidade entre grupos sociais (ver Sabatini et al., 2001b; Sabatini, 2004; Torres, 2005c; Preteceille, 2003), ou da concentração e da predominância daqueles grupos (Jargowsky,

---

[2] Os índices mais usados para quantificar a segregação não levam em conta centralmente a dimensão da distância, como no caso do Índice de Dissimilaridade, que a desconsidera completamente. O Índice de Moran global, por outro lado, considera a distância apenas para estabelecer os padrões de contiguidade das matrizes de vizinhanças (microssegregação), o que torna imprescindível a análise concomitante dos mapas de Moran local para o entendimento da segregação na escala da cidade (macrossegregação). Para exemplos da utilização de ambos, ver Marques e Torres (2005) e Bichir (2006).

1997; Preteceille, 2006), considerando alguma característica social específica (inserção ocupacional, renda, escolaridade, raça etc.). Por vezes, esses estudos geraram um conjunto de medidas, sendo o mais importante o chamado Índice de Dissimilaridade, utilizado para São Paulo por Torres (2005) e Torres e Bichir (2009) e calculado para inúmeras cidades norte-americanas por John Logan.[3] A questão envolve algumas dificuldades analíticas, visto que a escala de análise da segregação altera significativamente os resultados obtidos (Sabatini et al., 2001b; Bichir, 2006). Esse problema, na verdade, não é meramente técnico, pois a segregação pode ocorrer de maneira diferente em distintas escalas, como no conjunto da cidade (macrossegregação) ou no interior dos bairros e locais separadamente (microssegregação). Consequentemente, os instrumentos de medida e a metodologia devem ser escolhidos de forma apropriada (Sabatini et al., 2001b; Bichir, 2006; Torres, 2005c). Quando a segregação for citada ao longo deste trabalho, me refiro à macrossegregação ou segregação na escala do conjunto da cidade. Nessa escala, a dimensão da distância entre grupos já mencionada está incorporada implicitamente.

Outros trabalhos tentam delimitar e tipificar espacialmente a pobreza urbana, considerando a já citada multidimensionalidade do fenômeno. Partem de escolhas metodológicas que privilegiam os detalhes e a complexidade dos padrões, inclusive em termos de sua distribuição no espaço. No caso da cidade de São Paulo, a combinação da análise estatística com técnicas de geoprocessamento tem permitido nos últimos anos o desenvolvimento de estudos como o CEM (2004), por exemplo, que produziu tipologias das situações de vulnerabilidade em unidades espaciais bastante desagregadas a partir de uma série de indicadores sociais. Essa tipologia indicou a existência de pobrezas e vulnerabilidades diferentes segundo a estrutura familiar e o ciclo de vida, e não apenas rendimento e escolaridade. A distribuição espacial desses tipos sugeriu a presença de intensa heterogeneidade social nos espaços, inclusive periféricos, como discutirei no próximo capítulo. Resultados similares têm sido alcançados por análises sobre a distribuição da estrutura social no espaço (Marques; Scalon; Oliveira, 2008; Scalon e Marques, 2008).

Essa heterogeneidade é em parte explicada pela associação muitas vezes verificada empiricamente entre segregação e desigualdades de acesso.[4]

---

[3] O Índice de Dissimilaridade mede a proporção de uma dada população que deveria ser movimentada entre unidades espaciais para que a incidência de um dado atributo alcançasse em todos os locais a média da cidade. Para uma grande quantidade de aplicações do índice para cidades norte-americanas, ver os trabalhos coordenados por Logan em http://mumford. albany.edu/census/data.html.

[4] A literatura sobre estratificação diferencia as desigualdades de resultados das desigualdades de oportunidades. As desigualdades de acesso a políticas representam desigualdades de oportunidades, pois mediam a aquisição de escolaridade, boas condições de saúde etc. Por outro

Por um lado, grupos segregados têm acesso diferenciado às oportunidades e aos equipamentos presentes na cidade, com consequências negativas tanto em cidades europeias (Pinçon-Charlot et al., 1986) quanto norte--americanas (Massey e Denton, 1993; Morenoff, 2003; Briggs, 2001) e latino-americanas (Kaztman; Retamoso, 2005; Sabatini et al., 2001b; Torres; Ferreira; Gomes, 2005; Gomes; Armitrano, 2005; Bichir, 2006). Por outro lado, os diferenciais de acesso também contribuem para a segregação por meio da estrutura dos preços do solo, em especial em cidades marcadas pela escassez de amenidades (como as latino-americanas) ou pela degradação do quadro construído de certas áreas (como nas grandes cidades norte-americanas).

Portanto, não é apenas a segregação que especifica o acesso desigual, mas também (e ao mesmo tempo) a desigualdade de acesso que especifica e reproduz a segregação. Entretanto, quando um dos problemas é eliminado, o outro pode persistir, como no caso de inúmeras cidades onde a universalização do acesso a bens e serviços providos pelo Estado não solucionou a segregação. Portanto, apesar de a segregação e as desigualdades de acesso influenciarem-se continuamente, elas dizem respeito a processos distintos e devem ser separadas conceitualmente.

Este ponto de vista não é unânime nas discussões brasileira e latino--americana, nas quais a associação empírica dos fenômenos fez com que parte importante da literatura os tratasse de forma indiferenciada. Na produção brasileira sobre o tema, não é possível encontrar uma única posição sobre o problema, sendo o conceito de segregação utilizado tanto para designar separação entre grupos sociais distintos quanto desigualdade de acesso a políticas. Em Lago (2002) e Maricato (2003), por exemplo, segregação significa os dois fenômenos ao mesmo tempo, enquanto em Vetter (1981), Smolka (1983), Ribeiro (2002), Caldeira (2000) e Villaça (1998) segregação ganha o sentido de separação e homogeneidade social.

Para maior precisão conceitual e capacidade de análise, considero que a segregação diz respeito à separação e ao isolamento espacial dos grupos sociais em áreas em parte homogêneas internamente, em termos dos atributos sociais de cada grupo. Ao longo deste livro, a segregação será, portanto, tomada como um fenômeno distinto da pobreza e da existência de desigualdades sociais no espaço da cidade, embora associada a elas de diversas formas.

Se a segregação aparece como dimensão central na literatura sobre pobreza urbana, a contiguidade espacial é destacada por outro conjunto de autores por meio da categoria "efeitos de vizinhança" (Durlauf, 2001;

---

lado, impactam diretamente as desigualdades de resultados, via condições de vida. Como este livro não pretende discutir as desigualdades sociais em geral, não destacarei constantemente essa distinção e voltarei a ela apenas no Capítulo 7.

Morenoff, 2003; Sampson; Morenoff, 1997; Sampson; Randenbush, 1997; Case; Katz, 1991), os quais se referiam à existência de regularidades empíricas entre unidades de vizinhança para uma dada variável ou processo, como, por exemplo, uma possível contiguidade física nas ocorrências de gravidez na adolescência. A similaridade do argumento geral dessa literatura com a abordagem ecológica é grande e, por vezes, defendida explicitamente (Osterling, 2007), embora os processos de causalidade postulados não sejam necessariamente os mesmos, como destacam Sampson e Morenoff (1997), aos efeitos da chamada eficácia coletiva sobre os processos de desorganização social. Apesar de essa literatura ter produzido contribuições importantes sobre a associação entre variáveis e processos no estudo da pobreza (Case; Katz, 1991; Sampson; Morenoff, 1997), ela apresenta limitações sérias de ordem conceitual que restringem a abrangência dos seus achados e avanços (Small; Newman, 2001).

Essas limitações advêm da existência de regularidades empíricas de uma determinada variável entre unidades contíguas no espaço que pouco ou nada nos informam sobre os processos sociais que explicam essas regularidades. Autores como Yinger (2001), por exemplo, localizam como causa da pobreza a discriminação residencial que pode levar a certas preferências locacionais por parte de grupos em desvantagem (Ross, 2001). O raciocínio pode parecer razoável à primeira vista, mas uma análise mais detida evidencia que a discriminação pode realmente levar à segregação e ao isolamento, os quais seriam os possíveis mecanismos causais por trás da pobreza. Na verdade, ao elevar uma associação empírica ao patamar de conceito, essa literatura contribui para certo fetichismo que oculta as causas e confunde os processos sob análise. Trata-se do que Mahoney (2001) denomina análise de correlação. Embora não haja nada intrinsecamente errado com análises desse tipo, com elas continuamos desconhecendo as causas das regularidades observadas. O foco da análise deve se orientar para a determinação dos processos singulares e dos mecanismos causais associados aos fenômenos que cercam a pobreza (Durlauf, 2001).

Buscando exatamente especificar mecanismos associados à reprodução da pobreza, outro conjunto de autores destacou a importância de certos processos de socialização (Small; Newman, 2001). O primeiro deles envolve os chamados efeitos de exemplo (*role model effects*) que descreveriam a relevância, para os comportamentos individuais, da existência de exemplos, negativos ou positivos, entre as pessoas próximas a um indivíduo. Outra forma de compreender a influência grupal considera os efeitos de grupos de pares (*peer group effect*). Eles dizem respeito à influência, sobre as atitudes individuais, de comportamentos coletivos em pequenos grupos com configuração fechada, identidades fortes e comportamentos coletivos marcados tanto material quanto simbolicamente.

Embora em ambos os casos a ideia tenha sido aplicada a princípio para jovens, a sua relevância é potencialmente mais ampla e abrange todos os grupos sociais. Em geral, os estudos de grupos de pares apresentam dificuldade em separar os efeitos de influência dos grupos dos efeitos de seleção, visto que indivíduos mais propensos a certos de tipos de comportamento tendem a se agrupar e conectar – como discutirei mais adiante quando tratarmos da questão da homofilia (McPherson et al., 2001). Alguns autores têm desenvolvido métodos de delimitação de *peer groups* por meio de redes sociais, inclusive de grande tamanho (Moody, 2001), mas a questão da causalidade permanece como um problema que só pode ser resolvido a partir da formulação teórica precisa dos processos envolvidos.

De qualquer modo, embora a consideração dos efeitos de grupos de pares e de vizinhança introduza elementos coletivos na análise, estes são entendidos apenas como influências ambientais sobre comportamentos individuais, não rompendo com a ontologia individualista e atomista da pobreza. A superação dessa visão pressupõe certo deslocamento de ênfase que privilegie as dimensões sociais da pobreza, destacando a sociabilidade e as relações sociais, em vez de atributos e comportamentos individuais.

Integração e capital social

Talvez o mais importante e abrangente esforço de incorporação de dinâmicas sociais nos estudos do tema seja o empreendido pelo uso da categoria capital social. As contribuições fundadoras da perspectiva se devem conjuntamente a Coleman (1988), Bourdieu (1986) e Putnam (1996). Coleman (1988) desenvolveu o conceito no bojo de uma tentativa de integrar elementos da estrutura social ao quadro conceitual da ação racional para explicar o contexto escolar e, em particular, a propensão a desistir da escola. Nesse sentido, capital social envolveria dimensões supraindividuais associadas a expectativas, normas sociais e obtenção de informação que influenciariam os comportamentos individuais.

Bourdieu utilizou o conceito baseado em seu modelo explicativo da economia dos bens simbólicos, o que acabou por desembocar em uma teoria das relações entre posições sociais e disposições culturais (Bourdieu, 1986; 2007a; Pereira, 2005). Os indivíduos acumulariam capitais de diversos tipos intercambiáveis entre si – econômicos, sociais, culturais e simbólicos. Para ele, portanto, o capital social seria

> o agregado de recursos reais ou potenciais que se ligam à posse de uma rede durável e mais ou menos institucionalizada de relações de reconhecimento, em outras

palavras, a filiação a um grupo que provê a seus membros capital de propriedade coletiva, uma credencial que lhes dá crédito nos vários sentidos da palavra. (Bourdieu, 1986, p.7)

Conformaria, portanto, uma categoria sociológica intermediária, mas de uso amplo, podendo ser aplicada para descrever e explicar tanto comportamentos específicos quanto características societais.

Putnam, por sua vez, explicou as diferenças de desenvolvimento entre regiões da Itália a partir de divergências de valores e comportamentos cívicos, medidos em uma pesquisa de longo curso. Para o autor, essas diferenças seriam explicadas historicamente e conformariam, portanto, uma categoria geral a ser utilizada em sentido macrossociológico. Posteriormente, Putnam (1995) utilizou o conceito para sugerir que a perda de dinamismo da democracia norte-americana na segunda metade do século XX se devia ao declínio da presença de um tipo de vida associativa que geraria comportamentos cívicos e capital social.

A partir dessas perspectivas fundadoras, diversos autores defenderam o uso do conceito para definir um amplo conjunto de elementos de nível individual, coletivo e societal, o que inclui desde confiança e associativismo na escala da sociedade até confiança interpessoal e padrões de conexão entre indivíduos, passando por comportamentos cívicos e confiança na escala do bairro e da vizinhança, entre outros. Esses elementos seriam oriundos da estrutura e do conteúdo de certas relações sociais que "combinam atitudes de confiança com condutas de reciprocidade e cooperação" (Durston, 2003, p.147). Os efeitos benéficos dessas características seriam os mais variados e impactariam desde a qualidade da democracia até o desenvolvimento econômico, passando pela melhor ou pior implementação das políticas públicas. Essa tradição converge para a importância de três elementos: normas/valores, confiança recíproca/comportamento cívico e redes sociais. Em termos econômicos, essas características das sociedades contribuiriam para reduzir os custos de transação no sentido destacado pela literatura da nova economia institucional (North, 1990).

Embora a literatura sobre capital social seja tão ampla quanto heterogênea (Durston, 2003; Briggs, 2005), é interessante discutir aqui as contribuições que nos ajudam a compreender melhor o objeto deste livro, usando o conceito para descrever elementos coletivos que impactam as condições de vida em regiões das cidades e em bairros pobres especificamente (Cechi et al., 2008; Rao; Woolcock, 2001; Fontes; Eischner, 2004; Pavez, 2006; Briggs, 2003; Sampson; Raudenbush, 1997). Isso seria causado não apenas pela sociabilidade nas comunidades, por sua vida associativa, mas também pelas políticas do Estado, em especial as com incidência territorial concentrada, como as orientadas para o combate da chamada "*área poverty*" (Power, 1996). Vale acrescentar que em certos autores a relação entre capital social e bairro ganha contornos claramente ambientais ou mesmo ecológicos (Osterling, 2007), mas para outros o capital social não apenas seria influenciado pelas políticas públicas, como poderia ser produzido ativamente por elas (Policy Research Initiative, 2005a; 2005b; Peri 6, 1997).

A literatura sobre o tema parte da existência de uma intensa associação entre bairro (ou vizinhança) e padrões de conexão entre indivíduos, mesmo que por vezes implicitamente. Para muitos, as redes (e os recursos mobilizáveis por meio delas) seriam uma das facetas do capital social. As redes incidiriam sobre três conjuntos de elementos: as estratégias individuais, a construção de coesão no interior dos contextos sociais (*bonding social capital*) e a inserção desses contextos nas comunidades sociais mais amplas (*bridging social capital*) (Lin, 1999; 1999b; Briggs, 2003). Para muitos, a existência desses tipos de capital social poderia ajudar a superar as situações de pobreza (Briggs, 2001; 2005; Policy Research Initiative, 2006). Entretanto, de que forma as redes produziriam capital social?

A primeira referência obrigatória no tema é o trabalho de Nan Lin (1999a; 1999b) sobre o lugar das redes na obtenção de status (*status attainment*), entendido como "um processo pelo qual os indivíduos mobilizam e investem recursos visando retorno em posições sociais" (Lin, 1999b, p.467). Esses recursos são pessoais e sociais, sendo estes últimos especificados como elementos acessíveis por meio dos vínculos diretos e indiretos de suas redes de relações. O autor sustenta que: a) recursos sociais exercem efeito nos resultados de ações instrumentais de busca de status; b) recursos sociais são afetados pelas posições dos indivíduos na estruturas de recursos; c) recursos sociais tendem a ser mais impactados por vínculos fracos do que por vínculos fortes (Lin, 1999b, p.470). A realização de status ao longo do ciclo de vida,[5] portanto, envolve tanto o acesso a capital social entendido como o conjunto de recursos acessados por um certo indivíduo pela sua origem e suas redes (educação, status inicial e da família e recursos relacionais iniciais) quanto a sua mobilização, que é influenciada pela utilização das redes (estrutura e força dos vínculos e o status dos contatos).

Burt, no entanto, tematizou redes econômicas estudando competição (Burt, 1992) e geração de inovação (Burt, 2004). Certas estruturas de rede criariam vantagens para determinadas posições ocupadas por alguns agentes econômicos, cujas redes egocentradas seriam marcadas por baixa redundância, criando o que o autor denominou buracos estruturais. Perto

---

[5] Nos estudos de estratificação, a ideia de ciclo de vida busca capturar as fases na obtenção de status – origem (estrutura familiar, redes, capital econômico e cultural de origem), internalização (saúde e socialização de valores), formalização (obtenção de credenciais educacionais e habilidades), autonomização do status (mercado de trabalho e escolha marital) e realização de status (posição na estrutura sócio-ocupacional e riqueza). O balanço do processo é a mobilidade intergeracional (Valle Silva, 2007; Ribeiro, 2007).

desses buracos, as lucratividades seriam mais altas (Burt, 1992), e novas ideias tenderiam a ser criadas, produzindo inovação (Burt, 2004). Em ambos os casos, a presença de buracos estruturais aumenta o controle de um dado ego sobre sua rede, o que pode também ter efeitos sobre outras situações sociais. Mais adiante, testarei os efeitos dessas estruturas nas redes de indivíduos em situação de pobreza.

Briggs, diferentemente, também trabalha operacionalizando o capital social como rede, mas explora especificamente a relação entre pobreza, redes sociais e segregação na cidade. No seu entender, a relação entre capital social, desigualdades e pobreza pode ser entendida com três ênfases (Briggs, 2001; 2005). A primeira está no apoio individual e na obtenção de status de Lin (1999a), baseada na melhoria de atributos individuais por meio do que pode ser obtido por contatos na rede. Geralmente, estudos desse tipo enfocam redes pessoais ou de pequenos grupos, em sua maioria tematizando a busca de empregos e ocupações (obtenção de status), assim como a busca de cuidados, confiança e companheirismo (apoio social) (Briggs, 2005). O segundo enfoque analisa as capacidades das comunidades e a sua eficácia coletiva em exercer controle social, como em Sampson e Raudenbush (1997), discutindo organização e confiança no nível da comunidade ou de pequenas áreas. O terceiro enfoque é o único a se concentrar no nível macro, investigando os desempenhos cívico e econômico em nível nacional ou regional, no sentido de Putnam (1996). Como já citado, nesse caso, os temas são a confiança generalizada e a participação em associações, mas nessa literatura específica envolvem o estudo de redes societais.

Trabalhando na primeira dessas linhas de análise, Briggs (2003) investiga os laços entre indivíduos socialmente diferentes, que produzem pontes. O autor destaca a existência de um tecido denso de vínculos entre indivíduos de iguais atributos como fonte importante de coesão social, mas diferencia esses vínculos (*bonding ties*) daqueles que produzem pontes entre grupos de pessoas com características distintas (*bridging ties*). Retomando um argumento anterior apresentado por Briggs (2001), sustenta-se a importância dos primeiros para os indivíduos darem conta de suas atividades e situações cotidianas (*get by*), mas indicam-se os segundos como chave para a melhora das situações de vida dos indivíduos, proporcionando mobilidade social (*get ahead*). Por meio de informações sobre redes sociais em diversos locais nos Estados Unidos, o autor explora os principais condicionantes dos vínculos de "ponte racial". A pesquisa indica que a existência de vínculos inter-raciais varia entre grupos sociais e depende das práticas associativas e de sociabilidade. A segregação residencial tende a aumentar a homogeneidade dos padrões de vínculo dos indivíduos, em parte porque as preferências se organizam espacialmente, para além de representarem uma barreira ao contato e às oportunidades (Briggs, 2005).

Uma das questões centrais, portanto, parece situar-se na presença de vínculos dos pobres com indivíduos socialmente diferentes, o que parece ser dificultado pela segregação. A questão nos remete à clássica discussão sobre a tendência de indivíduos com características similares se relacionarem entre si ou, nas palavras de Robert Burns, *"birds of a same feather flock together"* [pássaros de mesma plumagem se agrupam] (Burns apud McPherson et al., 2001, p.417). A literatura tem trabalhado a questão por meio do conceito de homofilia – a evidência de que os indivíduos tendem a construir e manter contatos mais frequentemente com indivíduos de características sociais (atributos) similares (McPherson et al., 2001).

Se a homofilia é produzida e mantida por dimensões intrínsecas da sociabilidade – práticas, gosto e linguagem, entre outros –, ela tende a ser reforçada pelo espaço e pela segregação. Como a segregação agrupa indivíduos socialmente similares, a homofilia é provocada a princípio por um efeito numérico, que diz respeito à maior disponibilidade de indivíduos similares para a construção de contatos, no que a literatura denomina *baseline homophily*. Entretanto, a esse efeito se acrescentam ao menos outros dois, ligados às preferências dos indivíduos (Ortiz; Hoyos; López, 2004) e ao comportamento das organizações e instituições que, de diversas formas, levam à construção e à reconstrução de relações homofílicas, escolhendo e mantendo mais facilmente relações entre iguais.[6] Portanto, a questão não está relacionada apenas à constituição diversificada de vínculos, mas à tendência diferenciada de manutenção de laços. Como a maior parte da literatura sobre o tema é norte-americana, e como naquele país a principal clivagem social passa pela raça (Massey; Denton, 1993), esta última é objeto da maior parte dos estudos (Briggs, 2005). Entretanto, a questão também se coloca fortemente com relação ao sexo, à origem migratória, aos credos religiosos, às etnias, à renda e à localização geográfica (McPherson et al., 2001). A homofilia seria reproduzida por efeitos geográficos, organizacionais, processos cognitivos e a quebra seletiva de vínculos (McPherson et al., 2001). Como veremos nos capítulos seguintes, a homofilia é uma dimensão central presente nas redes analisadas, que produz importantes consequências para os padrões relacionais dos indivíduos e para as suas condições de vida, embora os padrões sejam bastante complexos e não permitam afirmar relações mecânicas entre redes, atributos e espaço. Também veremos que as dificuldades de manutenção de vínculos explicam uma parte significativa das diferenças entre as redes de indivíduos de classe média e em situação de pobreza.

Sumarizando, a literatura sugere que o isolamento social se somaria ao isolamento espacial e aos efeitos nocivos da concentração para produzir

---

[6] A existência de tal padrão organizacional é apresentada por Tilly (2000; 2005) como um dos mecanismos que explica a persistência das desigualdades sociais.

pobreza, ao tornar muito mais difícil o acesso às oportunidades (Briggs, 2001) e o acúmulo de capital social (Cechi et al., 2008; Rao; Woolcock, 2001; Fontes; Eischner, 2004; Briggs, 2003; Sampson; Raudenbush, 1997; Osterling, 2007). Seguindo essa premissa, uma geração de políticas de combate à pobreza parte da ideia de que ações públicas maciças de políticas poderiam ajudar a produzi-lo. Isso seria feito tanto por políticas concentradas espacialmente quanto pela mobilidade espacial de residências e famílias no sentido de agir ativamente contra a segregação. Em casos cujas grandes desigualdades de acesso a políticas persistem e a qualidade dos serviços disponíveis em regiões distintas das cidades é muito diferente, como ocorre nas grandes cidades latino-americanas, esse tipo de iniciativa pode gerar efeitos sociais muito positivos (Torres, 2005b). Entretanto, muitas vezes essas políticas pressupõem que mudanças no espaço gerarão ativamente capital social, pela alteração nos padrões relacionais entre indivíduos nos bairros e nas comunidades (Cechi et al., 2008; Rao; Woolcock, 2001; Policy Research Initiative, 2005a; 2005b; Peri 6, 1997).

Uma crescente literatura internacional tem indicado o insucesso dessa faceta das políticas, ou ao menos o aparecimento de resultados muito distintos dos pretendidos (Greenbaum et al., 2008; Curley, 2008; 2009). Várias questões parecem estar envolvidas. A primeira delas é a constatação de que contiguidade no espaço não corresponde a sentimento de comunidade (Blokland, 2005) ou a padrões de conexão entre indivíduos e grupos sociais (Blokland; Savage, 2005). Além disso, essas políticas desconhecem ou minimizam os fortes efeitos que os mecanismos de homofilia possuem na conservação da separação dos padrões relacionais de grupos de indivíduos distintos. Na ausência de um conhecimento muito maior sobre a inter-relação entre atributos, redes e espaço, para não fazer menção ao completo desconhecimento do efeito das políticas em relação às redes, a produção de políticas só pode gerar iniciativas ingênuas social e politicamente. Essa ingenuidade se torna patente quando a literatura relata que mesmo quando famílias são movidas de bairros de alta concentração para áreas mistas por políticas de mistura social, suas redes sociais não tendem a aumentar em tamanho ou variabilidade, mas, ao contrário, se reduzem (Greenbaum et al., 2008). Em outros casos, as redes se transformam de maneira não intencionada (Curley, 2008; 2009), embora mudanças para áreas mais segregadas tendam a surtir efeitos de empobrecimento relacional conforme previsto pela literatura (Soares, 2009).

Acredito que apenas a incorporação plena de uma ontologia relacional da pobreza possa ajudar a solucionar nossos desconhecimentos sobre o tema e gerar representações mais realistas e dinâmicas sobre o fenômeno. Situações de pobreza são estados dinâmicos e multidimensionais de privação, mensuráveis por meio de atributos diversos, que foram construídos ao longo de trajetórias de vida e são reconstruídos cotidianamente em práticas de sociabilidade e estratégias de sobrevivência. Se isso envolve atributos e decisões individuais, também depende de processos e dinâmicas supraindividuais e relacionais que não podem ser capturados por representações ambientais ou por categorias amplas como capital social. Os contextos relacionais nos quais os indivíduos se inserem devem ser analisados com a melhor representação de que dispomos – as redes sociais. Mas tiramos pouco proveito de descrições normativas dessas redes como as contidas nas ideias de *bridging* e *bonding*, pois, embora relações e redes produzam pontes e coesão, os mesmos vínculos podem possibilitar vários movimentos em situações diversas para indivíduos diferentes ou para as mesmas pessoas em momentos distintos. Todos esses elementos são específicos social e espacialmente, bem como plenos dos conflitos intrínsecos à ação e às relações humanas.

Observemos agora as redes sociais de maneira mais detida.

REDES SOCIAIS E PESSOAIS

A preocupação das ciências sociais com os efeitos dos padrões de conexões entre indivíduos existentes nas sociedades é bastante antiga e remonta pelo menos a clássicos como Simmel (1980 [1972]). A análise sistemática desses padrões, entretanto, baseando-se em estudos empíricos detalhados, data das primeiras décadas do século XX, em especial dos trabalhos pioneiros de Jacob Moreno a respeito do que ele denominou "geografia psicológica" e, posteriormente, "sociometria" (Freeman, 2004, p.39). No campo mais específico das Ciências Sociais, o estudo sistemático de relações em contextos específicos foi introduzido pela Antropologia e pelos estudos de organizações a partir dos anos 1930, e apenas nos anos 1970 e 1980 alcançou a Sociologia e a Ciência Política (Scott, 1992; Freeman, 2004).

As redes sociais

A partir dos anos 1970, desenvolveu-se internacionalmente um programa de pesquisas focado no nível intermediário e concentrado na análise dos padrões de relações de indivíduos e entidades que cercam as situações sociais (Knoke, 1990; Johnson, 1994). Esses padrões estariam presentes em quase todas as dimensões, sendo muito difícil estudar fenômenos sociais sem considerá-los, como o caso das dinâmicas econômicas (Granovetter, 2000).

O fundamento teórico central da análise de redes sociais consiste nos fenômenos sociais cujas unidades básicas são as relações sociais, e não os atributos dos indivíduos. Nesse sentido, o mundo social seria constituído ontologicamente por padrões de relação de vários tipos e intensidades em constante transformação. Mesmo a ontologia dos sujeitos sociais dependeria da sua inserção em situações e relações (Emirbayer, 1997). A incorporação das redes sociais permitiria construir, então, um estruturalismo *a posteriori*, deduzido da análise empírica (Tilly, 1992b), ao contrário dos estruturalismos induzidos por diversas teorias anteriormente.

Na formulação das primeiras sínteses teóricas sobre o problema, atributos e relações eram pensados como ênfases analíticas quase excludentes (Emirbayer, 1997), de forma até certo ponto reducionista. Contemporaneamente, os dois elementos são pensados em associação, visto que entidades com atributos comuns têm maior probabilidade de estabelecer relações pela presença de mecanismos associados à homofilia (Kadushin, 2004; McPherson et al., 2001). Ao mesmo tempo, as relações ajudam a construir atributos de vários tipos, sendo muitas vezes difícil estabelecer uma direção causal única (McPherson et al., 2001).

As redes podem ser consideradas pelas análises apenas de maneira metafórica (como nos trabalhos que usam as redes em termos descritivos e discursivos), normativa (a exemplo de pesquisas de administração de empresas que objetivam melhorar as redes) ou metodológica para a investigação de situações sociais específicas por meio da análise das conexões sociais nelas presentes, como este estudo. No caso dos fenômenos com padrões relacionais de baixa complexidade, o uso de metáforas é, em geral, o mais proveitoso analiticamente. Entretanto, o avanço mais importante ocorre com a utilização das redes como método de investigação, iluminando situações sociais nas quais os padrões de relação apresentam complexidade tão elevada que não podem ser analisados satisfatoriamente por meio de narrativas que explorem as redes de modo metafórico.

No que diz respeito à pesquisa, a análise de redes tenta reproduzir por representações gráficas e matemáticas os contextos relacionais mais variados nos quais se inserem os atores sociais. Nas análises desse tipo, pessoas, grupos, organizações e entidades são representadas como nós (pontos), e as relações (linhas) como vínculos de tipos diversos. Os vínculos podem ser materiais e imateriais, apresentar conteúdos múltiplos e, usualmente, pensados como em constante transformação.

Em termos bem gerais, a incorporação das redes transforma a maneira pela qual representamos a estrutura social em nossos estudos. Para os estudos sobre estratificação social, desde os inspirados no marxismo até os contemporâneos baseados em classificações ocupacionais mais ou menos complexas, a compreensão da estrutura social passa pela análise e correlação de atributos dos indivíduos formando grupos (Santos, 2005) ou grupos no espaço (Preteceille, 2006; Preteceille; Cardoso, 2008; Marques et al., 2008; Scalon; Marques, 2009). Na verdade, há certo descompasso entre essa forma de compreender a estruturação da sociedade e o estudo da ação, focado em processos, ações e relações.[7]

Para autores como Bian et al. (2005), a saída para uma melhor compreensão da estrutura social estaria na integração entre os estudos dos atributos e das relações, trazendo de volta as relações sociais para os estudos de estratificação. Isso não significa de forma alguma o abandono dos atributos, pois, como vimos, os chamados efeitos de homofilia tornam mais elevada a probabilidade da existência de relações entre pessoas com atributos comuns. O objetivo, portanto, consistiria na integração dessas duas dimensões, superpondo à estratificação por atributos uma segunda estrutura construída e reconstruída pelas redes sociais. Com isso, o estudo das redes permitiria a incorporação de elementos associados à sociabilidade dos indivíduos, o que ocorre no que Bourdieu (2007b) denomina microcosmo social – a família, a vizinhança, o local de trabalho etc. – no estudo do macrocosmo social representado pela própria estrutura social. Evidentemente, as duas estruturas se conectam e influenciam mutuamente de forma contínua, tornando a questão bastante complexa em termos metodológicos.

Em um nível mais concreto, o estudo das redes sociais remete diretamente aos padrões de sociabilidade presentes em um dado contexto. Essa dimensão já se fazia presente nos trabalhos clássicos de Simmel (1972 [1908]), para quem a sociabilidade moderna era baseada em uma grande quantidade de vínculos secundários bastante heterogêneos em conteúdo, fracos em intensidade e não mais necessariamente organizados de maneira territorial. O epíteto desses padrões de vínculo estaria na vida da metrópole moderna, que propiciaria aos indivíduos uma significativa liberdade de circulação e escolha social, ao contrário dos padrões característicos do mundo rural e das cidades pequenas (Simmel, 1973 [1902]). O processo de construção da modernidade teria, portanto, impacto direto nos padrões de relação dos indivíduos, constituindo o que Wirth (1972 [1938]) denominou "urbanismo como modo de vida".

Wellman (2001) revisitou esses argumentos na tentativa de especificar a sociabilidade no início do século XXI, sustentando que as novas técnicas de comunicação e transportes teriam reduzido a presença do localismo, no

---

[7] O problema aparece de forma mais expressiva nos campos teóricos que têm a pretensão de interpretar conjuntamente a estrutura e a ação. Para a maior parte do marxismo, por exemplo, a questão está resolvida quase por definição, visto que tanto as posições na estrutura quanto a ação política se especificam pelas posições relativas nas relações de classe. No caso dos estudos inspirados em Pierre Bourdieu, contudo, o problema é formulado teoricamente como uma associação entre posições e disposições que passa pelo conceito de *habitus*. Este último é compreendido pelas características modais da população, o que deixa em aberto por quais mecanismos se faz a sua introjeção nos indivíduos (Bourdieu, 2008). Para um estudo similar, mas recente e fora da França, cf. Pereira (2005). Para a crítica dessa incorporação, cf. Lahire (2003).

sentido definido anteriormente, e intensificado a importância das relações sociais na superação das barreiras físicas da vizinhança e das comunidades. Para ele, o declínio recente da comunidade baseada na localização levou os pesquisadores a considerar, erroneamente, o fim da comunidade em geral, e daí derivar efeitos sobre a solidariedade, a democracia ou mesmo a sociedade como um todo. Para o autor, as comunidades, diferentemente, não teriam desaparecido em período recente, apenas se transformado.

Se considerarmos as interpretações clássicas de Simmel e trabalhos recentes, como os de Blokland (2003) e Blokland e Savage (2008), entretanto, somos levados a considerar que nas sociedades modernas nunca existiu uma identidade entre comunidade e vizinhança, embora a vizinhança como contexto de formação e manutenção de vínculos e sociabilidade possa ter declinado ainda mais em período recente em determinados contextos sociais. Estudos de contextos de pobreza, no entanto, têm demonstrado que a vizinhança pode permanecer como elemento fundamental na construção da sociabilidade (Verbrugge, 1983, apud McPherson et al., 2001, p.430). Como veremos mais adiante, os resultados de São Paulo vão exatamente nessa direção, sugerindo que grupos sociais diferentes estão submetidos a condições diversas nesse aspecto, embora para a população pobre a vizinhança permaneça muito importante.

No caso específico dos estudos sobre pobreza urbana, tanto relações quanto atributos são absolutamente fundamentais, inclusive os associados ao espaço. Retomando alguns pontos estabelecidos na última seção, podemos enunciar a questão da seguinte forma: os acessos dos indivíduos às estruturas de oportunidades que conduzem às condições sociais em geral, e às situações de pobreza em particular, são mediados pelos padrões de relação que esses indivíduos têm com outros indivíduos e com organizações de variados tipos. Isso inclui o acesso a três fontes do bem-estar social – mercados, Estado e família/comunidade – de uma forma similar ao efeito da segregação sobre a pobreza.

Entretanto, a separação dos efeitos das redes e da segregação é apenas analítica, e, no mundo social concreto, espaço e redes agem simultaneamente e de forma articulada. Assim, dado que os indivíduos se localizam no espaço (uma propriedade das redes denominada *propinquidade*), as conexões de rede também funcionam como elemento de ligação entre espaços mais ou menos segregados. Nesse sentido, redes com maiores proporções relativas de pessoas não habitando o mesmo local de moradia do ego tenderiam a integrar de forma mais intensa os indivíduos a contextos distintos (embora não necessariamente menos homofílicos socialmente).

A relação entre redes e espaço, portanto, envolve duas características distintas: segregação e localismo. Como vimos, a segregação está ligada à concentração espacial de certos grupos sociais em espaços relativamente homogêneos e separados de outros grupos. Sustento que uma importante propriedade de padrões relacionais diz respeito à proporção dos nós de uma dada rede pessoal que habitam o mesmo local que o ego. Denomino essa propriedade "localismo" e, embora ela se relacione fortemente à segregação, diz respeito a uma dimensão distinta. Enquanto o localismo é uma propriedade de cada rede, a segregação é uma propriedade do espaço onde indivíduos habitam. Na verdade, o localismo é um tipo de homofilia relativo à coincidência do atributo lugar de moradia entre os indivíduos presentes em uma dada relação.

Em muitos casos empíricos, esses elementos aparecem associados, mas como dizem respeito a processos socioespaciais distintos, podem variar separadamente. Assim, com frequência encontramos locais segregados em nossas cidades com redes cujo grau de localismo é elevado (com poucas pessoas de fora) e que são marcadas por alto grau de homofilia social. Essa situação é a que esperaríamos encontrar mais corriqueiramente. Entretanto, como veremos nos próximos capítulos, nesses mesmos locais segregados também é possível encontrar redes com menor localismo e mais elevada inserção urbana. As combinações diferenciadas dessas características têm importantes efeitos sobre a condição social dos indivíduos.

As redes também podem ocupar papel de destaque na mediação do acesso a políticas e serviços do Estado, com importantes efeitos sobre o bem-estar. De uma maneira geral, a relação entre redes e políticas envolve basicamente duas formas de interação distintas. A primeira é substantiva e liga-se a políticas já discutidas na última seção. As redes têm sido citadas como um dos elementos que caracterizam a pobreza e que devem ser diretamente impactados pelas ações do Estado, como no caso das políticas de promoção de capital social (Levitas et al., 2007; Policy Research Initiative, 2005a; Perri 6, 1997). Como vimos, as experiências internacionais indicam que vários elementos fundamentais não foram levados em conta, em especial pela adoção de um olhar normativo e instrumental dos padrões de relação (Blokland; Savage, 2008), considerando o nosso patamar de conhecimento sobre o fenômeno.

Em segundo lugar, as redes podem mediar a entrega de políticas pelo Estado. Por muito tempo, a literatura de políticas públicas considerou que a lógica da universalização significaria a existência de certo automatismo despersonalizado na implementação e na entrega das políticas. Contudo, ao menos desde Lipsky (1980), sabemos que com muita frequência a entrega de políticas envolve um exercício contínuo de tradução, criando discricionariedade. A incorporação das redes no desenho das políticas pode ajudar a melhorar a implementação, tornando as iniciativas públicas mais capazes de alcançar os seus alvos (Trotter, 1999) – como é o caso da inclusão de associações não governamentais na política de combate à Aids no Brasil –, ou ajudando a customizá-las a aspectos locais, inclusive culturais, como na contratação de agentes comunitários nas políticas de saúde (Lotta, 2006). Mas essa mediação também envolve relações clientelistas tradicionais, assim como a circulação cotidiana de informações sobre políticas nos bairros pobres e nas periferias, com a presença de mediadores não estatais e pertencentes às comunidades. Em todos esses casos, relações e redes mediam a implementação e a entrega das políticas. Gostaria de propor que isso é especialmente verdadeiro quando as políticas não são universais, em momentos de intenso aumento das coberturas ou quando as informações a respeito das políticas não estão disponíveis amplamente. Mesmo diante da universalização de políticas, portanto, relações sociais e redes podem facilitar ou dificultar o acesso a iniciativas do Estado. A incorporação das redes às políticas nesse sentido já ocorre e tende a melhorá-las.

Na literatura brasileira de ciências humanas, são raros os estudos que utilizam metodologicamente análise de redes, embora o uso metafórico seja relativamente comum. Os usos bem-sucedidos das redes como metáfora na literatura nacional podem ser exemplificados por Martes e Fleischer (2003). Estudos que utilizam as redes de maneira metafórica não são discutidos detalhadamente neste capítulo.

Entre os trabalhos com uso analítico produzidos no país, merecem destaque as análises sobre políticas urbanas e intermediação de interesses (Marques, 2000; 2003), redes de músicos e as transformações dos estilos musicais (Kirschbaum, 2006), redes de associações civis (Gurza Lavalle et al., 2007), redes pessoais em uma favela (Fontes; Eichner, 2004), redes empresariais (Toledo, 2005), a rede da elite política paranaense (Nazareno, 2004), redes pessoais no interior de uma unidade produtiva (Silva, 2003), o impacto de uma política pública na rede de uma comunidade (Pavez, 2006) e de políticas de remoção habitacional sobre as redes dos moradores (Soares, 2009), assim como a alteração de redes pessoais em um bairro em transformação (Rodrigues, 2009).

Entretanto, se o estudo das redes no Brasil é ainda preliminar, o destaque à importância das redes para as condições sociais tem sido grande. As pesquisas sobre mercado de trabalho, em particular, indicam que o acesso a ele é intensamente mediado pelas redes sociais nas quais os indivíduos se inserem, confirmando os trabalhos de sociologia econômica desde os estudos pioneiros de Granovetter nos anos 1970 (Guimarães, 2009). Todavia, dados analisados por Figueiredo, Torres e Bichir (2005) sobre a cidade de São Paulo sugerem que o acesso a ações do Estado se dá de forma direta e com baixíssima intermediação política, mesmo entre os mais pobres. Esses achados contrariam as percepções da política que sustentam a centralidade do clientelismo na distribuição dos benefícios do Estado no país, embora estudos, como os de Lotta (2006) e Kuschnir (2000), demonstrem a existência de mediações de várias naturezas. Como veremos no Capítulo 6, o estudo das redes permite qualificar a própria ideia de mediação, levando a

Redes sociais, segregação e pobreza

um entendimento mais complexo do clientelismo e do papel das redes na implementação das políticas, o que confirma tanto a ausência de mediação política quanto a presença de mediações sociais diversas.

Em termos de método, há basicamente duas formas de investigar padrões de vínculo: por meio das chamadas redes totais, estudando parcelas ou redes inteiras de contextos sociais específicos, ou pelas redes pessoais, que incluem os contatos da sociabilidade de cada indivíduo.

A primeira linha de análise abrange uma vasta gama de estudos, incluindo discussões sobre as dinâmicas internas de agências estatais e suas políticas (Laumann; Knoke, 1987; Marques, 2000; 2003) até as interações de organizações em estruturas de *lobby* (Heinz et al., 1997) ou em comitês gestores de bacia (Schneider et al., 2003). Além disso, podem ser estudadas comunidades específicas, delimitadas temática ou fisicamente, como as relações de amizade no interior da elite financeira (Kadushin, 1995) ou as redes de músicos na construção de estilos musicais (Kirschbaum, 2006). Por fim, e analisando as dinâmicas políticas e sociais em um sentido mais amplo, os estudos podem enfocar campos de ações política e social tão distintos como a consolidação de um partido político em nível nacional (Hedstrom et al., 2000), as relações sexuais entre adolescentes (Bearman et al., 2004) ou as mobilizações políticas de estudantes e jovens (Mische, 2007).

Outra forma de abordar a questão, entretanto, consiste em investigar as redes individuais. Em um sentido estrito, essas redes são um caso particular de rede de contexto social específico, quando se considera contexto a sociabilidade de um indivíduo. Embora as redes sociais sempre representem recortes artificiais de contextos relacionais mais amplos, no caso das redes individuais o grau de artificialidade do exercício analítico (necessário) de as "recortar" dos contextos é maior. Entretanto, também nesse caso, a ontologia considerada é inteiramente relacional, e os recortes são apenas artifícios analíticos para viabilizar a investigação.

Quando se considera apenas as relações diretas do indivíduo e as eventuais relações entre esses contatos primários, ou seja, apenas as relações diretas e não mediadas a no máximo um passo de distância do ego, trabalhamos com as chamadas redes egocentradas. A maior parte dos estudos de redes individuais existentes trabalha com esse tipo de rede, em especial pelo fato de elas poderem ser reproduzidas a partir de dados de pesquisas por amostragem. O General Social Survey norte-americano, por exemplo, inclui dados que permitem discutir as redes egocentradas dos indivíduos (Bearman; Parigi, 2004; Beggs, 1996; Moore, 1990). Embora essa estratégia analítica seja importante, em especial por permitir estudos representativos para grandes populações, ela limita a sociabilidade dos indivíduos a contatos primários.

A segunda estratégia de análise das redes individuais considera as redes pessoais, as quais são construídas sem que se limite previamente a

49

extensão da rede, sendo levantadas as relações do ego e os vínculos entre quem se relaciona de maneira indireta com ele independentemente da distância, tendo sempre a sociabilidade do ego em mente. A consideração das redes pessoais consegue evitar os problemas causados pela limitação apriorística dos vínculos contida na estratégia das redes egocentradas, embora apresente limitações para a produção de pesquisas com número elevado de casos e representativas de populações. Este livro lança mão dessa estratégia de análise, pesquisando redes pessoais entendidas como os contextos de relações que os indivíduos reconhecem como seus, mas que podem ou não estar ligados diretamente a eles.

Mas de que forma essas redes pessoais se constroem e o que as constitui? Degenne (2009) nos auxilia a compreender esse ponto ao realizar uma especificação do conteúdo das relações. Seu trabalho parte da distinção entre interação – "intercâmbio elementar, de curta duração e que representa uma unidade de ação" – e relação – "um conjunto de interações entre as mesmas pessoas por um curso de tempo". Para ele, há três tipos de interações segundo as regras da sua regulação (se pré-definidas ou negociadas); os papéis definidos ou não previamente (como médico/paciente, pai/filho); se ocorrem ou não no interior de organizações; e se dependem dos contextos da relação ou são autônomas (como a amizade e o amor). Nesse último caso, os indivíduos se conhecem tão bem que se reduzem às incertezas envolvidas na interação. Essa interação seria a mais personalizada e transitaria para a constituição de uma relação. Para o autor, o tempo e a frequência das interações as conduziriam na direção das relações.

O quadro desenvolvido por Grosseti (2009) a partir de pesquisa de painel com jovens franceses complementa o anterior. Para ele, apenas uma pequena parte dos vínculos é oriunda de relações sociais propriamente ditas, sendo o restante originário de coletivos ou ambientes organizacionais (família, trabalho etc.), assim como de relações anteriores e de interesses/atividades comuns, a partir das quais algumas constroem autonomia. Um coletivo seria formado quando pessoas se tornam conscientes das estruturas de comunicação que ocorrem em seu interior e começam a traçar fronteiras de pertencimento. No interior dos coletivos operam os processos básicos de encaixe e desacoplamento, assim como a operação de recursos de mediação (materiais, cognitivos ou imateriais). O primeiro significa o aumento das dependências de pertencimento aos coletivos, e o segundo diz respeito à autonomização com relação àqueles, levando à constituição de relações no sentido de Degenne (2009).

Este livro investiga o efeito de diversos tipos de vínculo na conformação de condições de bem-estar, e considero no estudo das redes pessoais tanto interações quanto relações no sentido de Degenne (2009). Como veremos, em especial nos últimos capítulos, entretanto, as diferenças entre essas, assim como efeitos similares ao que Grosseti (2009) denomina desacoplamento, parecem ser fundamentais, pois especificam os níveis de confiança presentes nas relações e influenciam os tipos de ajudas que podem fluir dinamicamente pelas redes dos indivíduos em situação de pobreza. Essa dimensão se soma às críticas anteriores ao estudo da pobreza classificando redes e tipos de vínculo em *bridging/bonding* ou fracos e fortes, visto que, dependendo das formas de regulação das relações e das mediações presentes, os mesmos vínculos podem veicular elementos muitos distintos.

Agora que já estabelecemos os principais elementos conceituais envolvidos com o estudo das redes sociais, discutiremos com algum detalhe na próxima seção as contribuições sobre redes pessoais e egocentradas presentes na literatura que nos ajudam a compreender ou colocar em perspectiva os resultados apresentados nos próximos capítulos.

As redes pessoais

A literatura sobre redes pessoais não é tão vasta ou consolidada quanto a que analisa redes de contextos sociais específicos e envolve, em especial, estudos de caso, inclusive pelas especificidades de método envolvidas. Procuro focar, principalmente, este rápido apanhado da literatura que contribui para o entendimento de dois temas: as características e os condicionantes sociais das redes pessoais e a promoção de integração e apoio social por meio das redes. Dado o paralelismo substantivo e de método com o qual trabalharei nos próximos capítulos, explicito sempre que possível as estratégias de pesquisa utilizadas.

Primeiramente, como são as redes pessoais e que processos as influenciam? O único estudo brasileiro publicado até o momento sobre redes pessoais discute o tema. Fontes e Eichner (2004) analisaram as redes egocentradas em uma comunidade de baixa renda do Recife, avaliando a sua contribuição para a construção de capital social. Os autores encontraram elevada homofilia nas redes egocentradas, tanto de sexo quanto de idade e escolaridade, em especial entre os indivíduos com idade e escolaridade mais altas. A pesquisa indicou que a maior parte dos vínculos é entre pessoas da própria comunidade, sendo mais presentes os vizinhos e os parentes. Por fim, os autores avaliam os efeitos da força dos vínculos sobre a mobilização de recursos e apoio social, considerados formas de capital social. Como veremos, uma parte desses resultados é confirmada pelas redes de São Paulo.

As diferenças entre redes de contextos urbanos e não urbanos nos Estados Unidos foram exploradas por Beggs (1986), que construiu redes egocentradas baseadas em informações do General Social Survey de 1985. Os resultados sugerem que as redes sociais fora de cidades tendem a ser menores e mais densas, e agregam vínculos mais antigos e baseados mais

Eduardo Marques

fortemente em parentesco e vizinhança. Dada a menor dimensão das redes não urbanas, o autor encontrou tendência à presença de papéis múltiplos, mas, ao contrário do que esperava, as redes não urbanas não apresentaram conteúdos mais homogêneos do que as urbanas. Este último resultado pode se dever ao caráter inclusivo da definição de "urbano" utilizada.

A possível existência de clivagens de gênero nas redes pessoais nos Estados Unidos foi analisada por Moore (1990), partindo das mesmas informações que Beggs (1986). Os resultados sugeriram que, de uma maneira geral, as redes de mulheres eram mais fortemente baseadas em familiares e as dos homens em colegas de trabalho. Entretanto, quando os dados foram controlados pela inserção no mercado de trabalho e por idade, as diferenças se reduziram significativamente, embora as redes de mulheres ainda tenham mantido a presença mais elevada de indivíduos da família. Como veremos nos próximos capítulos, há diferenças entre as redes de homens e mulheres, embora os resultados sugiram distinções com relação aos reportados por Moore.

As origens dos vínculos em redes individuais são exploradas por Grossetti (2005; 2009) partindo de pesquisa por amostragem em Toulouse (França). O autor focou sua análise no que denominou círculos sociais, definidos como organização, grupo, família ou contexto (no qual ocorre reconhecimento mútuo). A pesquisa visou avaliar em que medida os vínculos sociais são originados nos círculos, em preocupações comuns, ou são construídos por meio de outras relações. Os entrevistados foram solicitados a fornecer nomes aos quais estariam ligados e a detalhar os vínculos com uma amostra dos indivíduos citados. Em termos gerais, cerca de um terço dos vínculos se originou na família, e quase dois terços foi adquirido em círculos. A presença relativa de vínculos obtidos por rede tendeu a ser mais elevada para pessoas com escolaridade mais alta, ao contrário dos vínculos educacionais, de trabalho e associativos, que se apresentavam mais frequentes para indivíduos de escolaridade mais baixa. Com relação ao ciclo de vida, evidenciou-se uma ampla predominância dos vínculos familiares na infância, seguidos de uma explosão dos laços de sociabilidade (redes) e de estudo e mais adiante uma elevação relativa da importância do trabalho, em especial para os indivíduos com escolaridade mais alta.

Finalmente, Bidart e Lavenu (2005) exploraram a dinâmica temporal em redes pessoais. Os autores analisaram o impacto de eventos sobre as redes na passagem da juventude para a vida adulta, baseados em um painel com jovens em três momentos na Normandia (França). Os resultados apontaram efeitos específicos de certos eventos quanto a reduções ou crescimentos nas redes. De forma geral, contribuem para aumentar as redes: permanecer ou estender a vida escolar; obter um emprego longamente desejado; e sair da casa dos pais ou se separar. A redução das redes, contudo, tende a acontecer quando: concluem-se os estudos; começa-se a

52

trabalhar; ocorre imigração; inicia-se uma relação emocional estável (particularmente, casamento) e dedica-se à vida familiar e à casa (nascimento de filhos, por exemplo). Mudar o padrão de sociabilidade pode contribuir para o aumento ou a redução das redes. Os principais motivos para a manutenção dos vínculos são afetivos (familiares etc.), seguidos da existência de amigos comuns.

Os autores afirmam que as redes de indivíduos de renda mais baixa dependem mais fortemente de contextos e se reduzem mais cedo pela ocorrência mais precoce no ciclo de vida de elementos redutores das redes. Embora me pareça que os autores por vezes confundam evento que afeta a rede com o resultado sobre a sociabilidade de tal evento (como, por exemplo, dedicar-se à família ou mudar a sua sociabilidade), o trabalho sugere alguns elementos importantes a serem testados em pesquisas posteriores.

Bidart (2009) volta ao tema sustentando que quanto mais forte e íntima a relação, mais liberada de contextos será, de forma compatível com o que Grosseti (2009) denomina desacoplamento. O mesmo efeito é produzido pelo tempo, e relações mais antigas e perenes tendem a depender menos dos contextos.

Esses resultados apresentam ressonância nas trajetórias e narrativas apresentadas no Capítulo 6 acerca do efeito dos eventos sobre as redes pessoais, e tocam em alguns dos mecanismos que explicam a dinâmica nas redes, como veremos adiante.

Mas de que forma esses padrões relacionais integram os indivíduos nos contextos mais amplos que os cercam? Um segundo conjunto de trabalhos enfoca a relação entre redes pessoais e coesão/integração e apoio social. Campbell e Lee (1992) exploram o tema no contexto norte-americano, avaliando o quanto as características dos indivíduos e a disponibilidade de tempo impactam a sua integração social. Os autores entrevistaram pessoas que habitavam diferentes bairros de Nashville (Estados Unidos), coletando informações sobre os conhecidos na vizinhança e os assuntos discutidos com eles. Os resultados sugerem que pessoas mais integradas – mulheres, pessoas mais velhas, casadas e com rendimento mais elevado – têm redes mais extensas na vizinhança. Pessoas menos integradas, em especial as de renda e escolaridade mais baixas, diferentemente, tendem a ter contatos mais frequentes e demorados, o que contraria a intuição dos autores.[8] Os resultados apresentados nos próximos capítulos sugerem que os vínculos em contextos distintos não podem ser analisados de forma dissociada, e que o resultado dos autores pode ser dever à existência de fontes de

---

[8] Resultados similares em termos da relação entre redes e integração foram obtidos por Molina e Gil (2005) sobre redes de idosos e família imigradas em uma vila na Catalunha. O pequeno número de casos (onze), entretanto, impede a retirada de lições mais gerais do trabalho.

sociabilidade mais amplas do que a vizinhança para os mais integrados, como ocorre em São Paulo, em especial para a classe média.

O mesmo tema foi enfocado por Ignácio Jariego em vários trabalhos, a maior parte deles discutindo especificamente padrões de integração e apoio social de imigrantes, mas com consequências analíticas mais amplas. Em Jariego (2002), foram estudadas as redes pessoais de apoio de imigrantes de origem marroquina, filipina e senegalesa em Marbella (Espanha). Classificando as redes segundo variáveis socioeconômicas e relacionais, o autor delimitou cinco tipos de redes pessoais: pequenas de compatriotas com amizade e família; étnicas especializadas com predomínio de amigos; étnicas com predomínio de familiares; redes mistas com predomínio de amigos e mistas de reagrupamento familiar integradas com a comunidade receptora. Em seguida o autor analisou a relação entre as redes e a presença de problemas psicológicos, mostrando que esses eram mais frequentes em contextos relacionais de menor integração e apoio.

A relação entre integração e redes voltou a ser explorada em Jariego (2003) sobre redes de imigrantes que participavam de um curso de treinamento profissional na Espanha. O autor construiu uma tipologia das redes de apoio social de imigrantes chegados há menos de dez anos ao país baseada no tamanho e na composição das redes e em atributos dos indivíduos, em especial homofilia e presença de espanhóis. A investigação foi complementada com um olhar mais detido sobre as redes de mulheres peruanas e marroquinas. O autor encontrou seis tipos de redes, desde as denominadas "mínimas", com menos de três indivíduos (e predominantemente homofílicas e pouco integradas), até as chamadas "redes amplas de reagrupamento familiar integradas com a comunidade local" (já presentes no estudo anterior), com cerca de doze a quinze indivíduos e tipicamente formadas por jovens solteiros do sexo masculino. Como veremos, em geral, as redes de São Paulo têm tamanho significativamente maior do que as reportadas nesse estudo. Essas diferenças se devem ao fato de as redes de sociabilidade apresentarem usualmente tamanho médio muito maior do que as redes de apoio pessoal. Apesar disso, foram encontradas em São Paulo redes de sociabilidade de tamanho comparável às redes de apoio mínimas relatadas pelo autor. Aparentemente, em situações de elevado isolamento social, as redes de sociabilidade se reduzem apenas às redes mínimas de apoio.

Os resultados de Jariego são interessantes para pensarmos a relação entre integração e redes, pois a imigração representa um processo de adaptação a um novo ambiente cultural, social e relacional. As redes dos imigrantes de variadas origens diferem segundo a sua composição (familiares, conterrâneos e espanhóis), a sua estrutura (densidade e formato), a multiplicidade de determinados membros da rede e o seu tamanho. Após a imigração, os indivíduos parecem experimentar grande dificuldade em manter os vínculos com suas redes de origem, com fortes efeitos sobre seus padrões relacionais, que se tornam menores e mais centrados na família. Ao longo da integração posterior, novos vínculos são lançados, e o tempo pode relaxar as características originais das redes, levando ao seu aumento, assim como a uma maior presença relativa de não compatriotas. Entretanto, isso ocorre de forma heterogênea e entre diversos grupos de origens diferentes temos redes de apoio diferentes. O papel das redes no apoio instrumental e psicológico também varia significativamente.

Os resultados encontrados em São Paulo apresentam grande semelhança com estes, embora a adaptação envolvida na migração inter-regional brasileira seja menor do que a dos imigrantes africanos na Espanha. Os mecanismos envolvidos, entretanto, são basicamente os mesmos, como mostra o estudo Dujisin e Jariego (2005) sobre redes pessoais de estudantes que se deslocam regularmente de Alcalá para estudar em Sevilha. Em termos gerais, o artigo avaliou os efeitos da vida metropolitana sobre as redes de indivíduos no momento de conquista da independência pessoal. A ênfase, portanto, esteve na análise das transformações das redes de não locais com maior ou menor integração social, a exemplo dos estudos sobre imigrantes. Nesse caso, contudo, tanto as redes de origem quanto as de destino se mantinham ativas conjuntamente, embora separadas pelo território.

A ideia de que redes diversas integram os indivíduos de maneira diferente é explorada também por Blockland (2003) de uma forma bastante interessante para organizar nosso quadro conceitual. A autora realizou pesquisa qualitativa detalhada em um bairro de Rotterdam, na Holanda. Embora não tenha desenvolvido análise de redes em termos metodológicos, chegou a resultados muito interessantes.[9] Seguindo as pistas deixadas por Ulf Hannerz (1983) em um clássico trabalho de Antropologia urbana, Blockland delimita quatro tipos de redes pessoais: especializadas, integradas, encapsuladas e isoladas. Apesar de esses tipos serem construídos nas trajetórias individuais, são influenciados por gênero e por fase no ciclo da vida, além de outros atributos.

As redes especializadas ou segregadas são baseadas em vários *clusters* (ou agrupamentos/camadas de sociabilidade) com diferentes indivíduos e usualmente são ligadas a temas diversos (por exemplo, um para jogar, outro para sair à noite etc.). Seriam típicas de indivíduos que a autora classifica como *modern city dwellers* ou cosmopolitas. Esses indivíduos realizam constantes traduções entre linguagens, ligadas às redes especializadas construídas ao longo de trajetórias pessoais que lhes fornecem multiplicidade

---

[9] Os resultados que se seguem representam apenas um passo intermediário e metodológico no trabalho da autora, interessada em problematizar, na verdade, as relações entre comunidade e vizinhança.

de atributos. Eles circulam entre essas esferas, mas não pertencem a elas, o que lhes permite flanar entre elas. As redes integradas, apesar de não serem fechadas, apresentam agrupamentos que promovem encontros regulares. Tendem a ser as redes da maioria dos indivíduos, situando-se entre os especializados e os encapsulados. Em geral, a distância temática entre as esferas existentes não é muito grande (caso contrário, elas se tornariam especializadas). As redes encapsuladas são similares a *peer groups* – redes densas e fechadas com poucos membros e contatos frequentes. As esferas de sociabilidade ligadas a essas redes são marcadas por caráter fortemente ritualístico e, por vezes, iniciático. E, por fim, as redes isoladas são muito pequenas e pouco densas, típicas de indivíduos isolados e solitários, sendo bastante comuns entre idosos.

Embora não empreenda nos próximos capítulos um esforço de classificação similar ao da autora, os diálogos entre os seus tipos de rede e os tipos de redes e de sociabilidade que encontrei em São Paulo são evidentes. Mesmo em contextos de pobreza, pudemos encontrar indivíduos com redes muito pequenas, com padrões relacionais altamente especializados ou com sociabilidade bastante variada. Como os acessos dos indivíduos às estruturas de oportunidades são mediados pelas redes, os tipos de redes influenciam substancialmente as condições de vida.

Esse mesmo tipo de resultado é obtido pelo estudo etnográfico de Dominguez (2004) sobre os contextos relacionais de mulheres imigradas de baixa renda em Boston. Os resultados sugerem a grande importância da existência de redes socialmente heterogêneas que incluam pontes para indivíduos situados em outros locais na estrutura social, não apenas para veicular oportunidades, mas também para acessar repertórios e informação. A mera existência de laços, entretanto, parece não garantir a efetividade das pontes, que dependem de outros elementos, como atributos do ego e dos indivíduos-ponte. No entanto, a autora mostra que estruturas familiares patriarcais contribuem decisivamente para bloquear os contatos e a mobilidade. Apesar de não ter sido possível explorar a fundo essa dimensão, algumas entrevistas realizadas em São Paulo também evidenciaram os problemas relacionais que afetam mulheres que convivem em estruturas familiares patriarcais.

A importância da heterogeneidade e das pontes sociais também é explorada por Ferrand (2002), embora neste caso sejam definidas geograficamente em comunidades urbanas francesas. O autor defende a importância de se estudarem o que chama de dualidade dos sistemas locais de relações – a presença de relações internas e externas (locais e não locais). A sua preocupação empírica liga-se ao estudo dos sistemas de saúde, em especial às redes de consulta e apoio relacionadas ao tema na França. Tanto o modelo conceitual quanto o material empírico vinculam-se a comunidades locais, embora a conexão entre elas seja entendida como função da conexão pessoal dos seus componentes. Para o autor, portanto, a composição típica das microestruturas nos ensina sobre as mesoestruturas que conectam as comunidades a contextos sociais mais amplos. O autor defende que as redes pessoais podem ser classificadas segundo os padrões de vinculação interna e externa, gerando quatro possibilidades pelo cruzamento entre conexão alta/baixa e local/externo. Ferrand analisa as redes em duas comunidades, encontrando seis tipos de redes dependendo da presença de laços locais e não locais. As duas comunidades apresentam composições médias muito diferentes, sendo uma caracterizada por intensa conexão interna e externa, e a segunda com escassa conexão interna e externa. Esses resultados apresentam paralelo com o que veremos nos próximos capítulos.

POBREZA, SEGREGAÇÃO E REDES

Mas de que forma todos esses elementos se associam e influenciam as condições de vida e a pobreza urbana? Parto da hipótese de que espaço e redes são estruturas que incorporam (ou incluem) possíveis mecanismos causais para as situações da pobreza. Esses mecanismos atuam mediando o acesso dos indivíduos a diversas estruturas de oportunidades e outros elementos que influem no seu bem-estar.

Por mecanismo não me refiro a algo concreto presente nas redes ou no espaço ontologicamente, mas ao seu lugar em nossas explicações, no sentido dado por Tilly (2001; 2005), Mahoney (2001) e Elster (1998). Assim, mecanismos são regularidades observadas em dinâmicas sociais que, diante de certas situações, levam a determinados resultados ou causam processos específicos. A construção de uma explicação baseada em mecanismos tem por objetivo escapar das simples correlações entre processos, na concepção de Mahoney (2001), mas construindo uma estratégia explicativa alternativa às leis gerais, ao destaque das propensões e às dinâmicas sistêmicas (Tilly, 2001).[10]

Tilly sustenta a existência de três tipos de mecanismos: ambientais, cognitivos e relacionais. No primeiro caso, temos elementos que se vinculam aos contextos nos quais ocorre a vida social. Entre eles incluo as instituições, destacadas pelo neoinstitucionalismo, e o espaço, destacados pelos estudos urbanos e regionais. Os mecanismos cognitivos se relacionam com as percepções e os estados mentais dos indivíduos e grupos sociais, englobando as várias explicações derivadas da teoria da escolha racional e suas aparentes violações, como o devaneio e a compensação.

---

[10] Este ponto é desenvolvido mais detalhadamente em Marques (2007), de onde retirei a discussão apresentada aqui.

A maior parte dos elementos classificados por Elster (1998) como mecanismos pode ser incluída nessa categoria. E, por fim, temos os chamados mecanismos relacionais, que mobilizam explicativamente de alguma forma as relações entre indivíduos, grupos e organizações, assim como os padrões gerais formados por tais conjuntos de relações, conformando redes sociais.[11]

Partindo de tal quadro conceitual sobre explicações, defendo que as redes e a segregação encerram mecanismos (relacionais e ambientais, respectivamente) que medeiam acessos e influenciam decisivamente as condições de vida. Como vimos, inúmeros trabalhos demonstraram a importância da segregação social no espaço para a produção e reprodução de situações de pobreza. Mas as redes sociais, ao inserirem diferenciadamente os indivíduos em contextos sociais diversos, também incluem mecanismos de integração dos indivíduos.

Considerando a variabilidade das trajetórias dos indivíduos, é de se prever que esses processos incidam de forma muito diversificada sobre eles, gerando complexidade nos casos e elevada heterogeneidade entre as pessoas. Por essa razão, a estratégia analítica adotada tenta explorar exatamente essa heterogeneidade e extrair suas consequências sobre as condições de vida.

Tanto para as redes quanto para a segregação, os acessos a oportunidades dependem do funcionamento dos mecanismos presentes nessas estruturas (relacionais e ambientais, no sentido de Tilly, 2001) de médio alcance. Esses mecanismos envolvem regularidades associadas a combinações entre atributos e processos, que funcionam como "gatilhos" causais, levando a situações de pobreza e reproduzindo-as. A melhor compreensão da reação conjunta dos efeitos dessas estruturas sociais de médio alcance é o objetivo deste livro.

---

[11] Vale acrescentar que a classificação de Tilly, em minha opinião, confunde a ambição das explicações (presente nas três primeiras) com a localização do elemento causal (presente nos mecanismos). Isso porque é possível sustentar que um dado mecanismo é de tal forma importante que representa o fundamento de uma lei geral. Nesse sentido, as explicações por mecanismos, apesar de localizadas em níveis de médio alcance, podem almejar generalização elevada.

Os espaços e as pobrezas de São Paulo

Este capítulo apresenta a metrópole paulistana e os locais estudados, assim como os principais procedimentos e ferramentas adotados na pesquisa. De forma a situar melhor o leitor, a primeira seção caracteriza a metrópole de São Paulo de maneira sucinta, com especial destaque para a sua estrutura urbana, suas periferias e a segregação, assim como analisa as dinâmicas recentes da pobreza e das desigualdades de acesso a serviços e políticas. A segunda seção discute a escolha e a localização dos campos estudados, seguidas pela sistematização dos elementos conceituais e operacionais envolvidos na pesquisa. Na terceira seção, descrevo os locais de moradia dos indivíduos cujas redes são analisadas nos capítulos seguintes. A última seção compara os diversos locais estudados com base em indicadores.

A METRÓPOLE PAULISTANA E SUAS POBREZAS

Como é amplamente conhecido, a cidade de São Paulo é marcada por um intenso processo de segregação, que data pelo menos do início do século XX (Toledo, 2004; Langenbuch, 1971; Caldeira, 2000). Apesar disso, a atual configuração metropolitana foi construída no período de rápido crescimento demográfico e intensa migração do rural para o urbano que marcaram as décadas de 1950 a 1970 (Martine, 1995). Como já discutido por extensa literatura, a grande maioria da população migrante se alojou em áreas periféricas, em regiões desassistidas de equipamentos e serviços públicos, habitando edificações autoconstruídas em terrenos invadidos ou adquiridos de empreendedores privados que nunca chegaram a completar o processo de loteamento (Kowarick, 1979; Camargo, 1976).

A análise do tema remonta aos debates sobre a marginalidade urbana e à sua crítica pela sociologia latino-americana, sendo o espaço entendido como uma das estruturas que alojaria processos de reprodução ampliada de nosso capitalismo periférico (Maricato, 1977; Bonduki; Rolnik, 1982). No quadro daquela literatura, pobreza e espaço eram explicados conjuntamente em macrointerpretações que mobilizavam elementos econômicos sistêmicos.

Desde então, o assunto foi objeto de intenso debate, a partir dos estudos de influência estruturalista nos anos 1970 e das análises antropológicas que tentaram incorporar o olhar da periferia sobre si própria e o restante da cidade (Durham, 1988). Ao longo dos anos 1980, loteamentos, bairros, favelas de São Paulo e outras metrópoles brasileiras foram objeto de inúmeras monografias (Chinelli, 1980; Santos, 1985; entre muitos outros) sobre os processos de produção da moradia, assim como sobre os novos atores que entraram em cena, para usarmos a feliz expressão de Sader (1988) a respeito dos novos movimentos sociais urbanos do período, também estudados por Santos (1981; 1982), Nunes (1986) e Jacobi (1989). Em outro patamar analítico, estudos como os de Santos e Bronstein (1978), Brasileiro (1976) e Taschner (1990), entre outros, lançaram luz sobre os padrões gerais de segregação em cidades como São Paulo e Rio de Janeiro, ao observar as suas configurações territoriais.

Mais recentemente, o estudo das estruturas territoriais e da segregação em São Paulo foi atualizado por detalhadas análises empíricas partindo de dados socioeconômicos e de técnicas inexistentes no início dos debates (Villaça, 1998; Bógus; Taschner, 1999; Marques; Torres, 2005). Como já discutido por vasta literatura, a configuração territorial característica de São Paulo é grosseiramente radial e concêntrica, com a maior parte das amenidades e os grupos sociais mais ricos localizados no centro, e os grupos mais pobres, em áreas periféricas (Marques; Torres, 2005; Bógus; Taschner, 1999; Preteceille; Cardoso, 2008). Essa estrutura se faz presente em diversas metrópoles do país e tem demonstrado enorme estabilidade (Villaça, 1999; Marques et al., 2008; Carvalho et al., 2004). Esta distribuição pode ser observada na Figura 2.1, correspondente à distribuição do Índice Internacional de Status Socioeconômico Ocupacional (ISEI) calculado para as áreas de ponderação da região metropolitana de São Paulo para 2000. O ISEI é um índice de status amplamente utilizado pela literatura de estratificação social (Ganzeboom; De Graaf; Treiman, 1992), que mede os atributos da ocupação que converte a educação dos indivíduos em renda. Para a construção da escala em São Paulo, Scalon (2006) hierarquizou as ocupações pela influência indireta da educação sobre a renda e considerou educação, ocupação, idade e renda.

Como se pode ver, a distribuição é mesmo grosseiramente radial e concêntrica, com um centro de proporções razoáveis, o chamado centro expandido, que concentra os grupos sociais de melhores condições, cercado de áreas com situações sociais piores. Apesar disso, mesmo nessa escala e considerando um indicador complexo, pode-se observar diversos subcentros externos ao centro expandido a leste, a sudeste, a norte e a oeste.

Figura 2.1 – Distribuição do Índice Internacional de Status Socioeconômico Ocupacional (ISEI), RMSP, 2000.

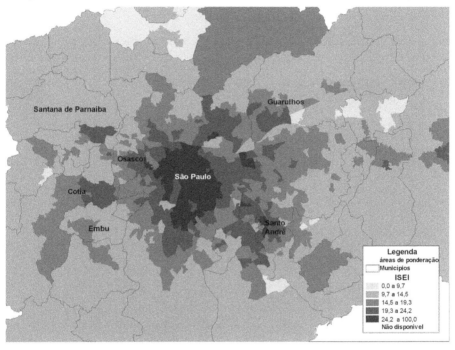

Fonte: Scalon e Marques, 2008.

De fato, uma análise de maior detalhe sugere a superposição dessa distribuição com outras dinâmicas importantes e de grande envergadura. Destaco apenas duas delas, envolvendo grupos sociais localizados em posições opostas na estrutura social. A primeira diz respeito à existência, em áreas periféricas, de grupos mais ricos, de maior escolaridade e melhor inseridos na estrutura social. A maior parte deles habita os enclaves fortificados ou as cidades dos muros, na feliz expressão de Caldeira (2000), que marcam não apenas São Paulo, mas diversas grandes cidades no mundo, especialmente nas Américas (Marcuse, 1997; Caldeira, 2001; Salcedo; Torres, 2004), gerando, para autores como Alsayyad e Roy (2006), uma cidadania urbana fragmentada. A Figura 2.2 ilustra a presença de tais núcleos na metrópole paulistana, mostrando a distribuição da renda média *per capita* do chefe do domicílio por setor censitário, uma desagregação territorial de maior detalhe do que a do mapa anterior. Como se pode ver, além do núcleo tradicional de mais alta renda do centro expandido (localizado na figura junto ao nome da cidade de São Paulo), podem ser observadas áreas de alta renda a oeste e a noroeste nos municípios de Santana do Parnaíba e Cotia. Grande parte dessas manchas corresponde a áreas de condomínios fechados de alto padrão, que também são visíveis na Figura 2.1, embora com menor intensidade, a oeste da metrópole. No momento de referência, o salário mínimo era de R$ 151,00.

Figura 2.2 – Distribuição da renda média *per capita* do chefe, zona oeste, RMSP, 2000.

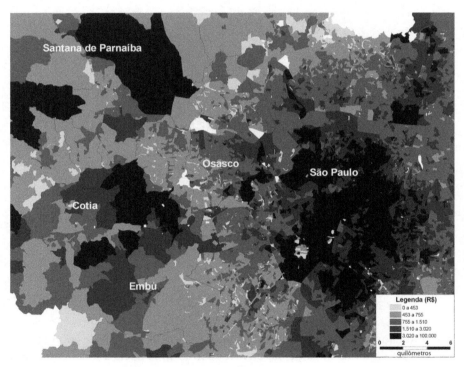

Fonte: Centro de Estudos da Metrópole e IBGE, 2000.

Além disso, verifica-se elevada heterogeneidade social dos espaços periféricos e de outros habitados pela população de baixa renda (Marques; Torres, 2005; Saraiva; Marques, 2005; Taschner, 2002; Valladares; Preteceille, 2000). Essa heterogeneidade foi produzida pela melhoria das condições sociais médias na grande maioria dos espaços, mas combinada com a manutenção de locais muito precários, embora mais localizados do que anteriormente (CEM, 2004; Bichir; Torres; Ferreira, 2005; Torres; Marques, 2001). Essa crescente heterogeneidade caminha em direção contrária à descrição predominante sobre a pobreza e seus espaços, realizada pela literatura internacional, que tende a considerá-la de forma homogeneizante (Gilbert; Gugler, 1992; Davis, 2006). A Figura 2.3 ilustra o fenômeno ao apresentar outro detalhe da distribuição da renda média *per capita* do chefe, dessa vez na região leste da metrópole. Com se pode ver, o tecido urbano apresenta características de mosaico quando os detalhes são analisados. Nesse particular, parece ser cada vez mais urgente considerar periferias (Vetter, 1981) e favelas (Valladares; Preteceille, 2000) no plural ao se falar dos territórios da pobreza urbana nos dias de hoje.

Figura 2.3 – Distribuição da renda média *per capita* do chefe, zona leste, RMSP, 2000.

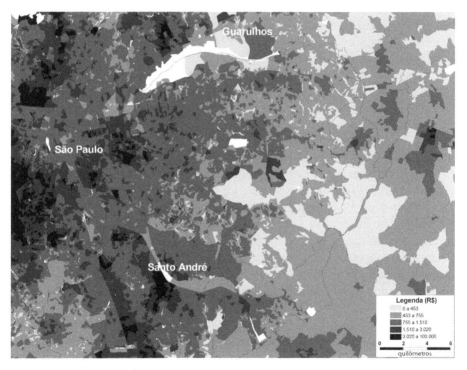

Fonte: Centro de Estudos da Metrópole e IBGE, 2000.

No entanto, como podemos caracterizar a dinâmica da pobreza e das desigualdades de acesso no Brasil e em São Paulo em período recente? Em termos gerais, ocorreu redução da pobreza e da indigência no Brasil nos últimos quinze anos, embora com variações importantes (Rocha, 2001). As informações sugerem a existência de um momento de queda concentrada da proporção de pobres com a estabilização da economia pelo Plano Real, chegando a 33,8% da população em 1995, seguido de estabilidade até 2003 (34,1%). A partir desse último ano, as proporções de pobres e indigentes voltam a se reduzir, alcançando 23,6% em 2007 (Rocha, 2006b). A pobreza metropolitana, porém, elevou-se significativamente entre 1995 e 2003: de 21,9 para 28,7% (Rocha, 2006a). No centro dessa dinâmica estava São Paulo, que sofreu a maior elevação da presença de pobres entre meados dos 1990 e os primeiros anos do novo século, passando de 14,1% em 1995 para 24,2% da população em 2003. A partir daquele ano, entretanto, as proporções de pobres e indigentes voltaram a cair significativamente de 24,2% para 15,7% em 2007.[1]

A questão apresenta similaridade com o debate a respeito da década de 1980, considerada a "década perdida". O problema então colocado era explicar como durante a década de 1980, marcada por períodos recessivos e por crescimento econômico instável (Fiori; Kornis, 1994), poderiam se observar melhorias tão expressivas nos indicadores sociais (Guimarães; Tavares, 1994; Tavares; Monteiro, 1994). Para alguns, esse aparente paradoxo seria causado pelos avanços na política, com o retorno à democracia e à presença de movimentos sociais pujantes. Para outros, a inércia das políticas do regime militar explicaria ao menos parcialmente os avanços (Faria, 1992; Silva, 1992). De forma geral, entretanto, ficaram demonstrados os limites da utilização de modelos explicativos que derivam as condições sociais diretamente de dinâmicas econômicas.

A década de 1990 seguiu uma dinâmica similar, embora com cores próprias. As liberdades democráticas eram vividas já há algum tempo, e a maior parte dos sistemas de políticas públicas herdados do regime militar havia sido transformada substancialmente (Arretche, 2000; 2001). Contudo, as mudanças no mercado de trabalho foram muito mais intensas do que nos anos 1980, impulsionadas pelo ajuste à abertura da economia e à estabilização da moeda ocorridas na segunda metade da década. Como resultado, os níveis de desemprego se tornaram muito mais elevados e persistentes, e a proteção no trabalho muito mais frágil (Hoffmann; Mendonça, 2003; Guimarães, 2004), resultando inclusive em uma expansão do setor de intermediação de trabalho (Guimarães, 2009). Por fim, os salários médios tenderam a cair, tornando os deslocamentos do mercado de trabalho extremamente dramáticos e negativos em praticamente todos os indicadores (Hoffmann; Mendonça, 2003; Baltar,

---

[1] Considerando outra linha da pobreza (US$ 70), o CPS/FGV, obtive resultados similares – na região metropolitana de São Paulo a proporção caiu de algo próximo a 24% em 2003 para pouco mais de 15% em 2008 (http://www.fgv.br/cps/index.asp). Apesar dessas mudanças, estudos como o de Ribas e Machado (2007) sugerem que a grande maioria da pobreza urbana (73%) relativa entre 1995 e 2003 permanece crônica, com os mesmos indivíduos se mantendo nessa condição.

Redes sociais, segregação e pobreza

2002). Todos esses processos tenderam a impactar mais fortemente os mais importantes centros econômicos nacionais, em particular São Paulo. Mas quando a economia brasileira voltou a crescer após 2003, foi novamente nos centros mais dinâmicos, agora reestruturados, que o processo foi mais intenso. Vale destacar que estudos como os de Scalon e Marques (2009) sugerem que, apesar dessas intensas transformações negativas, a estrutura social se manteve praticamente constante em São Paulo entre 1991 e 2000.

Sob o ponto de vista do acesso a serviços, todavia, estudos demonstram um aumento considerável nas coberturas dos serviços públicos, caminhando em direção à universalização dos serviços básicos, apesar da manutenção de diferenciais importantes, em especial de qualidade (Torres; Bichir; Pavez, 2006). Isso também se verifica no que diz respeito ao acesso da população mais pobre a bens duráveis adquiridos via mercado, em parte pela expansão do crédito popular. O mesmo tipo de resultado foi encontrado por Figueiredo, Torres e Bichir (2006), que, utilizando dados de acesso entre os 40% mais pobres do município de São Paulo, também observaram elevação do acesso a políticas e serviços, mesmo entre os mais pobres.

Outro conjunto importante de deslocamentos diz respeito a transformações demográficas ocorridas ao longo das últimas décadas. Os intensos processos de migração do rural para o urbano que caracterizaram a dinâmica demográfica brasileira dos anos 1940 aos 1970 tenderam a se desacelerar intensamente desde então (Martine, 1995), levando a taxas de crescimento demográfico bastante baixas nas grandes cidades, inclusive em São Paulo, nas últimas décadas (Baeninger, no prelo). A dinâmica intraurbana, entretanto, indica um processo mais complexo. No interior da metrópole paulistana, observa-se ao mesmo tempo crescimento negativo em áreas centrais já na década de 1980 e mais intensamente na década de 1990 (Perillo; Perdigão, 1998; Januzzi; Januzzi, 2002), mas elevadíssimas taxas de crescimento em áreas muito periféricas localizadas nas franjas urbanas (Torres, 2005a). Outra novidade das últimas décadas foi o ressurgimento das migrações internacionais para São Paulo, agora originárias de países latino-americanos (Lazo, 2003). A fecundidade continuou a sua trajetória de queda já verificada nas últimas décadas (Seade, 2000; Berquó; Cavenaghi, 2006), tornando a estrutura etária substancialmente mais idosa e menos jovem (Seade, 2000). Paralelamente, os arranjos familiares se diversificaram de maneira intensa (Seade, 1995; Baeninger, no prelo).

Por fim, a questão que apresenta maior degradação das condições sociais em São Paulo, a exemplo de outras grandes cidades brasileiras, é a violência. Esta tornou-se onipresente na experiência de vida dos espaços periféricos, constituindo-se para alguns autores um dos elementos que

65

Eduardo Marques

medeia a relação dos moradores das periferias com o restante da cidade e com a política (Feltran, 2008; 2009a; 2009b). Para outros, as fronteiras do legal, do informal e do ilegal devem ser reconsideradas (Silva Telles; Cabannes, 2006). Embora nos últimos anos alguns indicadores do fenômeno também tenham melhorado e seja cedo para afirmarmos a presença de tendências consistentes, o fenômeno tem-se tornado cada mais complexo e multifacetado, reconfigurando inclusive os limites colocados ao Estado para impor a ordem em parte do território metropolitano, disputado com agentes e organizações do mundo do crime (Miraglia, no prelo). Nesse sentido, estratégias de penalização da população mais pobre e de estigmatização de espaços são cada vez mais presentes, segundo Wacquant (2001; 2007; 2008), mas vale dizer que a coincidência temporal destas com os processos de consolidação da democracia e de afirmação dos direitos deram cores específicas ao fenômeno no Brasil. Assim, embora a violência policial esteja vastamente presente, a observação dos relatos contidos em trabalhos como Feltran (2008) e Kowarick (2009) sugere que esta coexista e dispute espaço com processos de reconhecimento de direitos, tornando o fenômeno um campo aberto de conflitos com vetores contraditórios e resultados não homogêneos.

Resumindo, portanto, a dinâmica das condições de vida em São Paulo tem se alterado substancialmente nas últimas décadas por conta das intensas transformações registradas na esfera do trabalho, na migração, nas dinâmicas intraurbanas e nos papéis do Estado, da família e do mercado na provisão do bem-estar dos indivíduos. Em seu conjunto, esses processos operam para tornar mais heterogêneas as situações de pobreza urbana, assim como mais complexos os seus espaços na metrópole em termos de segregação, acesso aos serviços e condições habitacionais. Os resultados desses processos apontam para direções nem sempre coerentes, mas em vários aspectos colocam em xeque representações homogeneizantes da pobreza urbana dominantes da literatura internacional sobre São Paulo e outras cidades do sul global ainda presentes no debate nacional. A escolha dos campos estudados nos próximos capítulos visa capturar tal heterogeneidade. As características dos campos são descritas com algum grau de detalhe na seção que se segue.

LOCAIS ESTUDADOS E PROCEDIMENTOS DE PESQUISA

De maneira a explorarmos tal heterogeneidade e analisarmos conjuntamente os efeitos da segregação espacial e das redes pessoais, foram escolhidos para o levantamento das redes locais bastante distintos sob o ponto de vista da inserção urbana. Os indivíduos de classe média entrevistados, no entanto, não tiveram a sua localização na cidade controlada e se encontram quase todos dispersos pelo chamado centro expandido.

Em cada local escolhido, diversos elementos de detalhe foram levantados, de forma a dar conta das especificidades e das combinações dos processos (Ragin, 1987), elementos não obteníveis em um estudo de variáveis ou de correlação (Mahoney, 2001). Em termos de desenho de pesquisa, portanto, tratou-se da escolha intencional de locais, de forma a explorar muito mais as configurações de elementos, assim como a sua ordem e combinação, do que considerar o seu caráter mais ou menos representativo em sentido estatístico para o conjunto da população (Ragin, 1987; Tilly, 1992a; Skocpol, 1984). Assim, embora as redes levantadas representem uma amostra da população em situação de pobreza em São Paulo (e esta não apresente viés significativo, como veremos no final deste capítulo), não se pretende que ela seja estatisticamente representativa do conjunto da população. Consequentemente, não são utilizadas técnicas de expansão de amostra de forma a determinar, por exemplo, quantos milhares de pessoas na cidade têm redes de certo tipo. Tampouco se pretendeu esgotar as situações urbanas, embora a escolha dos locais de estudo tenha tentado construir uma representação ampla dos tipos de situação de segregação a que estão associados conteúdos de pobreza urbana na cidade.

Esse desenho de pesquisa visa alcançar o que Ragin (1987) denomina "causação conjuntural múltipla", típica do mundo social, na qual raramente se podem construir experimentos, quase nunca as causas agem isoladamente e o efeito delas depende do contexto, podendo até inverter o seu sentido. Na verdade, dada a especificidade do fenômeno, considero essa a única perspectiva de análise que permitiria melhor compreender os pobres, ao mesmo tempo que também a pobreza, seguindo a diferenciação de Mingione (1996). A capacidade de generalização dos resultados nesse tipo de desenho é produto justamente da saturação das combinações de explicações nos casos (Ragin, 1987; Tilly, 1992a), razão pela qual a escolha dos casos leva em conta as diferentes situações existentes em termos de segregação, acesso a serviços e condições habitacionais.

Foram levantadas aproximadamente trinta redes pessoais em cada local estudado, além do grupo controle de classe média. Os locais pesquisados foram escolhidos dentre locais de concentração de pobreza mapeados previamente por estudos utilizando geoprocessamento e análise estatística de dados socioeconômicos dos recenseamentos do IBGE (CEM, 2004; Bichir; Torres; Ferreira, 2005; Saraiva; Marques, 2005; Marques, 2005b; Marques; Gonçalves; Saraiva, 2005).

A localização mais central inclui cortiços do centro da cidade. As localizações mais segregadas e distantes incluem uma favela na franja periurbana do extremo oeste da região metropolitana, entre os municípios de Taboão da Serra e São Paulo (Vila Nova Esperança), um conjunto habitacional de grande porte na franja urbana da zona leste do município de São Paulo (Cidade Tiradentes) e a região periférica da zona sul, conhecida como fundão do Jardim Ângela. Além dessas regiões, foram pesquisadas redes pessoais em duas favelas de grande porte com localização relativamente central no centro expandido (Paraisópolis e Vila Nova Jaguaré) e em uma favela de pequeno porte perto do centro do município de Guarulhos e junto à rodovia que liga São Paulo ao Rio de Janeiro (favela Guinle).

A Figura 2.4 apresenta a localização dos locais estudados. Para facilitar a visualização do padrão de ocupação do espaço e do grau de segregação dos campos, o mapa destaca em cinza as áreas com densidade demográfica superior a cinquenta habitantes por hectare.[2]

Figura 2.4 – Região metropolitana de São Paulo (áreas pesquisadas indicadas).

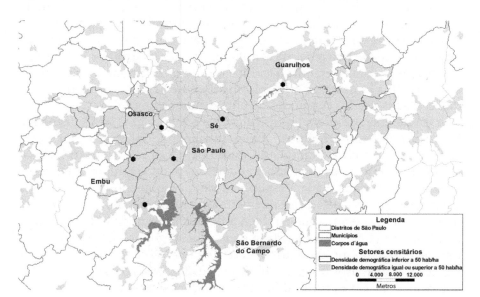

Fonte: Adaptado das bases cartográficas do CEM/Cebrap, 2007.

Como podemos observar, embora a região envolva uma área geográfica ampla com 39 municípios, o território ocupado por tecido urbano relativamente denso e contínuo é menor. As áreas de densidade mais baixa no

---

[2] Essa densidade é bastante baixa e visa somente eliminar os espaços com ocupação muito esparsa. Apenas para termos um padrão de comparação, as densidades dos bairros da Bela Vista, em São Paulo, e de Copacabana, no Rio de Janeiro, eram de 240 e 360 habitantes por hectare, respectivamente. O Jaraguá (distrito que inclui uma parte do Parque do Pico do Jaraguá) tinha densidade de 56 habitantes por hectare em 2000. Em termos de ocupação, a densidade escolhida para discriminar a densidade corresponderia a uma área quadrada com 100 metros de lado e ocupada por menos do que cinquenta indivíduos.

interior da área densa contínua mais central referem-se a parques ou áreas institucionais de grande porte. Como indicado pela escala gráfica, as distâncias envolvidas são substanciais.

O estudo considera a percepção dos indivíduos sobre suas redes utilizando, portanto, dados de tipo cognitivo (Marsden, 2005). Essa particularidade metodológica tem duas consequências. A primeira, já comentada, diz respeito ao fato de as redes levantadas serem representações dos entrevistados sobre seus contatos. Como já vimos, embora esse procedimento possa parecer problemático para alguns, acredito ser o instrumento apropriado para capturar as redes como elas podem ser usadas cotidianamente pelos indivíduos.

Uma segunda dimensão dos dados cognitivos, entretanto, diz respeito ao tempo e à permanência dos vínculos. Esse tipo de informação é fortemente influenciado pela memória dos entrevistados. A pesquisa enfoca a rede de cada indivíduo no momento atual, mesmo que os contatos tenham sido construídos há muito tempo e outros possam inclusive estar latentes ou "adormecidos". Novamente vale aqui a percepção dos indivíduos sobre os seus vínculos e, desde que a pessoa considere que esse vínculo possa ser ativado, ela pode ser citada como participante da rede. Como veremos nos últimos capítulos, quando retornei aos entrevistados um ano depois dos primeiros encontros, alguns deles optaram por incluir ou retirar alguns nós de suas redes, inclusive indicando que indivíduos importantes não haviam sido citados na primeira entrevista por terem brigado, se mudado do bairro ou perdido o contato momentaneamente, entre outras razões. Nesse sentido, vínculos podem permanecer latentes por certo período sem que sejam excluídos da rede. A sua reativação depende do tempo decorrido, da intensidade da relação e, parcialmente, do tipo de vínculo – laços de família duram por quase toda a vida, enquanto vínculos fortes de amizade duram menos em latência, embora mais do que conhecimentos ocasionais. Metodologicamente, entretanto, só se pode ter acesso aos vínculos citados pelo entrevistado, influenciados pelos elementos cognitivos que formam as suas percepções naquele dado momento.

Aparentemente, essa é uma das grandes diferenças entre as redes de classe média e as de indivíduos em situação de pobreza, visto que nas primeiras encontramos redes construídas há muito tempo e que são mantidas na compreensão cognitiva, diferentemente do caso de indivíduos em situação de pobreza. Voltarei a esse ponto mais adiante, mas nesse caso não se trata apenas de cognição, mas também das dificuldades e dos custos concretos para se manter contatos. Evidentemente, os indivíduos em situação de pobreza têm maiores dificuldades com esses custos.

Outro destaque importante diz respeito à frequência dos contatos. Estou interessado nessa pesquisa em levantar as estruturas relacionais que podem ser utilizadas pelos indivíduos em suas atividades.

Diferentemente de pesquisas como as de Campbell e Lee (1992), entretanto, não busquei dados a respeito da frequência ou da duração dos contatos, em especial por limitações do trabalho de campo. Considerando a quantidade de informações já levantadas nas entrevistas, optei por não incluir frequência nos instrumentos de coleta de dados. Os vínculos analisados, portanto, incluem interações e relações, no sentido de Degenne (2009).

De forma similar, não foi modelada a força dos vínculos existentes, em parte por razões ligadas à coleta de dados, em parte devido às próprias perguntas da pesquisa. Considerando o instrumento de pesquisa construído (que será apresentado a seguir), não seria possível considerar a força correspondendo à frequência relativa dos vínculos, como fiz em Marques (2000; 2003). Contudo, a obtenção da informação da força dos vínculos por autoclassificação do entrevistado envolveria a duplicação das entrevistas, com a apresentação em um segundo momento de todas as díades (pares de nós ligados por uma relação) ao entrevistado. No caso desta pesquisa, o número de díades das redes varia entre 7 e 449 (com média de 107), o que tornaria as entrevistas de retorno extremamente longas. Assim, dado que as questões que norteiam a pesquisa não envolvem centralmente a questão da força, optei por não analisar essa dimensão.

Um ponto central da pesquisa diz respeito à sociabilidade dos indivíduos. Para permitir a análise detalhada da sociabilidade, estabeleci princípios de classificação que a padronizassem nas entrevistas. Em termos operacionais, solicitei aos entrevistados classificar os indivíduos de suas redes de acordo com as esferas de sociabilidade onde os encontros ocorrem. Entendo por esfera uma região da sociabilidade em geral organizada a partir de algum processo de especialização (funcional, de práticas, cultural, de ideias etc.). As esferas são produto da especialização das atividades sociais em sentido amplo, incluindo círculos de interesse (círculos de discussão e de práticas específicas), círculos de sociabilidade e convivência (grupos de amigos) e instituições específicas (como a família). Em termos concretos, as esferas incluem certos conjuntos de indivíduos e organizações, as relações que se estabelecem entre eles (de vários tipos e em constante transformação), assim como determinadas identidades, conjuntos de signos e padrões discursivos no sentido de Mische e White (1998) e White (1995). Então, as esferas guardam semelhança com os *network domains* daqueles autores, embora busquem descrever contextos mais específicos, estruturados e duradouros. Talvez seja possível dizer que as esferas, conforme definido aqui, incluem as versões mais estáveis dos *netdoms* de Mische (2007). Em alguns casos, elas podem se superpor pela existência de indivíduos que participam de mais de um contexto de sociabilidade ao mesmo tempo.

A delimitação de esferas não corresponde diretamente ao conteúdo (tipo) dos vínculos nem à sua força, mas diz respeito aos espaços sociais reconhecidos pelos indivíduos em suas atividades e sociabilidade. A existência de uma esfera de vizinhança, por exemplo, não inclui todos os vizinhos nem inclui, necessariamente, apenas vizinhos; mas, sim, aqueles indivíduos que o entrevistado julga encontrar juntos, em um espaço da sua sociabilidade denominado por ele próprio "vizinhança". Trata-se, portanto, de vizinhança como espaço social cognitivamente compreendido, e que não corresponde necessariamente à vizinhança no sentido de distância física mensurável como em Wellman (2001).

As esferas também se distinguem dos contextos de entrada dos nós na rede, informação que também foi incluída como atributo a ser levantado nas entrevistas. O contexto nos informa como um determinado nó entrou na sociabilidade do ego: se, por acaso, na vizinhança, se apresentado por alguém ou no interior da família, por exemplo. Essa informação tenta capturar as maneiras pelas quais os indivíduos adquirem nós e expandem a sua rede.

Em cada local estudado, os entrevistados foram escolhidos aleatoriamente, mas sem um sorteio prévio de domicílios, e, sim, com a abordagem direta nas ruas ao longo de trajetos. Estes foram escolhidos para cobrir a maior variedade de situações possível no interior do local estudado. O conjunto de entrevistas em cada campo, entretanto, foi sendo controlado por meio dos atributos sexo, faixa etária, situação ocupacional e migratória e região da área estudada, quando existente (piores ou melhores regiões definidas em estudos anteriores, por exemplo), de forma que o conjunto de entrevistas de cada local expressasse aproximadamente a variabilidade da população estudada. Foram realizadas entrevistas tanto durante a semana quanto em finais de semana. Como veremos mais adiante, a comparação de indicadores escolhidos dos entrevistados e dos locais estudados sugere que esse procedimento de coleta alcançou resultados bastante satisfatórios, e que não foi observado viés importante entre a amostra levantada e a população dos locais estudados.

Foram realizadas entrevistas egocentradas (em que se pergunta a um indivíduo sobre a sua própria rede) sobre a rede total de seu convívio pessoal, incluindo as várias esferas de sua sociabilidade.[3] As entrevistas completas duravam tipicamente entre cinquenta minutos e uma hora e envolviam duas partes. Em primeiro lugar, era aplicado um questionário semiestruturado referente às características gerais do entrevistado incluindo dados biográficos, composição familiar e do domicílio, status

---

[3] As entrevistas foram realizadas entre março de 2006 e fevereiro de 2007 por uma equipe que incluiu, além de mim, Renata Bichir, Miranda Zoppi, Encarnación Moyá, Thais Pavez e Igor Pantoja. Agradeço a todos pelo inestimável trabalho realizado.

empregatício, trajetória no mercado de trabalho, trajetória migratória, vínculos associativos e práticas de sociabilidade.[4]

A segunda parte das entrevistas incluiu a aplicação de uma ferramenta de coleta de dados relacionais com um gerador de nomes e perguntas sobre atributos dos nomes gerados. O gerador de nomes, por sua vez, envolveu duas etapas. A primeira visou construir uma "semente" de nomes para a segunda etapa a partir das esferas de sociabilidade.[5] As esferas incluíram: família, vizinhança, amizade, associatividade, diversão/lazer, estudos e profissão/trabalho. Caso ao longo da entrevista outras esferas fossem sugeridas, seriam acrescentadas à lista. Por exemplo, se a entrevista indicasse que a atividade de jogar vôlei organizava uma parcela da sociabilidade do indivíduo, uma esfera vôlei era acrescentada. Adicionalmente, para concluir a semente, solicitou-se aos entrevistados pensar em suas relações e citar um conjunto de no máximo cinco nomes para cada esfera de sociabilidade.

Esses nomes constituíram a semente do gerador de nomes. Em seguida, solicitou-se que os entrevistados indicassem até três nomes associados a cada nome da semente, sendo aceitas repetições livremente, assim como a indicação de si próprio. Os nomes novos eram acrescentados ao final da lista como a semente de uma nova rodada de entrevista com a mesma pessoa. O procedimento foi repetido três vezes, ou até que não houvesse mais nomes novos. O método nos forneceu um conjunto de díades (pares de nomes ligados por vínculos), indicando a presença de vínculos.

Por fim, solicitamos aos entrevistados classificar os nomes citados segundo três atributos: contexto de entrada do nó na rede pessoal, se o indivíduo é de fora ou de dentro da área estudada e a esfera de sociabilidade a que pertence. Em todos os casos, os valores preestabelecidos para os atributos podiam ser alterados na própria entrevista, considerando a alta especificidade das trajetórias, esferas de sociabilidade e das próprias redes.

Posteriormente, e já com as redes analisadas, escolhi um conjunto de indivíduos para entrevistas qualitativas, de maneira a explorar a dinâmica nas redes e a sua mobilização nas atividades cotidianas.[6] Foram escolhidos vinte indivíduos com redes de diferentes tipos, considerando as tipologias desenvolvidas no Capítulo 4. Nessas entrevistas, partimos da apresentação do sociograma ao entrevistado e perguntamos sobre transformações

---

[4] Os procedimentos descritos representam um refinamento dos instrumentos estabelecidos originalmente e submetidos a um pré-teste sobretudo com doze indivíduos de classe média.

[5] A semente representa uma primeira lista de nomes, a partir da qual o procedimento do gerador de nomes agrega novos nomes até se chegar perto das fronteiras da rede, considerando o procedimento escolhido.

[6] Mais uma vez, nessa etapa do trabalho tive o auxílio indispensável de colegas, a quem agradeço. Além de mim, as entrevistas foram realizadas em janeiro e março de 2008 por Renata Bichir, Encarnación Moya, Miranda Zoppi e Igor Pantoja.

ocorridas nas redes (em relação à primeira entrevista, ocorrida em média um ano antes) e sobre a mobilização de contatos em diversas situações, como migração, casamento, apoio emocional, empréstimo de utensílios e mantimentos, empréstimos de dinheiro, procura e obtenção emprego, informações políticas e acesso a serviços públicos. O material coletado permite a discussão de como as estruturas relacionais são mobilizadas pelos indivíduos em suas situações cotidianas. Os Capítulos 6 e 7 analisam esse material.

AS LOCALIZAÇÕES

Esta seção apresenta sucintamente os locais estudados, de forma a situar o leitor quanto às suas características e à sociabilidade de seus moradores, assim como à heterogeneidade das situações existentes.

Cortiços da região central

Os cortiços cujos moradores foram entrevistados se situam na Rua João Teodoro e imediações no centro de São Paulo, distando entre si menos de 200 metros (Figura 2.5). Trata-se de uma região de obsolescência, com grande quantidade de casarões do início do século XX em precário estado de conservação e galpões abandonados. A região apresenta pequenos serviços que exploram o fluxo de veículos em avenida contígua (borracheiros, oficinas mecânicas, lojas de autopeças), além de alguns bares.

Os cortiços estão instalados em construções antigas não reformadas ou apenas precariamente reformadas de modo a se adaptarem ao papel de moradia coletiva. Têm entre dez e vinte quartos, situados em um primeiro andar, acima do nível da rua, e são acessíveis por pequenas escadarias, e um porão, cuja entrada pode se dar pela frente ou pelos fundos do imóvel. O que mais impressiona nas condições habitacionais dos entrevistados é a grande insalubridade e a quase completa falta de privacidade dessa forma de moradia. Exceto por raras exceções, os banheiros e as áreas de preparo de alimentos e de lavagem de roupas são comuns a todo o cortiço, resultando em um grande congestionamento, o que interfere intensamente na sociabilidade.

Em geral, o estado de conservação das edificações é péssimo e as condições das instalações sanitárias são igualmente calamitosas, embora haja significativas diferenças de qualidade entre cortiços e dentro de cada um deles. Os preços dos aluguéis expressam essas diferenças – foram encontrados entrevistados que pagavam aluguéis de até R$ 250,00 por quarto.

Figura 2.5 – Região central (locais de cortiços com entrevistas indicados).[7]

Fonte: Prefeitura do Município de São Paulo/Secretaria de Habitação e Desenvolvimento Urbano/Departamento de Regularização de Parcelamento do Solo. Ano 2000. Escalas de voo 1:6.000/1:5.000.

Um dos principais definidores da precariedade diz respeito à localização do quarto, se no primeiro andar ou no porão. Na verdade, o primeiro andar situa-se usualmente a meio andar acima da rua, e o porão encontra-se semienterrado. Essa estrutura construtiva foi introduzida pelo Código Sanitário de 1894 (Ribeiro, 1993), no qual se previa um porão não habitado semienterrado que tinha por objetivo distanciar o piso das edificações do solo, impedindo a subida da umidade por capilaridade. Por essa razão,

---

[7] Para a obtenção das imagens incluídas neste capítulo contei com o auxílio de Renata Gonçalves, a quem agradeço.

embora os pés direitos dos andares superiores sejam muito elevados (uma característica das construções da época), os dos porões são muito baixos, sendo necessário se abaixar para passar sob as vigas. Os porões geralmente têm apenas uma entrada em uma das extremidades, a partir das quais se acessa um corredor sem iluminação ou ventilação natural e grande comprimento. A maior parte dos quartos desse andar não tem janelas e, por se situar parcialmente enterrado, é muito úmido, escuro e sem ventilação alguma. Os mais variados vetores de doenças proliferam e as ratazanas são visíveis durante o dia. As condições de densidade e salubridade nesses casos são mais do que precárias.

Os quartos do andar de cima, embora variem com relação à qualidade, costumam ser muito menos úmidos e mais ventilados. São quase todos dotados de janelas e, por obedecerem aproximadamente à divisão dos cômodos das edificações originais, tendem a ser bem maiores. Apesar disso, com raras exceções, também estão sujeitos aos problemas de acesso às instalações sanitárias e hidráulicas e à precariedade de conservação e dos materiais. Em um dos cortiços pesquisados, por exemplo, o chão de um quarto localizado no primeiro andar ruiu sob o peso de um fogão e, no momento da entrevista, permanecia com um buraco aberto de aproximadamente um metro de diâmetro.

Embora as condições habitacionais em sentido estrito sejam muito piores nos porões, todas as moradias em cortiço representam problemas graves com relação à sociabilidade, advindos da falta de privacidade e da excessiva densidade. O espaço privado de cada morador é muito pequeno, e a interdependência muito grande, não apenas pelo uso comum dos banheiros e lavanderias, mas também pelo ruído que a mínima atividade gera sobre a vizinhança. A situação é mais grave quando há crianças, que utilizam os parcos espaços coletivos – corredores e pátios – para brincar, gerando ruído e conflitos frequentes entre vizinhos. Essa dimensão dos conflitos de vizinhança parece ser a característica mais marcante da sociabilidade dos cortiços. A impressão predominante das entrevistas é de que os cortiços apresentam um cotidiano de grande anomia, brigas frequentes e desconfiança mútua.

Uma diferença importante dos cortiços está em que, ao contrário das outras regiões pesquisadas, não se trata de uma localização física delimitada, reconhecida pelos moradores e formadora de identidades, como "no Jaguaré" ou "na Cidade Tiradentes". Entretanto, resultados de pesquisas recentes (Kowarick, 2009) sugerem que os moradores de cortiços circulam entre eles por longos períodos, permanecendo praticamente toda a sua trajetória posterior à migração em habitações desse tipo na área central ou nos subcentros, como Santo Amaro ou Penha. Tudo indica que o que leva os indivíduos a esse tipo de solução de moradia, em vez de se instalarem em favelas ou loteamentos clandestinos, por exemplo, são preferências locacionais pela centralidade. Essas soluções, portanto, não representam um passo intermediário em uma trajetória de mobilidade social (e habitacional) na cidade, mas têm caráter definitivo, embora a circulação entre cortiços seja frequente. Os dados da pesquisa confirmam esse padrão – foram encontrados moradores há mais de dez anos no mesmo cortiço, assim como uma grande quantidade de pessoas que já havia habitado três ou quatro cortiços passando vários anos em cada um deles. Em virtude desse padrão, enquadrei conceitualmente "os cortiços" como a unidade básica de localização estudada em vez de considerá-los separadamente.

Vila Nova Jaguaré

A Vila Nova Jaguaré começou a ser ocupada nos anos 1950, no contexto da industrialização da região oeste de São Paulo. A favela ocupa uma área de quinze hectares reservada para uso institucional e doada à Prefeitura, mas que permaneceu sem utilização. Em 2000, a favela tinha 10.863 habitantes em 2.838 domicílios particulares permanentes, resultando em uma densidade domiciliar de 3,8 habitantes por domicílio.[8] Em termos de infraestrutura, a favela contava com abastecimento universal por redes de água. A renda média mensal dos chefes de domicílio era de apenas R$ 415,00 e a escolaridade média do chefe era bastante baixa – 4,1 anos de estudos. O analfabetismo alcançava cerca de 23% dos chefes de família, e 38,7% deles tinham concluído no máximo o primeiro ciclo do ensino fundamental (quatro anos de estudo). O analfabetismo no conjunto da população alcançava 8,9%. A estrutura etária era bastante jovem – 12,7% da população tinham menos de quatro anos de idade – e apenas 3,4% dos moradores tinham mais de sessenta anos. A proporção de indivíduos autoclassificados no Censo como negros e pardos nas áreas de ponderação que incluíam a favela era de cerca de 38% da população.

Em termos urbanos, o Jaguaré é uma favela situada junto ao centro expandido da capital, contígua à Universidade de São Paulo e separada do bairro do Alto de Pinheiros praticamente apenas pela Marginal Pinheiros. Em termos de deslocamentos, a favela dista menos de dez

---

[8] Todos os dados demográficos citados nesta seção são do Censo Demográfico do IBGE. Optei por usar apenas dados do Censo (universo e amostra), pois são os únicos disponíveis para todas as áreas produzidos com a mesma metodologia e para a mesma data e, portanto, diretamente comparáveis.

No caso do Jaguaré, foram considerados os setores censitários que, em 2000, correspondiam à favela. Apenas no caso de cor da pele, a informação é originária do questionário da amostra e se refere às áreas de ponderação que incluem a favela.

Esses dados foram gerados pela arquiteta Renata Gonçalves, a quem agradeço de coração por toda a ajuda prestada.

Figura 2.6 – Jaguaré e imediações (locais de entrevistas indicados).

Fonte: Google Earth, 2008.

minutos a pé de ambos, apesar de o trajeto para o Alto de Pinheiros envolver a travessia do rio pela Ponte do Jaguaré. Seguindo esse caminho, é possível alcançar também um parque público de grande porte e um grande shopping center, embora esteja longe do padrão de consumo das famílias da favela, por ser um centro comercial de alto padrão. Em termos de inserção urbana, é possível viajar de ônibus partindo de 500 metros da favela até a Praça da Sé em aproximadamente uma hora e dez minutos sem trânsito ou uma hora e meia nos momentos de maior tráfego, em média, segundo as informações oficiais da empresa municipal responsável pelo transporte público.[9]

O Jaguaré se desenvolve em uma colina junto à margem oeste da Marginal Pinheiros, descendo até a via de tráfego. A favela apresenta alguns setores bastante distintos entre si. No topo, situa-se a parte mais consolidada, com um viário principal relativamente largo, centro comercial e casas de alvenaria. Nessa região a favela apresenta condições urbanas e sociais relativamente boas, com construções de qualidade e sociabilidade

---

[9] As informações oficiais relativas aos tempos de trajeto foram obtidas no site da empresa SP Trans (http://www.sptrans.com.br). É bastante possível que os reais tempos de transporte sejam substancialmente superiores aos das estatísticas oficiais, mas estas fornecem um critério padronizado para a informação.

intensa nas ruas e vielas. Vale destacar que embora a organização comunitária não seja muito ativa, a favela é objeto de iniciativas organizadas pela igreja e por um colégio católico de alta renda da região, que mantém três creches e um centro profissionalizante. Talvez pela presença forte da igreja católica, não se veja tantos templos protestantes na favela quanto em outras comunidades similares.

À medida que se desce a via principal, as condições pioram um pouco, inclusive com relação ao espaço público. Uma bifurcação dessa via nos leva à frente do conjunto habitacional do programa Cingapura da parte mais alta (Marques; Saraiva, 2005), conjunto habitacional de 260 unidades iniciado na gestão Celso Pitta (1997-2000) e terminado na gestão Marta Suplicy (2001-2004). O que chama a atenção, além do péssimo projeto de arquitetura, é a baixa integração com o entorno e a ausência de um diálogo mínimo com o espaço público situado à frente do conjunto, que é separado por um alambrado metálico. Nessa região, a densidade é mais elevada, e as condições são mais precárias. Seguindo adiante, alcança-se outro acesso à favela, onde se situa uma unidade de trabalho da igreja católica.

A nordeste, localiza-se um setor da favela que pode ser acessado por uma via larga com acesso a carros. Seguindo esse caminho, tem-se acesso à parte mais baixa da favela. Nesse setor, de condições muito piores e sujeito a inundações, se situa outro conjunto Cingapura, localizado diretamente às margens da Marginal Pinheiros. Uma parte desse setor apresenta casas de alvenaria de boas condições, mas que estavam sendo removidas pela Prefeitura no momento das entrevistas para a abertura de uma avenida, e os moradores estavam sendo "indenizados" com valores entre R$ 5.000,00 e R$ 8.000,00 pagos diretamente pela construtora.

Outra parte desse setor, entretanto, é bem mais precária e localiza-se sobre o leito de antiga ferrovia desativada. Nessa região, os barracos são quase todos de madeira, e situam-se sobre os trilhos com densidade muito alta e praticamente sem iluminação, dada a distância das vielas deixadas pelos moradores. Em alguns trechos, houve o seu completo fechamento e as vielas avançam como túneis sob construções no segundo andar. Nessa região, denominada "dos trilhos", situam-se as condições mais precárias de toda a favela, com barracos de madeira, sem iluminação, com muita umidade e sujeitos a inundação. Os esgotos nesse setor são visíveis a céu aberto em todos os lugares e praticamente não escoam, dada a proximidade com as cotas da Marginal Pinheiros. As inundações nessa região são frequentes, e a presença de ratos, constante, situações intensamente mencionadas nas entrevistas. Parece ser também ali que as condições de sociabilidade são piores. O espaço público resume-se aos (estreitos) espaços de circulação, o comércio praticamente inexiste, e os locais de sociabilidade se limitam aos bares. Os contrastes da sociabilidade com outros os setores da favela são visíveis e praticamente só se encontram crianças pequenas interagindo no espaço público. No momento da redação final deste livro, um incêndio destruiu uma parte desse setor.

Foram feitas entrevistas com moradores em regiões de melhores e piores condições.

Paraisópolis

A favela de Paraisópolis é uma das maiores da região metropolitana de São Paulo. Em 2000, alojava uma população de aproximadamente 34 mil habitantes em 9 mil domicílios.[10] A renda média do chefe de família era de R$ 490,00, e a escolaridade média, de apenas 4,1 anos, com 21% dos chefes analfabetos. Em 2000, cerca de 9% dos indivíduos eram analfabetos, uma proporção elevada para São Paulo (média de 7,3% no município, em 2000), mas inferior aos 15,2% da média das favelas do município (Saraiva; Marques, 2005). Como nas demais favelas da região, a estrutura etária era bastante jovem, com cerca de 25% dos indivíduos com menos de nove anos de idade, e apenas 2% com mais de sessenta anos. O abastecimento de água estava universalizado, mas o esgoto alcançava apenas 56% dos domicílios e a limpeza urbana 74%. A proporção de indivíduos autodeclarados pretos e pardos era de 45%.

Figura 2.7 – Paraisópolis (locais de entrevistas indicados).

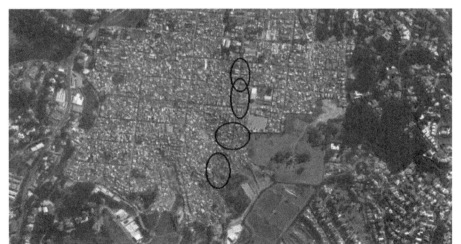

Fonte: Google Earth, 2008.

---

[10] Novamente, trata-se de dados relativos aos setores censitários do Censo de 2000 que incluíam a favela.

A favela era a única de grande porte na cidade a se localizar em terra privada, remanescente de uma época cujas favelas em terra privada eram predominantes em São Paulo (Bueno, 2000). A particularidade mais importante, entretanto, é a sua localização espacial. Paraisópolis, na verdade, representa um enclave territorial no interior de um dos bairros de renda mais alta da metrópole (Morumbi), o que gera enormes contrastes sociais. A contiguidade com a região de alta renda representa uma vantagem locacional importante para os moradores da favela no que diz respeito ao mercado de trabalho, entendido como fácil acesso a uma das mais importantes estruturas de oportunidades (Almeida; D'Andrea, 2005). A distância da favela à área central do município de São Paulo é considerável: o percurso de ônibus até a Praça da Sé consome em média uma hora e vinte minutos no horário de pico e uma hora sem trânsito em dois ônibus, sem considerar o tempo de transbordo, segundo as informações oficiais sobre deslocamento.

A contiguidade espacial com grupos de alta renda e a projeção na mídia tornam Paraisópolis objeto constante de projetos dos mais variados tipos, tanto do setor público quanto do setor privado, configurando-se um alvo preferencial das preocupações da parcela socialmente preocupada da elite paulistana, assim como de filantropia empresarial.[11] Essa dimensão é interessante, pois se trata de um caso raro em São Paulo de visibilidade da alteridade social para os grupos de alta renda, elemento usualmente ocultado pela elevada macrossegregação e pela virtual ausência de microssegregação nas áreas ricas da cidade (Marques; Torres, 2005).

A ocupação de Paraisópolis iniciou-se na década de 1930 por meio de invasões realizadas em loteamento privado recém-criado (Baltrusis, 2005), resultando na incorporação de traçado regular em seu sistema viário principal, o que lhe dá raras características de acessibilidade interna. Pelo viário principal circulam hoje ônibus, caminhões e automóveis, e a largura da maior parte das vias secundárias também dá acesso a carros e caminhões dos serviços urbanos.

O associativismo da favela é intenso, sendo impressionante a proliferação de associações e entidades. Em termos de participação associativa, entretanto, os moradores se situam na média do que caracteriza os indivíduos de baixa renda da região metropolitana de São Paulo, embora a frequência a entidades religiosas seja mais intensa (Gurza Lavalle; Castello, 2004).

Os 1.500 hectares da favela se desenvolvem por uma vasta área que inclui colinas suaves, os vales de pelo menos quatro cursos d'água e algumas

---

[11] Sobre projetos na favela, consultar, por exemplo, os seguintes sites: http://www.einstein.br/voluntariado/, http://www.portoseguro.org.br/comunidade.asp, http://www.terra.com.br/istoedinheiro/314/empresasdobem.

encostas acentuadas, em especial em sua parte sudoeste, nas áreas denominadas Grotão e Grotinho. Nesse particular, Paraisópolis apresenta grande heterogeneidade interna, sobretudo entre a área conhecida como Centro e de condições muito boas, e o Grotão e o Grotinho, de ocupação muito mais recente e condições muito precárias. Enquanto a área do centro em tudo se assemelha a um bairro popular consolidado, com construções de qualidade relativamente boa, densidade não muito alta e comércio variado, uma parte das regiões de piores condições é acessível apenas por vielas estreitas e se localiza em áreas de alta declividade e junto a córregos, estando sujeitas a inundações e risco geotécnico.

Essas condições evidentemente se expressam nos valores das moradias. Segundo Baltrusis (2005), enquanto imóveis das melhores áreas da favela são postos à venda em média por R$ 11.500,00, a média no Grotão é de R$ 6.500,00, e no Grotinho, R$ 4.900,00, aproximadamente. O autor também encontrou entre 2000 e 2005 um intenso processo de valorização dos imóveis, assim como o estabelecimento de um ativo mercado de locação, com aluguéis variando "de R$ 80 por um barraco de madeira praticamente dentro do córrego a R$ 300 por um sobrado de alvenaria com três dormitórios" (Baltrusis, 2005, p.156).

As entrevistas foram realizadas com moradores das áreas do Centro e do Grotão nas áreas indicadas na Figura 2.7.

Vila Nova Esperança

A favela de Vila Nova Esperança se situa em área mista estadual e particular, parte no município de São Paulo e parte no município de Taboão da Serra. A denominação Vila Nova Esperança é a reconhecida pela maior parte dos moradores e pela prefeitura de Taboão, mas a prefeitura de São Paulo também a denomina "Sem Terra I". A favela localiza-se em zona periurbana, em uma pequena elevação junto a uma estrada não pavimentada, tanto em encosta não muito íngreme quanto no seu topo.

Entre as favelas estudadas, a Vila Nova Esperança é com toda a certeza a menor, apresentando um porte de médio para pequeno. O Censo demográfico de 2000 indicava a existência de pouco mais de mil habitantes e quase 300 domicílios, resultando em uma densidade de 3,8 habitantes por domicílio. As condições de infraestrutura eram precárias – 65% de cobertura por redes de água e esgotos e 80% por coleta de lixo. O rendimento médio dos chefes era de R$ 680,00, e a sua escolaridade média, 5,1 anos de estudo.[12] Como a favela é bastante recente e cresceu significativamente

---

[12] Nesse caso, os dados dizem respeito ao único setor censitário que envolvia apenas a favela. Havia um outro setor do Censo de 2000 que incluía parcialmente a favela, mas também uma

Figura 2.8 – Vila Nova Esperança.

Fonte: Prefeitura do Município de Taboão da Serra/Secretaria Municipal de Desenvolvimento Urbano e Habitação. Ano 2004. Escala de voo 1:5.000.

nos últimos anos com um padrão de ocupação muito precário, as informações censitárias talvez sugiram uma situação social melhor do que a encontrada, assim como um tamanho menor do que o existente quando da realização das entrevistas.

Segundo os moradores, a área foi ocupada há dez anos, principalmente por famílias que moravam no bairro contíguo pagando aluguel, pertencente ao município de São Paulo. A maior parte da favela é composta por moradias de alvenaria de qualidade bastante boa e de tamanho razoável, em especial as pertencentes aos primeiros moradores a chegarem ao local. Entretanto, há dois setores – junto à entrada abaixo e na parte mais alta da favela – que foram ocupados muito recentemente e são compostos por barracos de madeira bastante precários. Como a favela se localiza na franja urbana, a expansão da ocupação na área mais alta tem ocorrido com a ocupação direta de área de mata contígua.

Vila Nova Esperança é uma comunidade bastante isolada, distando aproximadamente 1,5 quilômetro por estrada de terra da via pavimentada

---

parte do bairro de classe média contíguo. Como a informação é apenas indicativa, optei por incluir apenas esse setor, em vez de recorrer a técnicas cartográficas para a geração de informação para o restante da favela.

por onde circula o transporte coletivo mais próximo. Para chegar ao local, trafega-se até o quilômetro 25 da Rodovia Raposo Tavares, depois por dois quilômetros no bairro contíguo (a sudeste na Figura 2.8) e, por fim, pela estrada de terra que cruza região com aspecto rural e de mata. De ônibus até a Praça da Sé o percurso consome em média duas horas e meia no horário de pico e uma hora e meia sem trânsito, sem considerar os tempos de baldeação em dois ônibus, considerando as informações oficiais de tempo de trajeto da Prefeitura Municipal.

A favela conta apenas com comércio muito local, como bares e vendas de pequeno porte, além de igrejas evangélicas. Vila Nova Esperança tampouco apresenta organização comunitária ativa. A favela conta com algumas lideranças, mas não há institucionalidade constituída, e várias dessas lideranças conflitam intensamente entre si. A localização na fronteira municipal também parece tornar a situação política mais confusa no que diz respeito às competências do poder público e a quem endereçar demandas.

O bairro contíguo aloja o comércio e os serviços utilizados pelos moradores, assim como uma parte dos empregos. As crianças da favela também frequentam as escolas de ensino fundamental e médio do bairro. A composição social do local parece ser bastante heterogênea entre as classes média e média baixa.

O isolamento espacial da favela e a sua localização na fronteira de municípios a fragiliza substancialmente sob o ponto de vista da infraestrutura. Apenas uma pequena parte das vias é asfaltada, e a comunidade tem um problema constante com o fornecimento de energia elétrica, que é feito por meio de muitas ligações clandestinas com fiações residenciais em paralelo ao longo da estrada de terra. A empresa fornecedora frequentemente destrói as ligações, e os moradores as religam.

Conjuntos habitacionais da Cidade Tiradentes

Duas coisas impressionam quem chega à Cidade Tiradentes: sua escala e sua distância do centro de São Paulo. A Cidade Tiradentes é um complexo de conjuntos habitacionais construídos principalmente a partir da década de 1980, em uma localização bastante periférica na franja periurbana no extremo leste do município de São Paulo, a cerca de quarenta quilômetros da Praça da Sé. Os conjuntos se desenvolvem por uma extensa área ao longo de vales e colinas em uma ampla região situada atrás do Parque do Carmo, uma das maiores áreas verdes da cidade. A área se situa próxima aos limites dos municípios de Mauá e Ferraz de Vasconcelos e foi adquirida da Fazenda Santa Etelvina pela Cohab São Paulo no final dos anos 1970. Nas décadas seguintes, a empresa transformou diretamente a terra rural em urbana incorporando à malha urbana os terrenos de baixíssimo valor.

Figura 2.9 – Conjuntos em Cidade Tiradentes (locais de entrevistas indicados).

Fonte: Google Earth, 2008.

Trata-se do caso mais paradigmático em São Paulo da produção habitacional implantada no regime militar e continuada posteriormente – a produção em larga escala de unidades novas para venda financiada em conjuntos habitacionais massificados localizados na extrema periferia.[13] Essa dimensão é visível na grande monotonia da paisagem observável dos pontos mais altos da Cidade Tiradentes. De acordo com dados da Cohab, apenas no Santa Etelvina (de I a VII), um dos locais onde ocorreram as entrevistas, foram produzidas aproximadamente 27.600 unidades habitacionais. Apesar da serialização inerente ao empreendimento, a população apropriou-se desses espaços e os resignificou em suas práticas cotidianas, reduzindo o aspecto impessoal dos projetos originais dos conjuntos (D'Andrea, 2004).

O complexo envolve vários conjuntos, construídos entre 1975 e 1997.[14] Eles apresentam um estado de conservação relativamente ruim, similar

---

[13] Ver Maricato (1987) sobre o padrão de políticas do regime militar e Marques e Saraiva (2005) sobre a política habitacional recente em São Paulo.

[14] O primeiro conjunto habitacional a ser implantado foi o Prestes Maia, em 1975, e a eles se seguiram o Presidente Juscelino Kubitscheck/Jardim São Paulo IA/IIA/IIB (de 1983); o Barro Branco I/Castro Alves (de 1985) e II; o Inácio Monteiro (de 1987); o Santa Etelvina I a VII (de 1992) e o Jardim dos Ipês (de 1997). O complexo é apenas um dos existentes na zona leste da cidade, que inclui ainda os complexos de Sapopemba (o primeiro de todos, inaugurado em 1968), Itaquera (de 1978) e José Bonifácio (de 1980). Ver KAZUO, Nakano. *Quatro Cohabs da zona leste de São Paulo*: território, poder e segregação. São Paulo: FAU/USP, Dissertação de Mestrado, 2002 e informações dos sites da Prefeitura Municipal de São Paulo e da Cohab-SP.

ao da maioria dos conjuntos habitacionais localizados em outros lugares da cidade de São Paulo – alguns deles muito mais recentes. Os pequenos espaços intersticiais entre os prédios no interior de cada conjunto sediam uma parte importante da sociabilidade dos moradores, embora parte significativa das áreas reservadas para atividades comerciais e de serviços nos conjuntos encontre-se abandonada ou amplamente subutilizada.

Segundo estimativas da Prefeitura de São Paulo, a partir de dados do Censo de 2000, habitavam a Cidade Tiradentes naquela data cerca de 190 mil pessoas em 49 mil domicílios, sendo 160 mil moradores dos vários conjuntos habitacionais construídos pela Cohab e pela Companhia de Desenvolvimento Habitacional e Urbano (CDHU). Havia treze favelas na região em 2003 e, de acordo com a Prefeitura, outras dezesseis foram iniciadas desde então. A renda média dos chefes de domicílio era de R$ 600,00, e a escolaridade média, 6,2 anos de estudo. O analfabetismo em geral alcançava 5% da população, sendo que 32% dos chefes tinham até quatro anos de estudo. Os serviços de abastecimento de água e de coleta de lixo alcançavam cerca de 98% dos domicílios, e o de esgoto, 88%. Aproximadamente metade da população autodeclarava-se preta ou parda, a mais elevada proporção entre as áreas estudadas (49,9%).

A segunda dimensão urbana que se destaca na Cidade Tiradentes é a segregação. A enorme distância e a inexistência de transporte público expresso tornam o trajeto uma verdadeira viagem. De ônibus até a Praça da Sé o percurso consome cerca de duas horas e meia no horário de pico e uma hora e vinte e cinco minutos sem trânsito, fora o tempo de baldeação em três ônibus, considerando as informações oficiais de tempo de trajeto da Prefeitura Municipal. No momento da pesquisa, a acessibilidade à região estava sendo aumentada com a construção de um corredor de transporte coletivo expresso de 32 quilômetros até o centro de São Paulo. Essa obra vem se arrastando pelas últimas três gestões municipais, e o primeiro trecho, de apenas oito quilômetros, foi inaugurado em 2007. No momento de conclusão deste livro, não havia previsão para o término da construção, que consumiu mais de R$ 800 milhões em sua primeira fase (http://g1.globo.com/Noticias/SaoPaulo/MUL10728-5605,00.html).

Há alguns anos, a Cidade Tiradentes era não apenas um espaço extremamente segregado, mas também uma região submetida a grandes dificuldades de acesso a serviços e equipamentos públicos. Ao longo das últimas gestões municipais, entretanto, a região recebeu um conjunto vultoso de equipamentos. Em 2005, o local contava com 75 escolas, sendo 51 municipais, dezoito estaduais e seis privadas, atendendo 65.050 alunos. Entre as várias unidades municipais, incluíam-se dois Centros Educacionais Unificados (CEUs). Com relação à saúde, havia dez unidades básicas de saúde, um centro de referência em DST/Aids e outras duas unidades especializadas, além de um hospital – inaugurado em

2008.[15] Em 2002, o distrito foi transformado em subprefeitura (até então, pertencia a Guaianases), passando a ter gestão autônoma de vários serviços, em especial de zeladoria urbana.

Se a situação de acesso a equipamentos tem melhorado bastante, o acesso ao mercado de trabalho ainda é mais do que precário, sendo a região um dos exemplos mais fortes de descompasso espacial entre oferta e demanda de empregos (*job mismatch*) presente na região metropolitana de São Paulo (Gomes; Armitrano, 2005). Segundo os dados da Relação Anual de Informações Sociais (Rais) relativos a 2004, havia 2.243 empregos formais na Cidade Tiradentes em 247 estabelecimentos. Isso resultava em uma taxa de 0,015 empregos por habitante de dez anos ou mais (a população em idade ativa, segundo a definição do IBGE), sugerindo que, de cada 66 habitantes em idade ativa, apenas um conseguia arranjar emprego localmente. Por conseguinte, a esmagadora maioria dos moradores tem de se deslocar regularmente para outras regiões da cidade para trabalhar. Considerando as distâncias envolvidas, trata-se de um problema muito grave.

Assim, a Cidade Tiradentes apresenta especificidades quanto aos demais campos realizados nesta pesquisa. Por um lado, é o local mais isolado e distante do centro de São Paulo, embora o tempo de descolamento não seja tão maior do que o da favela Vila Nova Esperança. Por outro, é uma área bastante grande e relativamente heterogênea, que inclui favelas e conjuntos, embora todos os entrevistados morem em conjuntos habitacionais, horizontais ou verticais (a grande maioria). Nesse caso, é de esperar que os indivíduos empreendam grandes deslocamentos diariamente para trabalhar, mas também é provável que os conjuntos da Cidade Tiradentes abriguem em seu interior uma dinâmica social e uma sociabilidade próprias. Como consequência, a região circunscreve contatos e redes locais de vários tipos com maior probabilidade do que nos demais campos, tanto pela sua escala quanto pela segregação a que está submetida.

Foram realizadas entrevistas diretamente nos conjuntos com moradores de Santa Etelvina, Bancário e Setor G, assim como junto ao centro comercial da Avenida dos Metalúrgicos, áreas indicadas na Figura 2.9.

O "fundão" do Jardim Ângela

Entre todas as áreas estudadas, talvez o Jardim Ângela seja a que apresenta características mais genéricas das periferias paulistanas, em especial as da zona sul. O bairro mescla loteamentos clandestinos e irregulares de baixa renda e favelas, distribuídos por uma topografia acidentada com

---

[15] As informações foram obtidas no Infolocal do site da Prefeitura de São Paulo (http://infolocal. prefeitura.sp.gov.br/), e as fontes originais são variadas.

Figura 2.10 – Jardim Ângela (locais de entrevistas indicados).

Fonte: Google Earth, 2008.

pequenas elevações íngremes entrecortadas por cursos d'água de porte variado. Optamos nesse caso por realizar entrevistas em um loteamento em processo de regularização e em uma favela contígua.

Em termos de macrolocalização, a área situa-se na parte mais ao sul do Jardim Ângela, já próximo ao município vizinho. O acesso se dá através de uma longa avenida, de onde sai a rua que dá acesso à área estudada. As entrevistas foram realizadas em um loteamento (dezesseis entrevistas na área mais ao sul da Figura 2.10) e na favela contígua (treze entrevistas na área indicada mais ao norte da Figura 2.10). De acordo com a Prefeitura de São Paulo, o trajeto do loteamento até a Avenida Paulista em um dia útil, no horário de pico, levaria uma hora e quarenta e cinco minutos, sem contar o tempo de transbordo entre os três ônibus utilizados.

A descrição do loteamento assemelha-se à de tantos outros, mas com particularidades interessantes. O loteamento começou no início dos anos 1990 (em 1992, quando um dos entrevistados foi morar lá, havia apenas oito lotes ocupados) e era originalmente uma chácara de 27 mil metros quadrados, dividida em 240 lotes de 75 e 120 metros quadrados. Trata-se, portanto, de um pequeno loteamento, organizado em torno de uma via bastante íngreme que sobe a encosta, perpendicular à via pública de acesso, e outras vias menores nas curvas de nível, perpendiculares à primeira. Para os primeiros moradores, a compra do lote envolvia o pagamento de 25 parcelas, sendo entrada e mais 24 parcelas mensais de um salário mínimo. O loteamento, entretanto, não contava com infraestrutura alguma, e a região tinha ainda características periurbanas.

Os moradores lutaram desde o início da ocupação para permanecer no local (contra a Prefeitura) e receber infraestrutura (contra o loteador e as concessionárias), contando com apoio em especial da diocese local da igreja católica. Constituíram formalmente uma associação e deram entrada em processos na Prefeitura de São Paulo e no registro de imóveis. Em 1996, a escritura foi transferida para a Associação, embora a regularização dos lotes (e das construções) ainda dependa da regularização do parcelamento.

Como em outros casos, a infraestrutura foi chegando parcialmente. Em 1994, 60% das edificações já contavam com energia elétrica; e, em 2001, o abastecimento de água foi solucionado (até então, era clandestino, obtido em 1998). A pavimentação foi realizada por mutirão em 2002, com os moradores se cotizando inclusive para comprar material, embora a agência municipal local tenha apoiado. Com isso, os caminhões de lixo puderam subir no loteamento e o serviço de coleta foi regularizado. Atualmente, as edificações são de qualidade bastante razoável. Em seu conjunto, pode-se dizer que o loteamento tem hoje uma situação boa, conformando visualmente um padrão de periferia consolidada.

O ponto interessante a destacar é que, embora esse relato seja muito similar ao de muitos outros loteamentos de periferia, o tempo decorrido entre a transformação da terra rural em urbana e a dotação de infraestrutura, viabilizando um padrão de vida mínimo aos moradores, foi relativamente curto. O caso sugere que a produção da periferia continua ocorrendo de forma similar ao que foi descrito pela literatura dos anos 1970 e 1980, mas em escala temporal comprimida, com o Estado chegando com a infraestrutura e a estabilização da situação fundiária em tempo muito mais curto. Os relatos sugerem que as conquistas foram produto de luta política, mas também das dinâmicas políticas eleitorais e do funcionamento das burocracias de nível da rua.

A favela estudada, por sua vez, localiza-se em um fundo de vale paralelo à via pública de acesso à área, às margens de um córrego, e em frente ao loteamento. Apresenta padrão construtivo relativamente bom, inclusive porque o córrego estava sendo canalizado no momento das entrevistas, e as habitações de piores condições haviam sido removidas. A obra era de responsabilidade da Prefeitura de São Paulo, e encontrava-se em fase de conclusão. Tratava-se de canalização com contenção em gabião e com a construção de uma via pavimentada para tráfego de veículos em uma das margens mais a jusante, e duas vielas para pedestres (uma em cada margem) no trecho mais a montante. Embora a construção tenha solucionado em grande parte a infraestrutura, a questão habitacional ainda continua problemática, pois com a construção as habitações mais a jusante ficaram em nível mais baixo do que a via construída, com grande umidade e mesmo o afloramento do lençol freático em alguns casos.

As áreas estudadas não diferem significativamente das demais em termos demográficos. A estrutura etária da área é bastante jovem – cerca de 23% dos habitantes tinham nove anos ou menos em 2000, e outros 19,8% tinham entre dez e dezenove anos de idade. Apenas 2,8% dos habitantes tinham mais de sessenta anos de idade. A escolaridade era baixa – 5,6 anos de estudo em médio dentre os chefes, sendo que 10,2% destes eram analfabetos. A renda média era de R$ 554 em 2000 e 58,3% dos chefes tinha rendimento mensal igual ou inferior a três salários mínimos. Em termos de infraestrutura, a situação era precária, e embora quase a totalidade dos moradores tivesse acesso a água encanada (98,5%), apenas 45,5% tinham coleta de esgotos, e 76,1% contavam com coleta de lixo.

A favela Guinle[16]

O último local estudado é a favela Guinle, localizada no município de Guarulhos. Trata-se de uma favela de pequeno porte situada em um bairro industrial entre as rodovias Presidente Dutra e Ayrton Senna, contíguo ao Aeroporto de Guarulhos e não muito distante do centro do município. Apesar, ou justamente por se tratar de uma área industrial, o bairro conta com inúmeras favelas, cujos moradores são atraídos pela oferta de empregos de baixa qualificação. Segundo os moradores, as empresas, na verdade, incentivam as invasões como forma de dispor de mão de obra de fácil mobilização. Em termos de deslocamentos, a favela dista cerca de trinta minutos do centro do município, mas entre uma hora e meia e duas horas do centro de São Paulo nas horas de maior tráfego, sem contar os períodos de espera entre os três ônibus necessários.

A favela Guinle localizava-se junto a uma grande avenida e, segundo a prefeitura municipal local, tinha cerca de 5 mil domicílios em 2006.

---

[16] As entrevistas desse campo foram realizadas apenas por Rafael Soares e são parte do material empírico de sua dissertação de mestrado, defendida no Departamento de Ciência Política da USP em 2009, sob minha orientação (*Estado, segregação e desigualdade*: um estudo sobre o impacto das políticas de habitação a partir das redes sociais da favela Guinle, Guarulhos. São Paulo: DCP/USP, Dissertação de Mestrado em Ciência Política, 2009). O autor comparou as redes pessoais antes e depois da remoção dos moradores para um conjunto habitacional, analisando o efeito das políticas habitacionais sobre as redes pessoais, assunto bastante discutido, mas até o momento pouco explorado empiricamente. Agradeço ao autor pela cessão de parte do material bruto de seu trabalho para a análise deste livro.

Uma parte da favela foi removida em 2007 para possibilitar a extensão da avenida. Os indivíduos entrevistados que habitavam esses setores foram removidos em setembro de 2007 para conjunto habitacional construído pela CDHU no Bairro dos Pimentas, local bastante segregado do próprio município de Guarulhos.

A Figura 2.11 apresenta a localização da favela logo após a remoção de uma parte significativa dos habitantes para o conjunto. Como se pode ver, o local é cercado de fábricas e galpões.

Os números médios do Censo de 2000 para a área em que se situa a favela Guinle sugerem uma situação social muito precária. Em termos etários, 27,2% dos indivíduos tinham nove anos de idade ou menos, e outros 21,8%, entre dez e dezenove anos. No outro extremo da distribuição, 3,1% tinham sessenta anos ou mais. Os anos médios de estudo dos chefes de família eram de apenas 4,2, sendo que 47,3% deles tinham no máximo quatro anos de estudo, e 20,2% eram analfabetos. A renda média deles era também muito baixa (R$ 354,00), e 79,4% ganhavam no máximo três salários mínimos. Cerca de 18% dos chefes de família eram mulheres. Em termos de infraestrutura, no entanto, a situação dos indicadores era muito boa, certamente como produto da localização da favela no Distrito

Figura 2.11 – Favela Guinle.

Fonte: Google Earth, 2008.

Industrial – 100% dos domicílios eram atendidos por redes de água e por serviço urbano de limpeza, enquanto 94,8% dispunham de sistema de esgotamento sanitário.

Portanto, a localização da favela dá a ela características bastante peculiares, visto que o acesso a serviços e ao mercado de trabalho é muito melhor do que nos demais locais estudados. Mas todos os empregos existentes são de baixíssima qualificação e remuneração. De forma similar, as condições habitacionais são muito precárias, mas o acesso à infraestrutura é bastante bom, graças ao padrão de urbanização da região.

COMPARANDO OS LOCAIS DE MORADIA DOS ENTREVISTADOS

Esta seção apresenta uma tabela (2.1) comparativa das condições dos locais de moradia dos indivíduos estudados, baseada em indicadores sociais, dada a heterogeneidade das condições.[17]

Como podemos ver, a estrutura etária mais jovem é observada nas quatro favelas e no Jardim Ângela e a mais velha na Cidade Tiradentes e em especial nos cortiços da área central. Como era de esperar, as piores condições de infraestrutura estão na favela de ocupação mais recente e localizada em região de fronteira municipal – Vila Nova Esperança, seguida das demais favelas. As melhores condições urbanas estão na Cidade Tiradentes e na favela Guinle, sendo que as desta última estão associadas à sua localização no interior do distrito industrial de Guarulhos. O nível geral de escolaridade é muito baixo, mas varia entre as piores condições na Guinle, no Jaguaré e em Paraisópolis e as melhores nos cortiços e, especialmente, na Cidade Tiradentes. Apenas para parâmetros de comparação, a escolaridade média dos chefes no conjunto da região metropolitana de São Paulo em 2000 estava em aproximadamente 7,5 anos.

Os rendimentos médios dos chefes também variam bastante, sendo mais altos nos cortiços e mais baixos no Jaguaré e na Guinle. A presença relativa de chefes de família de baixo rendimento acompanha o mesmo padrão, sendo as melhores situações encontradas nos cortiços e na Cidade Tiradentes, e as piores, nas favelas de Paraisópolis, Jaguaré e Guinle. Apenas

---

[17] Foram utilizadas informações do Censo Demográfico do IBGE de 2000 geradas pelo Sistema de Informações Geográficas a partir dos setores censitários das áreas onde moram os entrevistados. Os dados foram gerados por Renata Gonçalves. Os dados médios correspondem respectivamente a sete setores (Jaguaré); um setor (cortiços); um setor (Vila Nova Esperança); sete setores (Paraisópolis); quinze setores (Cidade Tiradentes); doze setores (Jardim Ângela) e dois setores (Guinle). Os dados não correspondem, portanto, às populações das áreas estudadas (como as informações citadas nas seções anteriores desse capítulo), tampouco aos entrevistados individualmente (como as citadas nos próximos capítulos).

Tabela 2.1 – Indicadores escolhidos dos locais de moradia dos entrevistados, 2000.

Local	Indicadores												
	% pessoas de 0 a 9 anos de idade	% de pessoas de 10 a 19 anos de idade	% de pessoas com 60 anos de idade e mais	% com rede de água	% com rede de esgotos	% com serviço de limpeza urbana	anos médios de estudo do chefe de família	% analfabetos	% chefes de família analfabetos	% chefes de família com até 4 anos de estudo	renda média dos chefes de família	% chefes de família sem rendimento ou inferior a três salários mínimos	% de mulheres chefes de família
Cortiços	16,5	13,6	4,3	99,5	99,5	100,0	5,9	6,4	16,2	34,3	747	42,6	24,0
Nova Jaguaré	24,1	21,6	3,4	99,7	(*)	(*)	4,1	8,1	28,1	38,4	429	78,3	28,0
Paraisópolis	25,4	20,6	1,9	99,8	38,3	65,8	4	9,8	24,1	46,7	459	74,1	22,2
Vila Nova Esperança	26,5	18,9	2,2	65,2	66,1	80,3	5,1	5,8	12,8	42,2	677	58,1	16,1
Cidade Tiradentes	19,4	22,1	3,7	99,8	99,5	99,9	6,5	4,0	4,5	32,1	611	52,9	32,3
Jardim Ângela	22,9	19,8	2,8	98,5	45,5	76,1	5,6	6,1	10,2	37,9	554	58,3	18,6
Guinle	27,2	21,8	3,1	100,0	94,8	100,0	4,2	12,0	20,2	47,3	354	79,4	17,9

Fonte: Censo Demográfico de 2000, IBGE.

(*): As variáveis "domicílios servidos por rede de esgoto" e "atendidos por serviços de limpeza urbana" para o Jaguaré apresentaram grande discrepância e não foram consideradas.

para um padrão de comparação, a presença de chefes de família nessa faixa nas favelas dos municípios de São Paulo em 2000 foi estimada por Saraiva e Marques (2005) em 73,2%. Portanto, esses locais tinham situação muito próxima (e levemente pior) da média das favelas de seus municípios. Apesar de extremamente segregada, Vila Nova Esperança se situava em posição bem melhor do que a média, com 58,3%.[18] Por fim, a chefia feminina varia entre a encontrada na Cidade Tiradentes e no Jaguaré (aproximadamente um terço das famílias), à observada na Guinle e em Vila Nova Esperança (um quinto das famílias).

De forma geral, portanto, a população de melhores características sociais e urbanas é a dos conjuntos da Cidade Tiradentes, seguida dos cortiços e da Vila Nova Esperança. Entre os locais do estudo, a população de piores características é a da Guinle, seguida por Jaguaré e Paraisópolis. Vale destacar que a Vila Nova Esperança apresenta características médias entre os campos, apesar da localização urbana da cidade ser muito mais segregada, comprovando que a relação entre segregação e pobreza é complexa e não permite inferências diretas. Contudo, como veremos, as redes de Vila Nova Esperança tendem a ser menos locais que as das outras favelas, apesar da elevada segregação.

---

[18] Saraiva e Marques (2005, p.143-67) também realizaram uma classificação das favelas segundo as suas características médias, resultando em cinco grupos. O rendimento nas três favelas desta pesquisa incluiria Vila Nova Esperança entre as favelas de melhores condições, localizaria Paraisópolis e Jaguaré no segundo melhor grupo e a Guinle no segundo pior grupo.

Como são as redes de indivíduos em situação de pobreza?

Este capítulo apresenta as principais características das redes pessoais estudadas e explora analiticamente as clivagens e regularidades que as organizam em termos sociais. O tema tem relevância descritiva para o trabalho a ser realizado nos próximos capítulos e representa uma análise exploratória da associação entre atributos e padrões de relações. Como vimos no primeiro capítulo, estes se influenciam mutuamente, e a compreensão de tais influências pode nos indicar de que forma as redes importam. Neste capítulo analisaremos apenas associações, porém, por enquanto, nos deteremos na análise de correlação (Mahoney, 2001), sendo os efeitos das redes analisados nos Capítulos 5 e 6, assim como os seus mecanismos e transformações, analisados no Capítulo 7.

O capítulo começa com a apresentação dos entrevistados, primeiramente os indivíduos em situação de pobreza e mais adiante os de classe média. A segunda seção define os indicadores de rede utilizados e discute as características gerais das redes analisadas, tanto de indivíduos em situação de pobreza quanto de classe média. Os atributos e as redes reforçam o quadro de heterogeneidade no interior da pobreza já destacado. A seguir, na terceira seção, discutirei as principais associações entre redes e atributos sociodemográficos, buscando especificar como eles influenciam e condicionam as redes, e dialogando com a literatura já discutida quando pertinente. Dada a complexidade das associações encontradas e a heterogeneidade das redes, as evidências observadas serão resumidas na quarta seção.

Eduardo Marques

OS ENTREVISTADOS E SUAS CARACTERÍSTICAS

Foram entrevistados 209 indivíduos, sendo cerca de 57% mulheres e 43% homens, distribuídos de maneira aproximadamente regular pelos campos. A idade média dos entrevistados é de 36 anos e varia pouco entre os campos, embora tenhamos entrevistados de 12 a 77 anos, sendo 38 deles com idade de 20 anos ou menos e 14 com 60 anos e mais. De forma geral a única diferença entre os campos é uma idade média levemente menor nos cortiços (32 anos). A escolaridade média dos entrevistados era baixa (6,1 anos de estudo), mas variava bastante (entre 4,7 nos cortiços do centro e 8,7 anos na Cidade Tiradentes). A renda familiar média *per capita* era de R$ 271,00, mas variava entre R$ 12,00 (havia 48 casos com renda igual ou inferior a R$ 100,00) e R$ 1.600,00 (havia quatro casos com renda igual ou superior a R$ 1.000,00). A renda familiar era de R$ 1.125,00 em média.

Vale explicitar aqui duas particularidades: primeiramente, considerei renda familiar a renda de todos os indivíduos do domicílio, sem estabelecer repartições, caso houvesse mais de uma família co-habitando um mesmo domicílio. Isso não ocorreu com frequência e, embora haja domicílios com muitos indivíduos, trata-se de famílias extensas. Assim, em termos técnicos estritos, a renda familiar a que me refiro ao longo do trabalho é, na verdade, a renda domiciliar.

Em segundo lugar, vale destacar que o rendimento dos indivíduos levantado nas entrevistas e utilizado na pesquisa corresponde à renda média familiar *per capita*, e não aos rendimentos individuais, pois considero que as situações sociais, e a pobreza em particular, são produzidas nos núcleos familiares, e não apenas pelas dinâmicas individuais. Embora a pobreza e o bem-estar estejam evidentemente associados a tais dinâmicas, são bastante influenciados pelos contextos próximos que cercam os indivíduos, incluindo a família. As redes pessoais, similarmente, geram acessos que podem ser utilizados não apenas pelos indivíduos, mas pelos integrantes de seus círculos mais próximos, com destaque para a família.

Mas voltemos para a caracterização dos entrevistados. Dentre eles, 56% tinham companheiros conjugais no momento da entrevista, proporção que variou bastante (70% no Jaguaré e 43% na Cidade Tiradentes). Dos com relações conjugais regulares, 34% viviam há menos de dez anos com o cônjuge, e 19% há menos de cinco anos, indicando a presença de uma parcela significativa de relações recentes. Aproximadamente um terço dos casais (31%) conheceu o companheiro por meio de outros indivíduos (redes), 28% conheceram na vizinhança, 12% em atividades de lazer, e apenas 8% na família. A grande maioria dos casais foi constituída em São Paulo, e apenas 30% conheceram o cônjuge em seu local de origem migratória, indicando que mesmo para a maior parte dos migrantes os núcleos familiares se constituíram aqui.

A maior parte dos entrevistados era migrante – 70% –, embora essa proporção variasse entre 80% e 86% em Vila Nova Esperança e no Jardim Ângela, respectivamente, e apenas 33% na Cidade Tiradentes. Dentre os migrantes, a grande maioria (71%) chegou a São Paulo há mais de dez anos, e apenas 16% chegaram há cinco anos ou menos. O local que aloja os migrantes mais recentes são os cortiços, com 24% deles tendo chegado há cinco anos ou menos. Esse também é o local de chegada mais recente ao bairro: 37% chegaram há cinco anos ou menos. Essa mesma proporção de chegada é encontrada em Vila Nova Esperança, uma favela de ocupação recente. Inversamente, os locais mais consolidados são o Jaguaré e a Cidade Tiradentes, onde respectivamente 83% e 80% dos entrevistados chegaram a São Paulo há dez anos ou mais. No conjunto dos campos, o tempo de chegada ao local atual tende a ser grande, e 79% dos entrevistados já moravam no local onde residem há mais de cinco anos, e apenas 5% chegaram há menos de um ano. O conjunto dessas informações migratórias é condizente com o arrefecimento da migração para a região metropolitana de São Paulo nas últimas décadas (Januzzi; Januzzi, 2002), mesmo nos locais de moradia da população mais pobre nas áreas mais centrais. No entanto, a elevada presença de migrantes na favela mais periférica confirma análises como a de Torres (2005), que sustenta a continuidade do crescimento por migração recente na chamada franja urbana.

Em termos de credo religioso, 63% dos entrevistados se diziam católicos, 24% evangélicos e 12% sem religião. A maior presença de católicos era no Jaguaré (87%), e de evangélicos na Cidade Tiradentes (40%). Quando se analisa a frequência a templos, 43% frequentavam ao menos quinzenalmente e 43% muito raramente ou nunca. Dentre os credos, a frequência entre os evangélicos era muito mais alta (69% têm frequência mais do que quinzenal) do que entre os católicos (apenas 34% frequentam mais do que quinzenalmente). Entretanto, mesmo entre os autodenominados evangélicos, 17% afirmavam nunca ou muito raramente ir a templos.

No que concerne à habitação, 66% dos entrevistados moravam em casa de alvenaria, enquanto 13% moravam em apartamento, 9% em quarto sem banheiro, 7% em barraco de material precário e 5% em quarto com banheiro. Ao menos em parte, essa distribuição é produto da própria escolha intencional dos campos. A densidade domiciliar era relativamente baixa – 3,8 habitantes por domicílio, e variava pouco, entre 3,2 em Guinle e 4,3 no Jardim Ângela e na Vila Nova Esperança.

Em relação à inserção dos entrevistados no mercado de trabalho, 21% eram autônomos (proporção que chegava a 40% na Vila Nova Esperança), 16% empregados com carteira assinada (proporção que alcançava 33% na favela Guinle) e 8% sem registro em carteira, assim como 1% domésticos sem registro e 2% com carteira. Os desempregados alcançavam 12% no conjunto das áreas, mas sua presença variava de 3% na Vila Nova Esperança (não por acaso onde a presença dos chamados "bicos" era maior), 21% no Jardim Ângela e 20% na Cidade Tiradentes. O conjunto dos entrevistados incluía ainda 18% de donas de casa, 10% de estudantes e 3% aposentados.

Dentre os que se encontravam empregados no momento da entrevista (incluindo empregados com carteira assinada, domésticos ou não, proprietários e empregados em negócios familiares), nada menos que 67% das pessoas haviam conseguido o emprego atual via rede de contatos, contra apenas 4% via anúncio e 3% via agência de empregos, confirmando dados obtidos por Guimarães para o conjunto da cidade. Cerca de 38% dos empregados trabalhavam na comunidade, o que indica a importância das economias locais. Entretanto, os empregos de melhor qualidade se encontravam fora da comunidade, e dos que possuíam carteira assinada (domésticos incluídos), 87% trabalhavam fora da comunidade. Dentre os empregados sem registro em carteira (excluídos domésticos), 65% trabalhavam no próprio local pesquisado. Os rendimentos de quem trabalhava dentro e fora do local de moradia não diferiam significativamente, e a duração dos empregos atuais dos entrevistados era bastante distribuída, com 28% dos indivíduos no emprego atual há menos de um ano, e 37% há cinco anos ou mais.

Levando em conta as dimensões de vulnerabilidade e risco social associado à pobreza discutidos no Capítulo 1, construí indicadores que pudessem apontar a incidência de precariedade social. Os indicadores tentam captar as situações que têm a potencialidade de se precarizar rapidamente, embora possam se situar fora da pobreza em sentido estrito. Foram consideradas quatro situações de precariedade: trabalho, renda, habitação e família, além de uma dimensão síntese de precariedade social. As duas primeiras dimensões quase não precisam ser justificadas como geradoras de precariedade, já que se associam respectivamente de forma direta com a estabilidade e o nível dos rendimentos monetários que são utilizados para acessar os bens e serviços providos via mercado. A terceira dimensão, ligada às condições habitacionais, visa incorporar efeitos do local de moradia sobre a precariedade, como a inexistência de situações de salubridade, densidade e qualidade construtiva que gerem condições mínimas de saúde, intimidade e bem-estar para os indivíduos. De forma similar, a consideração de precariedade familiar busca capturar a presença de arranjos familiares que gerem instabilidade nos rendimentos e nas condições de sobrevivência dos indivíduos. Esse é o caso dos arranjos com um único provedor adulto responsável por menores (geralmente mulher), situação em que a ocorrência de desemprego ou doença pode levar núcleos familiares relativamente prósperos à pobreza em curto período. É importante observar que, tendo em vista o grupo populacional objeto dessa pesquisa, os níveis de precariedade considerados são bastante baixos e tentam diferenciar as situações de privação mais extrema.

A condição de precariedade mais comum estava relacionada à inserção no mercado de trabalho. Estabeleci como condições precárias: desemprego, viver de bicos ou ter emprego sem carteira assinada. Essa condição incidiu sobre 60% daqueles com vínculos com o mercado de trabalho e era mais presente nos cortiços (78%). Os locais que abrigam indivíduos com menor precariedade do trabalho (e, portanto, inseridos em empregos de melhor qualidade) são a favela Guinle e o Jardim Ângela, com 55% e 48% não precários, respectivamente. Os homens estão mais sujeitos a essa precariedade (51% contra 40% das mulheres), assim como a situações de desemprego (59% dos desempregados são homens).

Além disso, quando o rendimento médio familiar *per capita* era igual ou inferior a R$ 120,00, considerei precária a situação dos indivíduos sob o ponto de vista dos rendimentos.[1] Cerca de 29% dos entrevistados apresentavam precariedade de rendimento, sendo que essa proporção variava entre 50% e 33% na favela Guinle e na Vila Nova Esperança, respectivamente, e 17% na Cidade Tiradentes. As mulheres estavam mais sujeitas a essa precariedade.

Em termos habitacionais, defini como precário habitar barraco de madeira ou quarto sem banheiro. Este tipo de precariedade se mostrou presente em 16% da amostra, e é obviamente mais incidente nos cortiços, pela própria definição do indicador (66% dos entrevistados dos cortiços estão nessa condição).

Em quarto lugar, para destacar a fragilidade nos arranjos familiares que geram consequências sobre a situação social, foi criado um indicador de precariedade familiar quando o núcleo familiar era composto por um único adulto com filhos de idade inferior a 12 anos. Entre os entrevistados, 12% se encontravam nessa situação, com maior presença na Cidade Tiradentes e na favela Guinle (20%), e quase completamente ausente no Jaguaré e no Jardim Ângela (3%). Apenas mulheres (26 casos) se enquadravam como chefes de família nessa condição.

Por fim, quando os indivíduos apresentavam duas ou mais condições de precariedade, considerei a situação social precária em geral, o que incidiu sobre 30% da amostra, embora tenha alcançado 59% nos cortiços, mas apenas 17% na Cidade Tiradentes. Tal situação é mais comum com as mulheres (40%) do que com os homens (22%). Adiante, investigarei as interações entre a incidência dessas precariedades e as redes dos indivíduos.

Considerando o fato de já possuirmos uma caracterização dos entrevistados em situação de pobreza, podemos comparar rapidamente seus atributos com os dos moradores das áreas pesquisadas, utilizando indicadores do Censo do IBGE produzidos por geoprocessamento. O exercício visa checar

---

[1] O valor corresponde ao patamar usado no momento da pesquisa pelo Programa Bolsa Família para transferência direta de renda para famílias pobres com crianças ou jovens de idade inferior a quinze anos. (Ver http://www.mds.gov.br/bolsafamilia/o_programa_bolsa_familia/criterios-de-inclusao.)

a existência de viés na amostra que possa ter sido causado pelas estratégias de coleta de dados. Embora a amostra estudada não pretenda ser representativa estatisticamente (e não seja realizado nenhum tipo de expansão), a comprovação da ausência de viés reforça os resultados obtidos. Os dados indicam que, embora as informações não sejam comparáveis diretamente, os conteúdos sociais da amostra e das áreas estudadas são bastante similares, o que permite sustentar a ausência de viés de seleção dos casos.

A escolaridade média do chefe do domicílio nas áreas pesquisadas era de 5,1 anos de estudo, enquanto entre os nossos entrevistados era de 6,1 anos. Dado que a escolaridade tende a ser mais elevada em grupos de idade mais jovens, e estes tendem a não ser chefes, as duas escolaridades podem ser consideradas ainda mais próximas. A renda média do chefe nas áreas pesquisadas era de R$ 547,00, e a renda familiar média dos entrevistados, R$ 1.125,00, o que resultaria em igualdade se cada domicílio tivesse em média 2,1 pessoas gerando renda, o que é bastante razoável, em especial considerando uma média de 3,8 indivíduos por domicílio. Entre os entrevistados, incluíam-se 22% de pessoas morando em domicílios chefiados por mulheres, enquanto a média nos locais estudados era de 23%. Em termos etários, as áreas pesquisadas tinham 3% de indivíduos com sessenta anos ou mais, enquanto a amostra de nossos entrevistados inclui 6,5% de indivíduos nessa faixa etária. Entretanto, considerando que não foram entrevistados menores de doze anos, os indivíduos com sessenta anos ou mais representavam 4,5% das faixas de idade estudadas nos locais analisados. Todavia, no outro extremo das idades, as áreas estudadas tinham 20% de indivíduos entre 10 e 19 anos, enquanto a pesquisa envolveu 19% de pessoas entre 12 e 19 anos.

Portanto, considerando atributos sociais básicos dos entrevistados, é possível dizer que a amostra da pesquisa não apresenta viés com relação à população das áreas estudadas.

Evidentemente, as características dos indivíduos de classe média analisados eram muito diferentes. Dos entrevistados, 57% eram mulheres e 43% homens. A idade média era de 41 anos e suas idades variavam entre 24 e 79 anos. No momento da pesquisa, 47% tinham companheiro estável, dentre os quais cerca de 17% estavam nessa condição há dez anos ou menos. A escolaridade média era de quatorze anos, e a renda média familiar *per capita* de R$ 2.250,00.

A grande maioria não era migrante (73%), e a maior parte dos migrantes morava na cidade atual há mais de dez anos (86%). O número médio de pessoas no domicílio era inferior ao dos indivíduos em situação de pobreza – 2,3. Entre os entrevistados, 57% afirmavam não ter religião, 33% se diziam católicos, 7%, espíritas, e 3%, evangélicos. Apenas 13% afirmavam frequentar templos mais do que quinzenalmente, e somente 10% participavam de algum tipo de associação, o que indica que mesmo nesse grupo social a participação associativa é bastante baixa.

Entre os empregados, 43% estavam no emprego atual há mais de cinco anos, e outros 13% entre três e cinco anos. A obtenção do emprego por meio de contatos de rede foi a mais importante para o conjunto dos entrevistados, mas em proporção inferior aos indivíduos em situação de pobreza – 50% dos que trabalhavam contra 14% por concurso público e 12% via anúncio. Apenas 37% dos entrevistados eram empregados com carteira registrada, sendo outros 43% autônomos (que nesse caso incluem profissionais liberais e de ocupações intelectuais terceirizadas), 10% donas de casa, 7% eram pequenos proprietários e cerca de 3% estudantes.

AS REDES E A SOCIABILIDADE

Para cada rede foi gerado um conjunto de medidas, todas organizadas posteriormente em banco de dados junto às demais variáveis de atributo. Medidas de rede apontam características dos padrões relacionais, de forma que seja possível analisar as posições e sua estrutura, assim como compará-las entre si. Dado o sentido deste trabalho, os detalhes técnicos e operacionais para a produção das medidas importam pouco, sendo muito mais relevante termos em mente o seu significado em relação aos processos sociais envolvidos.[2] Foram geradas dezoito medidas consideradas indicadoras de tamanho, coesão, conectividade, formação de grupos, atividade relacional, estrutura da rede egocentrada, variabilidade da sociabilidade e localismo.[3] Muitas delas se encontravam altamente correlacionadas entre si, sendo fundamental então determinar as dimensões sociais singulares incluídas nos dados. A análise dos padrões de associação entre elas indicou como as mais importantes dimensões das redes o seu tamanho (medido pelo número de nós), a variabilidade da sociabilidade (medido pelo número de esferas) e o seu localismo (medido pela proporção de indivíduos de fora do local de moradia).[4]

---

[2] Para uma introdução às medidas e procedimentos ver Scott (1992), e para maiores detalhes técnicos relativos a medidas específicas, remeto a Wasserman e Faust (1994); Hanneman e Riddle (2005); e Borgatti, Everett e Freeman (2002).

[3] As medidas geradas foram: n. de nós; n. de vínculos; densidade; diâmetro; índice de centralização; coeficiente de clusterização; 2-clans/nós; 3-clans/nós; n. de esferas; n. de contextos; E-I de esferas; E-I de contextos; tamanho eficiente; densidade da rede ego (essas duas testando os efeitos dos buracos estruturais citados no Capítulo 1); grau médio normalizado; informação; porcentagem de fora; E-I de local.

[4] Para testar as associações entre as dimensões sociais envolvidas realizei uma análise fatorial por componentes principais. O teste com dezoito indicadores revelou a existência de cinco fatores com autovalores superiores a 1, explicando 69,7% da variância. Além das três dimensões citadas, o modelo indicou a coesão (incluindo grau e densidades) e indicadores da rede egocentrada. Essas duas dimensões, entretanto, se mostraram irrelevantes nas análises posteriores da heterogeneidade e dos efeitos das redes sobre a pobreza, razão pela qual me concentro nas três primeiras nos capítulos que se seguem.

Observemos as características gerais das redes. As redes dos indivíduos em situação de pobreza tinham em média 53 nós e variavam desde 40 nós em Paraisópolis a 60 nós na Cidade Tiradentes. No conjunto da amostra, entretanto, as redes variavam entre 4 e 179 nós. O número de vínculos seguia o mesmo caminho, média de 107 e variação entre os campos de 78 em Paraisópolis e 159 vínculos na favela Guinle (amplitude total entre 7 e 449).[5]

A presença de conterrâneos nas redes era de 8%, e a homofilia de gênero média (proporção de homens nas redes de homens e de mulheres nas redes de mulheres) era de 62%. A presença de pessoas externas ao local estudado era de 37% em média, embora variasse de 24% em Paraisópolis e 27% no Jaguaré a aproximadamente 50% nos cortiços da área central e na Vila Nova Esperança.

Apenas a título de exemplo, apresentarei a seguir o sociograma da entrevistada nº 164 (Figura 3.1) com características muito próximas das médias – 50 nós, 96 vínculos, grau normalizado 6, centralização de 13% e clusterização 0,50. Trata-se de uma moradora da Cidade Tiradentes de 46 anos, migrante, casada há 23 anos e que se encontrava desempregada no momento da entrevista.

Figura 3.1 – Sociograma da entrevistada nº 164.

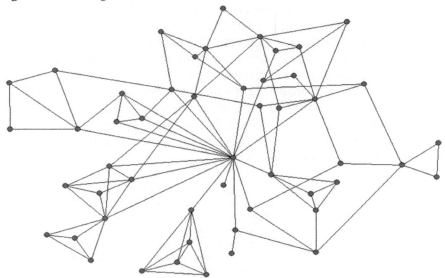

Fonte: Elaboração própria a partir de material empírico coletado.

---

[5] O grau médio normalizado (média de vínculos por nó) era de 8,3, o índice de clusterização (que indica a formação de grupos coesos) de 0,46 e a centralização (que indica o quão centrada no ego é a rede) de 37%. O diâmetro médio (distância máxima entre nós) era de 6,3 passos e a densidade média (proporção dos vínculos possíveis que são observados) era de 0,104. A variação entre os campos era bastante pequena em torno dessas médias.

Redes sociais, segregação e pobreza

Os indivíduos de classe média, contudo, tinham redes muito diferentes. O tamanho normalmente era de 92 nós e 183 vínculos, números substancialmente mais altos do que nos indivíduos em situação de pobreza, embora a variação também fosse grande entre indivíduos – de 25 a 238 nós.[6]

A Figura 3.2 apresenta um caso de classe média próximo dos valores médios referidos. Trata-se do caso nº 93 acerca de uma mulher de 38 anos casada e que trabalha no setor administrativo de uma organização de pequeno porte. Como podemos ver comparando com a figura anterior, a rede é substancialmente maior e muito mais complexa.

Figura 3.2 – Sociograma da entrevistada nº 93.

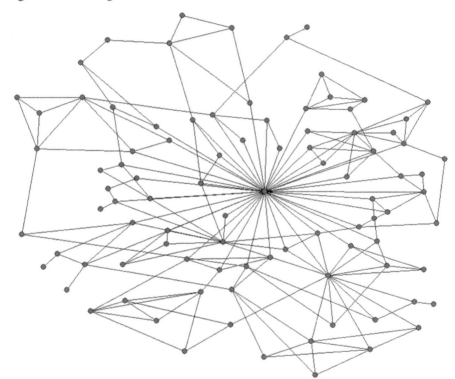

Fonte: Elaboração própria a partir de material empírico coletado.

Embora discutir as redes de classe média não seja objetivo desta pesquisa, vale registrar uma dimensão importante associada a uma clivagem entre redes de indivíduos que trabalham ou não em atividades associadas a comunidades profissionais, ao contrário de locais de trabalho meramente.

---
[6] As redes tinham diâmetro médio de 7,4 passos e grau médio normalizado de seis vínculos. O coeficiente de clusterização era de 0,56 e de centralização 29,4.

As comunidades profissionais são um tipo de esfera de sociabilidade de trabalho que inclui conjuntos de indivíduos e organizações associados entre si e engajados em determinadas práticas e identidades profissionais ligadas a temas de atividade (Marques, 2000; 2003). A maior parte das profissões, mesmo as de classe média, envolve a existência apenas de locais de trabalho, que são espacialmente localizados e apresentam escala muito mais restrita do que as comunidades. Entre os indivíduos de classe média cujas atividades os inseriam em comunidades profissionais, a quantidade de nós costuma ser de 131 contra 70 entre as pessoas cujo trabalho se liga apenas a locais de trabalho. A variabilidade da sociabilidade medida pelo número de diferentes esferas também era maior dentre os que circulavam profissionalmente por comunidades laborais, mas as diferenças não eram significativas estatisticamente. Uma possível explicação para esse resultado é o fato de os trabalhos que envolvem comunidades profissionais precisarem manter vínculos ativos (ou latentes) por longos períodos, se superpondo no tempo como camadas, cuja ativação mais intensa está separada no tempo, mas que coexistem no presente das redes. Embora esses resultados sejam sugestivos da importância de vários processos, apenas a realização de uma pesquisa específica que conceitue com maior precisão a classe média, represente melhor as suas formas de inserção profissional e obtenha um número de casos mais elevado permitirá especificar a importância desse mecanismo. O fenômeno é praticamente inexistente entre os indivíduos em situação de pobreza.

Outra característica a destacar quanto à classe média é a evidência de que suas redes são basicamente associadas a pessoas de fora do local de moradia, neste caso definido como certa região da cidade – cerca de 80% dos indivíduos presentes nas redes moravam fora da região de moradia do ego. O localismo, portanto, é muito menor do que entre indivíduos em situação de pobreza. As redes desse estrato social se coadunam com o que Wellman (2001) denomina comunidades pessoais. A proporção de conterrâneos é mais elevada do que nas redes de indivíduos em situação de pobreza – 11% contra 8% dentre os indivíduos em situação de pobreza, apesar da proporção de entrevistados migrantes ser menor (27% contra 70% entre os pobres), indicando a maior permanência de pedaços das redes prévias à migração. A homofilia de gênero, contudo, é menor do que no caso dos pobres – em média 55% contra 62%.

Observemos agora o que os dados nos sugerem com relação à sociabilidade dos indivíduos em situação de pobreza pesquisados. O número médio de esferas de sociabilidade era de 3,8, variando pouco entre os campos, embora entre os indivíduos tenha variado de 1 a 7. A esfera proporcionalmente com mais indivíduos, em termos médios, é a da família, com 40%, seguida da vizinhança, 32%. A presença dessas esferas varia muito, de inexistente a praticamente toda a rede (97%). O patamar médio das demais é muito mais baixo, sendo de 9% da esfera trabalho, 6% de amizade, 5% da igreja, 3% de estudos e 2% de associações.

Essa baixa presença em termos médios esconde variações significativas entre indivíduos, as quais são a chave para compreendermos a especialização das sociabilidades, para além das esferas da família e da vizinhança, que aparecem como denominador comum da sociabilidade. Assim, para 59 indivíduos, por exemplo, o trabalho inclui mais do que 10% da sociabilidade, enquanto para 29 deles inclui mais do que 20% dos nós de suas redes. Para 37 indivíduos, a esfera da igreja inclui mais de 10% dos nós de sua rede, enquanto para dezessete inclui mais de 20%. Com estudos acontece algo parecido e apenas 28 indivíduos têm participações maiores que 10% dessa esfera de sociabilidade. Para vinte pessoas, a esfera lazer inclui mais de 10% dos nós. A sociabilidade em associações é mais restrita, e apenas quatorze indivíduos apresentam participações de mais de 10% dessa esfera. No próximo capítulo, explorarei com maior intensidade este ponto, detalhando os tipos de sociabilidade existentes e especificando padrões bastante claros.

O número médio de contextos originais dos vínculos foi de 4,4, variando de 1 a 9, também com baixa oscilação entre os campos. Os contextos de entrada de indivíduos nas redes mais importantes foram vizinhança, família e rede, todos com proporções muito próximas (29%, 27% e 26%, respectivamente), embora haja variações entre locais. Nos cortiços, o contexto rede se apresenta muito acima da média (38%), assim como o contexto família em Paraisópolis (35%) e no Jardim Ângela (34%). O contexto vizinhança vai de 19% nos cortiços a 46% na favela Guinle. O trabalho explica o início de apenas 8% dos nós das redes, mas chega a 12% na Guinle. Os estudos e a igreja são o início de apenas 4% dos nós (cada), proporção que vai respectivamente de 1% na favela Guinle a 6% em Tiradentes, e de 2% nos cortiços (estudos) até 10% na Vila Nova Esperança (igreja). As mais importantes origens de vínculos fora da família, portanto, são as redes e a vizinhança.

Como seria de esperar, a sociabilidade da classe média era bastante diversa da dos entrevistados em situação de pobreza. A classe média tinha redes com 5,5 esferas e 5,3 contextos em média, números muito mais elevados do que nas redes dos indivíduos em situação de pobreza, indicando uma diversificação muito maior de sociabilidade nas redes de classe média. A proporção de indivíduos na esfera da família não era muito diferente da encontrada nas redes de indivíduos em situação de pobreza – 35% –, mas nas demais esferas as diferenças eram grandes. A esfera de trabalho incluía, em média, 26% dos indivíduos das redes, e a da amizade 14%. Em seguida, em um patamar mais baixo, situavam-se as esferas dos estudos com 10%, lazer, 6%, e vizinhança, 5%. As esferas igreja e associações alcançavam apenas 1% (cada) dos nós presentes nas redes.

Comparando com as redes de indivíduos em situação de pobreza, portanto, podemos dizer que a sociabilidade da classe média é muito mais fortemente baseada nas esferas do trabalho e dos estudos e muito menos associada à vizinhança. A esfera da família envolve basicamente a mesma proporção da sociabilidade nos dois grupos.

Dentre as pessoas de classe média, os contextos de entrada mais comuns eram a rede, com 45%, seguidos de longe da família com 19%, do trabalho, com 17%, e dos estudos, com 11%. Vizinhança respondia por apenas 4%, e igreja, associação e lazer não alcançavam 1%. Comparativamente, portanto, o contexto de redes era muito mais importante na expansão das redes de classe média, e a vizinhança representava um mecanismo residual de expansão das redes, ao contrário das redes de indivíduos em situação de pobreza. O trabalho também apresentava importância muito maior, assim como os estudos.

Os contextos também tendem a ser mais variados nas redes de classe média, alcançando 5,3, em média, reforçando a sugestão de maior encapsulamento da sociabilidade dos mais pobres. Vale lembrar que, como destacado por McPherson et al. (2001), os locais de trabalho e de estudo representam contextos que geram menor homofilia e maior troca social do que vizinhança e família, potencialmente. Todos esses indicadores apontam para uma maior diversidade social das redes de classe média, quando comparadas com as de indivíduos em situação de pobreza. Esses elementos são ao mesmo tempo marcadores das diferenças entre as redes, e reprodutores dessas diferenças para momentos futuros. Como veremos no Capítulo 5, também entre os pobres essas diferenças de sociabilidade estão diretamente associadas às condições de vida dos indivíduos em situação de pobreza.

ATRIBUTOS E REDES

Como já discutido no primeiro capítulo, redes e atributos se constroem mutuamente de forma dinâmica por meio de mecanismos de homofilia, pertencimento a organizações e adoção de certas práticas específicas, entre outros mecanismos. Nesse sentido, a observação das associações entre redes e clivagens sociais básicas como renda e gênero, entre outras, pode nos ajudar a entender a variabilidade das redes e nos indicar os mecanismos que explicam a constituição e a mobilização das redes, e que serão analisados em detalhes no Capítulo 7. Assim, no restante deste capítulo observaremos de que maneira as redes variam segundo alguns atributos e processos sociais e demográficos básicos, usando-as como eixo para a discussão dos principais elementos que influenciam as redes e a sociabilidade dos entrevistados.[7]

---

[7] Todas as relações reportadas a 99% de significância, exceto quando especificado.

Renda

Dado que a criação e manutenção de vínculos envolvem diversos processos que importam em custos, espera-se uma relação entre as redes e o rendimento dos indivíduos. Segundo essa hipótese, as redes de grupos sociais distintos estariam submetidas ao que poderíamos denominar "economia dos vínculos" diferentes. De acordo com esse mecanismo, pessoas com menores recursos econômicos teriam maior dificuldade não apenas de construir, mas também de manter vínculos em esferas distintas, gerando uma tendência ao abandono de parcelas inteiras da rede ao longo do tempo. Como consequência, indivíduos mais pobres teriam redes menores e menos variadas em termos de sociabilidade.

Entretanto, quando analisamos o conjunto dos indivíduos em situação de pobreza, não é possível observar uma relação direta entre rendimento *per capita* e indicadores de rede (tanto em testes de correlação quanto de covariância). Esses resultados podem estar relacionados à pequena variabilidade da renda no grupo social estudado. De fato, quando incluímos a classe média na comparação, aparecem diferenças enormes entre as redes (no caso em questão, as redes dos entrevistados são muito maiores, e a variedade de tamanho está associada às diferenças de rendimentos em testes de correlação).

A sociabilidade mostra-se correlacionada diretamente com a renda familiar média *per capita*, mesmo considerando apenas os indivíduos pobres. Quando a classe média é introduzida na comparação, evidentemente, essa dimensão torna-se ainda mais associada à renda. Esses resultados se mantêm mesmo quando as relações entre renda e diversidade da sociabilidade são controladas pela escolaridade, confirmando a relevância da hipótese da economia dos vínculos independentemente da existência de efeitos do processo de escolarização, os quais serão discutidos na próxima seção.

Para afirmarmos mais a respeito da variabilidade das redes segundo a renda na sociedade como um todo, teríamos, entretanto, que entrevistar vários estratos sociais e um desenho de pesquisa totalmente diverso. De qualquer forma, há fortes evidências que apontam para uma maior dificuldade dos indivíduos em situação de pobreza na criação e na manutenção dos vínculos. As trajetórias de vida levantadas nas entrevistas sugerem que o problema se situa mais na manutenção das relações, e os indivíduos em condição de pobreza são levados a descartar parcelas inteiras de suas redes com o passar do tempo.

Esse mecanismo explicaria a menor presença média de conterrâneos em redes de migrantes pobres, mesmo sendo os migrantes mais abundantes nesse grupo. Efetivamente, como veremos a seguir, a maior parte dos migrantes em situação de pobreza descarta parcelas de suas redes originais de forma similar à descrita por Jariego (2003). Já entre as redes de classe média, em especial quando se verifica a presença de comunidades profissionais, há maior possibilidade de permanência de regiões antigas na rede, o que contribui com o aumento da diferença entre as redes. A questão, portanto, parece não remeter simplesmente à migração, mas ao tipo de sociabilidade e aos recursos de que dispõem os indivíduos migrantes pertencentes a diferentes grupos sociais. Voltarei a esse ponto nos Capítulos 6 e 7.

Considerando que a variabilidade da renda no grupo estudado é relativamente pequena, vale observar como se comportam as redes e a sociabilidade dos mais pobres entre os pobres. Para testar tal dimensão, separei os entrevistados com rendas familiares *per capita* iguais ou inferiores a R$ 120,00 e R$ 175,00.[8] Os muito pobres incluem 99 indivíduos, sendo 48 deles paupérrimos. Os resultados são praticamente idênticos quando consideramos as duas faixas de renda.

Os indivíduos com renda extremamente baixa tendem a apresentar redes com menos esferas e contextos de sociabilidade, além de mais locais. As demais características de suas redes, entretanto, não diferem significativamente dos demais pobres. A distribuição das esferas sugere uma sociabilidade mais baseada na vizinhança e menos na família e no trabalho, evidência que se repete com relação aos contextos de origem dos vínculos. Os muito pobres tendem também a ter menos pessoas externas à comunidade. Esses resultados encontram paralelo com os obtidos por Fontes e Eichner (2004) para uma comunidade de baixa renda no Recife. Vale acrescentar que, ao contrário de que se acredita, a frequência a templos entre os muito pobres é menor do que entre os demais indivíduos em situação de pobreza.

Escolaridade

De acordo com a literatura internacional, a escola é um local importante de aumento dos vínculos e da heterogeneidade nas redes (McPherson et al., 2001; Bidart; Lavenu, 2005). No caso brasileiro, espera-se que esse efeito seja menor do que o destacado, dada a relativa homogeneidade social de nossa escola pública, o que gera efeitos de homofilia.

No entanto, as informações das redes de São Paulo sugerem que esse efeito existe realmente, e que a maior escolaridade está correlacionada com redes maiores, mais diversificadas e menos locais, de forma estatisticamente significativa. Dado que a renda está correlacionada tanto à diversidade da sociabilidade quanto ao localismo, controlei pelo rendimento dos

---

[8] Que correspondem a patamares usados por programas de transferência direta de renda, como já destacado.

entrevistados os efeitos da escolaridade sobre as redes. O efeito continua existindo, mostrando que há uma relação entre níveis de escolaridade, tamanho das redes e diversidade da sociabilidade. Esse efeito existe tanto para o conjunto dos entrevistados (incluindo a classe média) quanto para os indivíduos em situação de pobreza apenas. Esse achado acrescenta mais um argumento na especificação da escola e do ensino como mecanismos fortemente reprodutores das desigualdades sociais e da pobreza.

Como veremos no Capítulo 7, ao menos dois mecanismos estão presentes nessa evidência. Em primeiro lugar, o efeito da heterofilia no ambiente escolar, que tende a crescer à medida que avançam os níveis de ensino (Bidart; Lavenu, 2005). Em segundo porque há também um efeito da transição relacional produzida pelo ambiente escolar, em especial do ensino médio e da universidade, das redes homofílicas da infância e adolescência, centradas na família e na vizinhança, para redes mais heterofílicas da idade adulta, nas quais trabalho e associativismo se fazem presentes, por exemplo.

Idade e ciclo de vida

Para o conjunto dos entrevistados, não há relação direta entre idade em geral e as mais variadas características da rede, incluindo tamanho, diversidade da sociabilidade, localismo e homofilia de sexo.[9] A princípio, esse resultado conflita com a literatura internacional, segundo a qual se esperaria que as redes aumentassem até o início da idade adulta e decaíssem posteriormente ao longo do ciclo de vida, seja pela dinâmica da sociabilidade ao longo da trajetória etária (McPherson et al., 2001; Blokland, 2003), seja pela existência de eventos importantes que as transformam (Bidart; Lavenu, 2005). Mas esperava-se que não houvesse tanta homofilia para adultos, dada a sua inserção mais intensa fora da vizinhança e da família (McPherson et al., 2001). No caso da adolescência, diferentemente, esperava-se maior homofilia, pois suas redes tendem a ser mais especializadas em torno de sociabilidades específicas (Bidart; Lavenu, 2005).

Embora não haja diferenças quanto à diversidade da sociabilidade, os dados indicam a existência de uma relação significativa e negativa da idade com certos tipos de sociabilidade, em particular as esferas de estudo e amizade – quanto mais velho o indivíduo, menor a proporção da sua rede nessas esferas de sociabilidade. O resultado associado à primeira esfera é óbvio, mas a menor presença relativa da esfera da amizade confirma

---

[9] Na verdade, não há diferenças estatisticamente significativas com relação à idade em nenhuma das medidas: números de nós e de vínculos, clusterização, grau médio normalizado, densidade, tamanho eficiente, pessoas externas, conterrâneos ou números de esferas e contextos.

Eduardo Marques

dados da literatura com relação ao maior isolamento social em idades mais avançadas (Molina; Gil, 2005), mesmo que, no caso brasileiro, a aposentadoria não tenha necessariamente a centralidade apontada por Bidart e Lavenu (2005).

Entretanto, para precisar melhor os efeitos da idade, avaliei como se comportavam os indicadores por faixas de idade, ficando evidenciada uma grande diferença apenas entre as idades anteriores e posteriores a sessenta anos. No caso de indivíduos com sessenta anos ou mais, embora o número de casos seja pequeno (14 entrevistados), as redes são em média menores (26 contra 52 nós), têm menos vínculos (46 contra 107 vínculos) e há menos esferas de sociabilidade (3,1 contra 3,9 dos demais) e contextos (3,7 contra 4,4). Com relação à sociabilidade, a proporção de indivíduos na esfera da família é maior, e as de amizade e de estudos são menores. Os contextos de rede, estudos e lazer são menos importantes na aquisição de relações, e a família é mais importante. Não há diferenças com relação à proporção de indivíduos externos ao local de moradia nas redes, mas são mais frequentes as situações de precariedade familiar. Portanto, apesar de as evidências serem limitadas pelo pequeno número de casos, os dados sugerem que a idade mais avançada tem efeitos fortes sobre as redes, reduzindo a integração social e tornando os contatos e a sociabilidade mais dependentes da família, de forma similar aos resultados obtidos por Grossetti (2005), Bidart e Lavenu (2005) e Molina e Gil (2005).

A literatura também destaca outro grupo etário – o dos jovens. Para testar eventuais características distintivas desse grupo, comparei os indivíduos com 21 anos ou menos (43 casos) ao restante dos indivíduos em situação de pobreza. Embora não tenham sido encontradas diferenças nos indicadores de rede, os padrões de sociabilidade são bastante distintos, com maior concentração de indivíduos nas esferas da amizade e dos estudos, e menor presença relativa ao trabalho e à igreja. Entre os contextos, há menor aquisição de nós por meio do trabalho, e maior via estudo. Além disso, as redes tendem a ser mais locais. Apesar de o número de casos também ser baixo para esse grupo, os resultados confirmam as descrições de Bidart e Lavenu (2005) e Grossetti (2005), sugerindo a presença de transformações importantes nas redes quando da passagem dos indivíduos para a vida adulta. Voltarei a esse ponto no Capítulo 7 ao discutir os mecanismos de transformação das redes.

Sexo

As redes sugerem não haver diferenças com relação a sexo no que diz respeito ao tamanho e às demais características de rede, inclusive o localismo. Esses resultados são contrários aos descritos na literatura internacional

(McPherson et al., 2001; Beggs, 1986; Campbell; Lee, 1992), segundo a qual espera-se que as redes das mulheres sejam mais locais e baseadas em familiares e vizinhança. Na verdade, em nosso caso as redes das mulheres tendem a ser um pouco maiores do que as dos homens, assim como menos locais e mais variadas em termos de sociabilidade, mas as diferenças não são estatisticamente significativas. Resultados idênticos são obtidos se incluirmos apenas os indivíduos em situação de pobreza ou também a classe média (todos os 239 casos).

Também não há diferenças entre as redes de homens e mulheres com relação à variabilidade da sociabilidade, mas quando observamos individualmente, percebemos que as mulheres têm menores proporções nas esferas do trabalho e do lazer e maiores na esfera da igreja. Em termos de aquisição de vínculos, tendem a ter maior frequência os contextos rede e igreja, e menos comumente os contextos família, trabalho e lazer. Portanto, os resultados contradizem a percepção dominante a respeito da concentração da sociabilidade feminina na esfera privada e no contexto doméstico, embora a menor presença do lazer, a maior presença da igreja e a existência de uma aquisição de nós mais intensa pelas redes sejam consistentes com a sociabilidade que se atribui às mulheres (Campbell; Lee, 1992).

Entretanto, as diferenças destacadas pela literatura poderiam não se dever ao sexo dos indivíduos, mas aos papéis culturalmente construídos e às diferentes inserções no mercado de trabalho como destacado por Dominguez (2004). Em particular, espera-se que quem trabalha fora da comunidade tenha redes menos locais, com menos família e vizinhança, independentemente do sexo. Para testar tais efeitos, desconsiderei os casos de aposentados, estudantes e donas de casa e comparei as redes de homens e mulheres trabalhadores (incluindo desempregados). Os resultados sugerem que quando comparamos homens e mulheres que trabalham fora da comunidade (51 e 38 casos, respectivamente), ainda encontramos redes femininas cuja origem dos vínculos está mais associada às redes, e menos à família. As diferenças de esferas de sociabilidade, nesse caso, desaparecem, de forma condizente à hipótese sugerida. Esses resultados apresentam paralelo com os obtidos por Moore (1990) e, de alguma forma, por Dominguez (2004), em relação aos Estados Unidos.

Migração

A migração é um dos processos mais importantes na constituição das comunidades urbanas de baixa renda nas cidades brasileiras. De que forma ela se relaciona com as redes e de que maneira as redes se associam ao processo de incorporação dos migrantes, no sentido de Portes (1999)?

Considera-se usualmente que a migração destrói as prévias redes dos indivíduos, e que estas lentamente se reconstituem em um processo de incorporação nos locais de chegada (Jariego, 2003). Todavia, as redes são elas próprias parte do processo de migração, influenciando para onde se migra e onde os indivíduos se fixam posteriormente (Santos, 2005; Martes; Fleischer, 2003; Portes, 1999). As informações de nossas redes sugerem que as duas dimensões estão interligadas.

Não há diferenças entre as redes de migrantes e não migrantes no que diz respeito ao tamanho das redes, à sua atividade, à variabilidade da sociabilidade e ao localismo. O tipo de sociabilidade, entretanto, varia um pouco, e migrantes têm menos relações nas esferas das amizades e dos estudos, assim como menos indivíduos no contexto de estudos. As suas redes tendem a apresentar maior homofilia de sexo e, entre os migrantes, uma proporção maior dos empregados utilizou a rede para obter a sua ocupação atual – 80% contra 52% entre os não migrantes.

A inexistência de diferenças nas redes poderia significar processos rápidos de incorporação ou a simples inexistência de variações segundo o status migratório. Para testar essas alternativas, separei as redes segundo o tempo de migração. Trata-se de um exercício lógico, visto que não disponho de informações de painel com as mesmas pessoas em diferentes momentos, mas de indivíduos com diferentes tempos de migração.

A única diferença encontrada diz respeito à presença de conterrâneos nas redes, que vai realmente se reduzindo com o tempo, caindo de 21%, para quem migrou entre um e cinco anos, até 10%, para quem migrou há mais de dez anos. Não há outras diferenças entre redes de migrantes recentes e antigos em relação a medidas de redes ou perfis de sociabilidade.

Portanto, embora a presença de conterrâneos sugira um processo de incorporação dos migrantes em termos relacionais, todos os demais dados sugerem que o fenômeno ocorre muito rápido ou influencia muito pouco os padrões relacionais dos indivíduos. Entretanto, a migração pode exercer um efeito diferente e mais localizado em certos grupos de indivíduos, que, por exemplo, convivem muito com conterrâneos. Essa hipótese é comprovada quando observamos que indivíduos com mais de 20% da sua rede composta por conterrâneos (vinte casos) tendem a apresentar redes substancialmente menores e menos diversificadas do que para o conjunto dos demais. A sociabilidade nesses casos é mais concentrada na família, em detrimento do trabalho e dos estudos, o que também acontece com os contextos de origem dos vínculos. O interessante é que, entre esses vinte indivíduos, quinze migraram há mais de cinco anos, e onze há mais de dez anos.

Mais do que um padrão geral de influência da migração, portanto, os dados apontam para a existência de um grupo de pessoas para quem a origem organiza a sociabilidade, mesmo muito tempo depois da migração.

Essas pessoas tendem a ter redes menores e menos diversificadas do que as demais.

Contudo, qual é o papel das redes no próprio processo de migração? As entrevistas confirmam a descrição da literatura de processos migratórios conduzidos pelas redes de parentes e conhecidos da cidade natal. Uma primeira evidência do processo vem da elevada concentração de entrevistados de origens específicas, como no caso dos baianos em Vila Nova Esperança (67% dos seus migrantes) ou os originários de Pernambuco (23%) e da Bahia (46%) em Paraisópolis. Adicionalmente, as entrevistas mostraram a existência de grandes proporções de entrevistados migrados de uma mesma cidade muito pequena ou de um conjunto de cidades vizinhas do interior. Em alguns casos, as redes de relações atuais incluem indivíduos vizinhos na cidade de origem que repetem o padrão de vizinhança em São Paulo, reconstituindo padrões de sociabilidade primária anteriores, de uma forma muito diferente da retratada por Jariego (2003) para o caso das migrações internacionais na Espanha. A manutenção de indivíduos que ainda moram no local de origem, entretanto, é relativamente rara, provavelmente pelos efeitos do mecanismo da economia dos vínculos já descrito.

Essa informação sugere a constituição de espaços de interação e sociabilidade específicos, ao menos para alguns indivíduos. Nesse sentido, a migração não representa meramente um processo de deslocamento e reinserção social, mas caracteriza trajetórias que fornecem um tipo de sociabilidade localizado aqui, mas com indivíduos de lá. Esse padrão difere dos migrantes de classe média que, quase sempre, conseguem manter as parcelas de suas redes originais ativas, ao menos na esfera profissional das comunidades.

Frequência a templos

Trabalhos anteriores sobre religião e associativismo reportaram que a frequência a templos aumenta as chances de os indivíduos estarem empregados e auferirem renda pelo acesso a circuitos sociais organizados nesses locais relacionados a uma sociabilidade religiosa (Almeida; D'Andrea, 2004; Gurza Lavalle; Castello, 2004). Os dados de nossos entrevistados confirmam parcialmente esses achados. Os indivíduos que frequentam templos mais do que quinzenalmente (78 casos) têm idade superior a dos demais entrevistados, mas tendem a ter renda e escolaridade similares. O grupo inclui mais fortemente mulheres (76% de quem vai mais do que quinzenalmente), donas de casa e estudantes, mas não pessoas com companheiro, sugerindo certa dissociação entre frequência a templos e famílias. Em termos de acesso ao mercado de trabalho, quem vai com muita

Eduardo Marques

frequência a templos tende com menor frequência a estar desempregado e ter trabalho autônomo, embora não haja diferença expressiva com relação ao emprego com carteira. As diferenças, entretanto, são bastante pequenas, embora significativas, mas vale reportá-las pelo destaque que têm recebido da literatura.

Não há diferenças nas redes de frequentadores e não frequentadores em termos de tamanho e localismo, mas a diversidade da sociabilidade dos frequentadores é maior. As redes dos frequentadores tendem a ter menos pessoas na esfera de lazer e da vizinhança e, evidentemente, mais na esfera da igreja, assim como a adquirir mais nós via igreja do que no caso de pessoas que frequentam pouco.

Portanto, os indivíduos com frequência elevada a templos tendem a ter sociabilidade mais variada e empregos um pouco melhores do que quem não frequenta assiduamente. Como veremos no Capítulo 5, entretanto, o efeito da sociabilidade concentrada em templos não é único, e expressa um padrão que inclui a frequência a outros locais com sociabilidade mais heterofílica do que a família, os amigos e a vizinhança, com efeitos sobre as condições de vida dos indivíduos. A questão, portanto, não parece estar na sociabilidade religiosa em si, mas nos efeitos relacionais propiciados por espaços sociais menos homofílicos.

Dada a pequena frequência a associações, não foi possível avaliar a sua relação com as redes e os padrões de sociabilidade de seus frequentadores, embora a análise que realizaremos adiante sugira um efeito similar de reduzida homofilia.

Espaço e segregação

A relação entre redes e espaço é bastante conhecida e já foi amplamente discutida no Capítulo 1.

Diretamente, a localização espacial influencia as relações ao fornecer grande quantidade de pessoas disponíveis para contato próximas ao local de moradia. Como a distribuição dos indivíduos tende a ser segregada por atributos, a geografia se torna um dos principais elementos produtores de *baseline homophily*, a homofilia que é provocada pela maior exposição de um dado indivíduo a pessoas de seu próprio grupo. A exceção a isso ocorre quando os deslocamentos geográficos têm custos relativamente baixos, seja pela baixa segregação, pela abundância de recursos materiais ou presença de facilidades de transportes e comunicação.

Duas consequências decorrem disso. A primeira identifica localismo (a elevada presença de pessoas da mesma área do indivíduo em sua rede) com homofilia e poucas pontes sociais, no sentido de Briggs (2003). A questão aqui é, portanto, saber o quão local são as redes e os contextos de sociabilidade dos indivíduos, imaginando que redes muito locais são redes com poucas pontes e, consequentemente, pouco propensas a incentivar mobilidade social. O elemento a considerar, neste caso, é uma característica das redes – o localismo. Como já vimos no primeiro capítulo, o localismo é um tipo de homofilia de local de moradia.

Entretanto, uma segunda possível influência associa-se às dificuldades e custos diferentes de construir vínculos para fora que indivíduos submetidos a situações de segregação diversas enfrentam. Trata-se aqui do efeito diferenciado da segregação sobre as redes sociais dos indivíduos, gerando atrito potencial no desenvolvimento das redes. Caso seja possível observar diferenças substantivas nas redes entre localizações diversas segundo a segregação, há efeito da segregação sobre as redes. Nesse caso, a questão situa-se no possível efeito de uma característica do espaço – a segregação – sobre as redes.

Nesse sentido, é possível que haja redes muito locais, tanto em locais segregados quanto em locais pouco segregados. Inversamente, podem existir redes com muitos vínculos para fora não apenas em locais pouco segregados, mas também em locais muito isolados espacialmente. Assim, interessa analisar em que medida alguns tipos de redes fazem pontes independentemente da sua localização, e determinar que características têm os indivíduos que as fazem. Discutirei as associações entre as redes, o localismo e a segregação a seguir, mas os tipos de redes serão explorados no próximo capítulo.

O primeiro indicador que nos permite discutir o localismo das redes é a presença nas redes de indivíduos externos à comunidade. Em média, as redes de pessoas em situação de pobreza tinham 37% de indivíduos externos, proporção que variava entre 49% nos cortiços e na Vila Nova Esperança e 24% em Paraisópolis. Em geral, portanto, as redes tendiam a ser bastante locais. Apenas 30% dos indivíduos tinham relações externas à comunidade do que internas em suas redes. Esse padrão de localismo é reforçado pelas informações sobre a sociabilidade. Entre as atividades de lazer citadas pelos entrevistados, por exemplo, 53% ocorriam no local de moradia. Além disso, não devemos esquecer que, como vimos, as redes dos indivíduos em situação de pobreza tinham em média 32% e 29% dos indivíduos na esfera e no contexto de vizinhança. Para efeitos de comparação, vale lembrar que, em geral, o localismo da classe média era de 20% e as proporções de pessoas na esfera e no contexto de vizinhança eram de apenas 5% e 4%, em média. Sumarizando, podemos afirmar que as redes de indivíduos em situação de pobreza tendem a ser bastante locais, de forma similar aos resultados obtidos por Fontes e Eichner (2004) em Recife.

Apesar disso, dentre os indivíduos que trabalhavam, 62% o faziam fora da comunidade, confirmando que, apesar do localismo, as oportunidades tendem a se situar em outros lugares.

Entretanto, de que forma variavam essas redes entre locais mais ou menos isolados espacialmente e qual poderia ser a importância da segregação (na escala da cidade) para as redes? Para analisar a segregação, separei os casos da Cidade Tiradentes, da Vila Nova Esperança e do Jardim Ângela, considerados situações de segregação, dos casos do Jaguaré, de Paraisópolis, da favela Guinle e dos cortiços, tidos como não segregados. A classificação dessas duas últimas áreas merece uma observação. A favela Guinle foi incluída entre os casos menos segregados, apesar da distância ao centro expandido, pela sua proximidade ao centro do município de Guarulhos e à Rodovia Dutra, bem como por estar inserida em polo de empregos e de serviços. Os cortiços apresentam centralidade óbvia, mas de forma bastante diferente dos demais campos, inclusive por representarem um circuito e não uma comunidade circunscrita territorialmente. Para evitar a introdução de vieses na análise, os testes reportados a seguir foram repetidos incluindo e excluindo essas duas áreas.

Quando consideramos as sete áreas de estudo (119 casos não segregados e 90 casos segregados), a segregação discrimina pouco as redes. As redes tendiam a ter tamanho e outras características indiferenciadas estatisticamente entre locais segregados e não segregados. No entanto, lugares segregados em geral apresentavam proporcionalmente mais sociabilidade em estudos e igreja, embora as diferenças absolutas fossem novamente pequenas. Por fim, lugares segregados tendiam a ter mais pessoas externas nas redes, mas a relação não era estatisticamente significativa. Os resultados se mostraram idênticos quando a favela Guinle foi retirada.

Quando excluímos da análise os cortiços, obtivemos resultados que apontavam na mesma direção, mas tornaram mais sólida a interpretação. Nesse caso, o tamanho e a variabilidade da sociabilidade das redes se mantêm muito similares, assim como a sociabilidade, levemente mais concentrada nos estudos, e a igreja em locais segregados. Entretanto, a presença de indivíduos externos se mostrou significativamente maior em locais segregados, com valores absolutos muito expressivos (40% contra 31%). Além disso, a proporção de pessoas de fora é ainda maior em Vila Nova Esperança (49%) do que em Cidade Tiradentes (37%), embora ambos os locais sejam segregados, contra algo em torno de 25% no Jaguaré e em Paraisópolis. Isso sugere que a questão da escala do local de moradia pode interagir com a segregação, incentivando adicionalmente certos indivíduos de locais de menor porte a buscar relações fora.

Portanto, podemos dizer que a segregação exerce um efeito menos expressivo do que esperávamos, mas que opera no sentido de produzir redes com mesmas características, mas com maiores proporções de indivíduos externos ao local de moradia. Aparentemente, quando o local de moradia apresenta escala pequena, os indivíduos têm ainda mais incentivos para construir e manter relações externas. As consequências desses diferentes padrões de relação para as condições de vida e a pobreza são analisadas nos próximos capítulos, mas vale destacar já aqui que esse resultado sugere que a redes de fato ajudam a integrar e inserir socialmente ao menos uma parcela dos indivíduos mais segregados espacialmente.

SUMARIZANDO OS EFEITOS DOS ATRIBUTOS

Considerando a grande quantidade de evidências apresentadas, é importante resumi-las aqui antes de avançarmos. Não há relações diretas e mecânicas entre redes e atributos em uma única direção, potencializando nas redes a heterogeneidade já observada nos atributos.

Há diferenças muito grandes entre as redes da classe média e dos pobres com relação ao tamanho, à diversidade da sociabilidade e ao localismo, sendo as redes dos pobres muito menores, menos diversificadas e mais apoiadas na vizinhança. Embora a renda dos indivíduos não organize as redes dos pobres de forma mecânica, há fortes evidências da relevância do mecanismo dos custos de formar e manter vínculos nas redes, gerando redes maiores e mais ricas social e espacialmente para indivíduos de maior rendimento. Essas diferenças continuam significativas mesmo depois que controlamos pela escolaridade, embora esta tenha seu próprio efeito.

O mesmo ocorre com a associação entre redes e escolaridade, inclusive quando controlando pela renda, reforçando as evidências da existência de um mecanismo de criação de vínculos diversificados no ambiente escolar, em um contexto de razoável homogeneidade social na escola pública. Como veremos no Capítulo 7, a análise das trajetórias dos indivíduos sugere que a esse mecanismo se associa outro, ligado ao papel dos ambientes escolares, em especial dos ensinos médio e superior, na construção de uma transição relacional entre as redes da adolescência e da vida adulta.

Embora não tenham sido encontradas variações gerais nas redes segundo a idade, os resultados encontram paralelo na literatura internacional. Os idosos costumam ter redes menores e mais centradas na família, e menos em amizades, indicando um maior isolamento social na velhice. Os jovens, apesar de terem redes de tamanho indiferenciado, tendem a ter uma sociabilidade mais centrada na amizade e nos estudos e menos associada ao trabalho e à igreja, além de mais locais.

As redes de homens e mulheres costumam ser similares, embora as das mulheres talvez se mostrem algo maiores (diferença não significativa), e tenham seus vínculos mais originados em redes e na igreja e menos associados à família, ao trabalho e ao lazer. Quando se consideram homens e mulheres que estão no mercado de trabalho fora do local de moradia, entretanto, as diferenças de tipo de sociabilidade desaparecem. Assim, talvez as diferenças se devam menos à existência de sociabilidades diversas por gênero, e mais às oportunidades de contato possibilitadas por diferentes inserções no mercado de trabalho, resultado similar ao da literatura discutida no Capítulo 1.

As redes de migrantes e não migrantes são bastante similares, embora a quantidade de conterrâneos nelas diminua paulatinamente com o tempo em São Paulo, sugerindo integração. As principais diferenças aparecem quando delimitamos um grupo de indivíduos com grande quantidade de conterrâneos em suas redes. As redes destes são menores e têm sociabilidade menos variada e mais concentrada na família e menos no trabalho e nos estudos. As redes tendem também a ser mais locais, constituindo em alguns casos verdadeiras comunidades transplantadas dos locais de origem, reunindo inclusive pessoas que são vizinhas hoje e já o eram em pequenas cidades ou na zona rural. A questão da migração, portanto, parece não remeter apenas à questão da integração, mas às formas que a integração toma nas diversas trajetórias de vida, marcando fortemente a sociabilidade em alguns casos.

As redes das pessoas que frequentam intensamente templos religiosos tendem a uma maior diversidade de sociabilidade, mesmo quando as diferenças são controladas por rendimento, embora o pequeno número de casos não tenha permitido tirar conclusões sobre a frequência a associações. Essas diferenças estão associadas a melhores inserções no mercado de trabalho e renda mais elevada. Como veremos, os capítulos confirmam essa associação, embora sugiram que está mais relacionada a sociabilidades menos homofílicas do que às práticas religiosas ou associativas em si.

Por fim, em relação ao espaço, podemos dizer que as redes são marcadas por intenso localismo, mas não há efeito aparente da segregação espacial sobre o tamanho e a estrutura das redes. Apesar disso, indivíduos de locais mais segregados têm inserção urbana mais intensa, em especial se a moradia se localiza em uma comunidade pequena. Portanto, o efeito aparente da segregação sobre as redes de pelo menos uma parte dos entrevistados é de redução do localismo, e as redes podem estar operando para compensar os efeitos de isolamento social provocado pela segregação espacial. Essa evidência é contrária à premissa da maior parte da literatura urbana que, implícita ou explicitamente, prevê que indivíduos segregados tenham padrões relacionais de maior isolamento. Veremos nos próximos capítulos que a associação entre redes e segregação não é direta, embora tenha efeitos importantes sobre as situações sociais. No caso da classe média, não há localismo, há muito baixa presença da vizinhança e as redes aparentemente se aproximam do que Wellman denomina comunidades pessoais desterritorizadas.

Além da importância de achados específicos, o conjunto dos resultados sugere um padrão bastante complexo nas associações entre atributos e redes. Na verdade, uma conclusão importante é que o efeito dos atributos sobre as redes é mediado por vários processos, sendo difícil estabelecer direções únicas e válidas para o conjunto dos indivíduos. Esse resultado é absolutamente condizente com as premissas da sociologia relacional apresentadas no Capítulo 1, e indica que para explorarmos a complexidade das associações precisamos entender melhor a heterogeneidade das redes e das sociabilidades. O próximo capítulo é dedicado a esse assunto.

Como as redes variam? Tipos de redes e tipos de sociabilidade

Como vimos no capítulo anterior, diferentes características das redes são influenciadas por diversos atributos sociais, o que torna bastante difícil uma caracterização única e direta das redes de indivíduos em situação de pobreza. Nesse sentido, uma associação direta dos atributos às redes se torna um exercício artificial, já que uma de suas principais características é justamente a heterogeneidade. O melhor caminho metodológico a se seguir, portanto, é explorar a diversidade das situações existentes. Esse capítulo avança nessa direção ao construir tipologias das redes a partir das informações já discutidas.

Após uma série de experimentos, concluí que seria melhor produzir duas tipologias distintas – uma para as redes em si, classificadas segundo suas características, e outra para os padrões de sociabilidade dos indivíduos, classificados segundo a ênfase em determinadas esferas. Enquanto as primeiras nos informam sobre as estruturas de relações dos indivíduos, as segundas dizem respeito aos usos diferenciados dessas estruturas pelos indivíduos em suas práticas de sociabilidade. Embora essa separação seja meramente analítica e metodológica (e toda rede importe ao mesmo tempo em um padrão de sociabilidade), optei por separar as duas dimensões, pois nem sempre redes e sociabilidade variam juntas, e a construção de uma única tipologia talvez tendesse a mascarar as diferenças existentes.[1] Posteriormente, o cruzamento das duas tipologias permitiu definir os tipos de padrões de relacionamento existentes nos casos estudados.

---

[1] Em um primeiro exercício exploratório com apenas 89 redes (Marques et al., 2008), adotei uma única tipologia de atributos, indicadores de rede e sociabilidade, mas o procedimento se mostrou inadequado para as 209 redes estudadas aqui, dada sua variabilidade.

Veremos nos próximos capítulos que os tipos de redes e sociabilidade têm influência significativa nas condições de vida em geral e de pobreza em particular.

O capítulo é dividido em três seções. Na primeira, exploro a diversidade das redes elaborando uma tipologia a partir de indicadores e medidas retirados das redes individualmente. Em seguida, repito o exercício para a sociabilidade, determinando os tipos de sociabilidade existentes. As duas tipologias baseiam-se em análise de agrupamentos (*cluster*), uma técnica amplamente conhecida para a exploração de padrões de similaridade entre casos. As respectivas seções incluem exemplos concretos retirados da pesquisa de campo para ilustrar os tipos delimitados pelas análises. Por fim, na terceira seção, realizo o cruzamento das duas tipologias, de modo a especificar os tipos de padrões de relacionamento presentes nas redes de indivíduos em situação de pobreza, assim como as condições da sua presença.

OS TIPOS DE REDES

Como citado no capítulo anterior, a heterogeneidade das redes foi empiricamente comprovada a partir da construção de um vasto conjunto de indicadores de redes sociais. Para analisar a variabilidade das redes, utilizei os mesmos dezoito indicadores discutidos no Capítulo 3, que apontam para o tamanho, a coesão, a conectividade, a formação de grupos, a atividade relacional, a estrutura da rede egocentrada, a variabilidade da sociabilidade e o localismo.[2] Os casos, caracterizados por esses indicadores, foram então submetidos a uma análise de agrupamentos, resultando em cinco tipos de redes.[3] O conjunto dos indicadores é apresentado na Tabela 4, anexada ao final do livro, mas o gráfico a seguir sumariza as diferenças entre os tipos de redes a partir de três dimensões fundamentais – tamanho, localismo e variabilidade da sociabilidade –, medidos pelos números de nós, a proporção de indivíduos externos à área (nos eixos das ordenadas) e o número médio de esferas de sociabilidade (indicado no gráfico). No restante desta seção, discuto detalhadamente cada tipo de rede.

---

[2] Foram utilizados na análise: nós; vínculos; densidade; diâmetro; grau médio normalizado; centralização; coeficiente de clusterização; índice E-I do bairro; índice E-I dos contextos; índice E-I de esferas; n. de 2-clans/n. de nós; n. de 3-clans/n. de nós; intermediação; informação; tamanho eficiente da rede ego; densidade da rede egocentrada; n. de esferas; n. de contextos; proporção de pessoas externas à área.

[3] A análise utilizou o algoritmo K-*means* no software Spss 13.0.

Redes sociais, segregação e pobreza

Gráfico 4.1 – Tamanho, localismo e variabilidade da sociabilidade por tipo de rede.

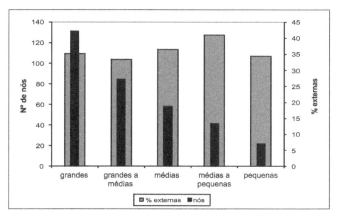

Fonte: Elaboração própria a partir de material empírico coletado.

Vale informar inicialmente que os tipos de rede têm números de casos bastante diferentes – 11, 28, 58, 68 e 44 casos, respectivamente. Os tipos mais frequentes, portanto, são de tamanhos que variam de pequenos a médios, seguidos das redes médias. Como podemos ver no gráfico, o tamanho das redes e a variabilidade da sociabilidade tendem a se reduzir à medida que caminhamos do primeiro ao último grupo. A presença de pessoas externas ao local, diferentemente, tende a aumentar, embora não de forma monotônica – as redes maiores apresentam os maiores localismos, mas as menores redes também apresentam localismo mais elevado do que as redes médias e de médias a pequenas. As intermediárias conjugavam tamanho médio, baixo localismo e sociabilidade mais variada. Nos próximos capítulos observaremos a importância dessas diferenças.

Apenas para estabelecer um patamar de comparação, vale lembrar que as redes de classe média tinham cerca de 93 nós, aproximadamente 80% dos indivíduos de fora do local de moradia e 5,5 esferas de sociabilidade diferentes.

Os indicadores permitem caracterizar os tipos de redes como mostrarei a seguir. Para concretizar a tipologia, incluí casos de entrevistados para ilustrar cada tipo.

Redes grandes com sociabilidade variada, mas bastante locais – 11 casos

As redes grandes são as menos frequentes. O seu tamanho é superior ao tamanho médio das redes de classe média (131 nós contra 93), mas a inserção urbana e a variabilidade da sociabilidade são muito menores. Os indivíduos com redes desse tipo têm rendimento familiar *per capita* médio de R$ 214,00 (o mais baixo entre os grupos), idade média 34 anos e escolaridade alta, considerando o grupo social em estudo – sete anos de estudo. Os solteiros e as mulheres estão sobrerrepresentados no grupo, que demonstra a menor homofilia de gênero entre todos os tipos. Os jovens e os estudantes estão sobrerrepresentados neste tipo de rede. Entre os que trabalham, a maior parte o faz fora da comunidade. É o grupo com precariedades – geral, familiar e de rendimento – mais elevadas, mas com menor presença de precariedade do trabalho. Esse grupo inclui indivíduos sem religião, mas, entre os que têm religião, a frequência é superior à média. As redes grandes são sobrerrepresentadas entre os segregados, e mais presentes na Cidade Tiradentes (onde entrevistamos mais jovens), na favela Guinle e no Jardim Ângela. Todas essas características devem ser consideradas com cautela, pelo pequeno número de casos. Os indivíduos negros estão sobrerrepresentados (talvez pela elevada presença relativa da Cidade Tiradentes).

O sociograma a seguir, referente ao entrevistado nº 155, ilustra as redes muito grandes. Trata-se de um jovem estudante da Cidade Tiradentes, com vinte anos de idade e dez anos de estudo. Afirma não ter religião e ser nascido em São Paulo. Sua rede tem 129 nós e 328 vínculos, seis esferas diferentes e cinco contextos, mas apenas 11% dos indivíduos são de fora daquela localidade.[4]

Trata-se de uma rede extensa e de estrutura complexa na qual uma ampla região é ocupada pela esfera da família (à esquerda) com poucas conexões com o restante da rede, exceto o ego. As suas outras cinco esferas, diferentemente, encontram-se substancialmente superpostas. À direita da rede, localiza-se uma região ocupada, sobretudo, por vizinhos, amigos e colegas de estudo e lazer. A centralização da rede é muito alta e uma parte da atividade passa pelo ego, embora vários agrupamentos existentes conectem-se diretamente entre si.

Redes de grandes a médias, com sociabilidade muito variada e alto localismo – 28 casos

Essas redes são apenas um pouco menores do que a maioria das redes de classe média (85 nós contra 93), embora o localismo seja maior e a variabilidade da sociabilidade seja menor. As pessoas cujas redes variam de grandes a médias apresentam renda *per capita* média baixa (R$ 266,00),

---

[4] O índice de centralização é de 50%, e o grau médio normalizado de 2,53. A rede inclui 51 2-clans e 42 3-clans.

Redes sociais, segregação e pobreza

Figura 4.1 – Sociograma do entrevistado nº 155.

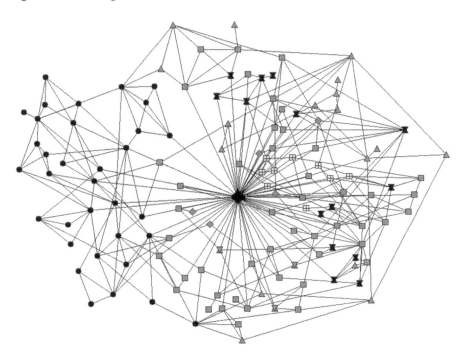

Legenda: Losango grande claro: ego; círculos pretos: família; quadrados: vizinhança; triângulos: amizade; quadrados claros com sinal de mais: estudos; ampulhetas pretas: lazer; losangos escuros: outros.
Fonte: Elaboração própria a partir de material empírico coletado.

mas com elevada variabilidade.[5] Esses indivíduos apresentam idade média de 34 anos e escolaridade um pouco acima da média geral, em torno de 6,8 anos de estudo. A homofilia de gênero está na média do conjunto das redes e os indivíduos com companheiro são sobrerrepresentados. A principal forma de obtenção de emprego é pela rede, e estão sobrerrepresentados os que trabalham na comunidade. Os autônomos, empregados e domésticos sem carteira e donos de pequenos negócios apresentam esse tipo de rede mais frequentemente. Os indivíduos tendem a não ter religião mais comumente do que no restante dos casos, e a precariedade familiar é a mais baixa. Contudo, frequentemente apresentam precariedades geral e do trabalho. Redes desse tipo são mais frequentes no Jaguaré, nos cortiços e no Jardim Ângela.

---

[5] O desvio padrão é de R$ 230,00 e há quatro casos com renda familiar *per capita* superior a R$ 600,00 e onze com renda inferior a R$ 150,00.

Figura 4.2 – Sociograma da entrevistada nº 47.

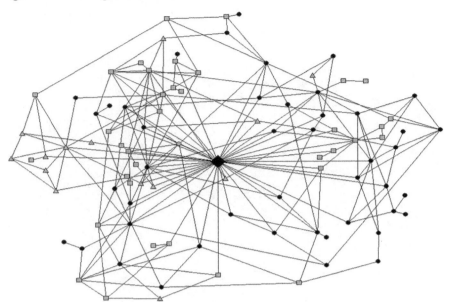

Legenda: Losango grande: ego; círculos pretos: família; quadrados: vizinhança; triângulos: amizades.
Fonte: Elaboração própria a partir de material empírico coletado.

O exemplo das redes grandes a médias é a entrevistada nº 47, moradora de um cortiço da área central. O sociograma de sua rede pode ser visto a seguir (Figura 4.2). Trata-se de uma mulher casada, com dois filhos e apenas dois anos de estudo. É natural de São Paulo e trabalha como diarista sem registro. Tem renda de R$ 131,00 *per capita*.

A rede da entrevistada tem 94 nós e 218 vínculos, apenas 3 esferas e 3 contextos, e 41% de indivíduos são de fora do circuito dos cortiços.[6] Como se pode ver, a rede é menor que a anterior; mesmo assim não apresenta uma estrutura simples, inclusive no que diz respeito à distribuição dos indivíduos pelas esferas, que se encontram bastante interpenetradas.

Redes médias com variabilidade da sociabilidade média e baixo localismo – 58 casos

As redes desse tipo são de pessoas com rendimento familiar *per capita* e características na média do grupo estudado – R$ 277,00, idade de 38 anos

---

[6] A rede é pouco centralizada (índice de 18%), apresenta coeficiente de clusterização muito baixo (0,26) e inclui 73 2-clans e 48 3-clans.

e escolaridade de 6,5 anos de estudo (contra R$ 271,00, 36 anos e 6,1 anos de estudo do conjunto das redes). Indivíduos com redes desse tipo têm empregos obtidos por rede mais frequentemente do que os demais, e o tamanho relativo dos domicílios tende a ser maior. Essas redes são mais frequentes na Guinle, em Paraisópolis e na Vila Nova Esperança.

O exemplo desse tipo de rede é apresentado no sociograma a seguir, relativo à entrevistada nº 60. Trata-se de uma mulher de 38 anos, migrada da Bahia há mais de cinco anos e moradora de Vila Nova Esperança. Ela trabalha como diarista em casas de família, sem registro trabalhista, tem oito anos de escolaridade e sua renda *per capita* é de R$ 150,00. A rede tem 52 nós e 119 vínculos, 43% de indivíduos externos e seis esferas e contextos de sociabilidade.

O sociograma mostra que a rede é ainda menor e mais simples do que a anterior. A sua estrutura é um pouco mais visível, com um grupo de amizade e trabalho à direita e outro bastante misto em termos de esferas à esquerda. Entretanto, a mais forte diferença dessa rede em relação às anteriores é a sua elevada centralização (índice de centralização de 73%),

Figura 4.3 – Sociograma da entrevistada nº 60.

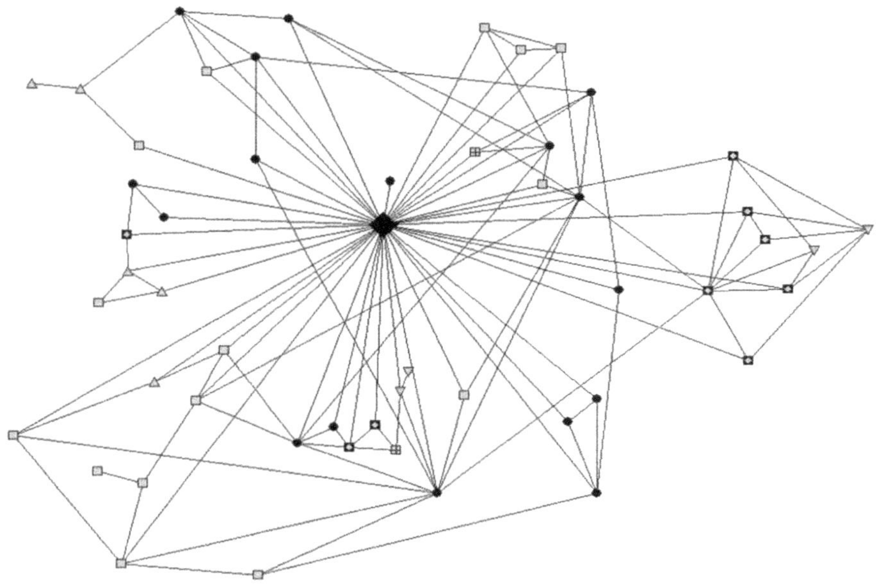

Legenda: Losango preto: ego; círculos pretos: família; quadrados: vizinhança; triângulos: associativismo; quadrados com losango: amizade; quadrados com sinal de mais: estudos; triângulo invertido: trabalho.
Fonte: Elaboração própria a partir de material empírico coletado.

Eduardo Marques

ou seja, o fato de muitos vínculos passarem pelo ego.[7] A quantidade de esferas diferentes de sociabilidade (seis) também é mais elevada nessa rede do que na anterior.

Redes de médias a pequenas, com variabilidade da sociabilidade média e baixo localismo – 68 casos

Este tipo de rede é o mais frequente e bem próximo da média dos indicadores em geral. Os indivíduos com redes médias a pequenas têm rendimento familiar médio *per capita* superior à média (R$ 276,00), 33 anos de idade e 5,9 anos de estudo. A homofilia de sexo média é a mais alta entre os tipos de rede. Geralmente, os indivíduos com esse tipo de rede são as donas de casa, empregados com carteira assinada e autônomos. Os evangélicos estão sobrerrepresentados nesse tipo de rede e a precariedade familiar é uma das mais baixas. O localismo é o mais baixo entre todos os grupos.

O exemplo desse tipo de rede é o entrevistado nº 52, um morador de cortiços nascido na Bahia, jovem (19 anos), casado e com dois filhos. Trabalha como ajudante em um estacionamento (com registro em carteira) e tem renda *per capita* de R$ 115,00. Tem cinco anos de estudo e se diz evangélico, mas afirma nunca frequentar templos. A sua rede tem 36 nós, noventa vínculos e cinco esferas e contextos. Cerca de 62% dos indivíduos da rede são externos ao circuito dos cortiços.[8] O sociograma é apresentado a seguir.

O sociograma mostra que a rede apresenta estrutura simples e muito centralizada em torno do ego. Sua regionalização, segundo as esferas de sociabilidade, é nítida, com a família acima, a vizinhança à esquerda e abaixo, e as esferas de trabalho e lazer interpenetradas abaixo à direita.

Redes pequenas, com baixa variabilidade da sociabilidade e alto localismo – 44 casos

As redes pequenas, por fim, são características de indivíduos com idade média relativamente mais elevada – 40 anos (são os indivíduos mais velhos em termos médios) e escolaridade mais baixa (5,2 anos de estudo). Apesar disso, o grupo inclui um conjunto não desprezível de indivíduos muito jovens, comprovando novamente a relação não direta entre atributos e redes.

---

[7] Apesar da clusterização ser relativamente alta – 0,53 – não há muitos agrupamentos coesos – onze 2-clans e oito 3-clans (contra 73 e 48, respectivamente, no último tipo de rede).

[8] A centralização e a clusterização são altas (70% e 0,63). A rede apresenta apenas sete 2-clans e quatro 3-clans.

Figura 4.4 – Sociograma do entrevistado nº 52.

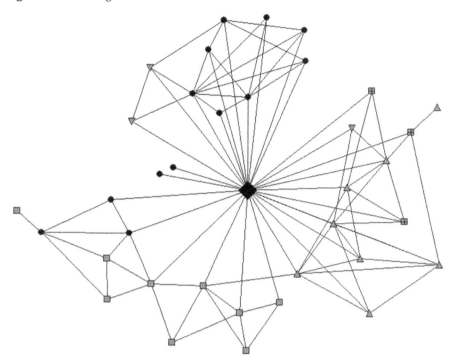

Legenda: Losango preto: ego; círculos pretos: família; quadrados: vizinhança; triângulos: trabalho; quadrados com sinal de mais: lazer; triângulos invertidos: outros.
Fonte: Elaboração própria a partir de material empírico coletado.

A renda familiar *per capita* (R$ 272,00) não é a mais baixa em termos médios, mas o desvio padrão do grupo é o mais elevado (R$ 321,00), o que sugere grande variabilidade de rendimentos.[9] Essas redes apresentam as mais elevadas presenças de conterrâneos. É o tipo com maior incidência de pessoas sem religião, mas também de católicos, embora a frequência a templos seja a menor dentre todos os grupos. Donas de casa e autônomos se sobressaem, embora levemente. Esse é o tipo de rede menos incidente em locais segregados, sendo sobrerrepresentado quem mora em Paraisópolis.

O exemplo nesse caso é a entrevistada nº 142, moradora de Paraisópolis. Trata-se de uma mulher de 64 anos nascida na Bahia que vive sozinha. É analfabeta, não trabalha mais e se diz católica, embora praticamente nunca frequente templos. Trabalhava como empregada doméstica, e nunca

---

[9] Efetivamente, dentro desse grupo está um indivíduo com rendimento muito mais elevado que os demais. Se esse fosse excluído, a renda média seria de R$ 225,00, a menor dentre todos os tipos de rede.

Figura 4.5 – Sociograma da entrevistada n.º 142.

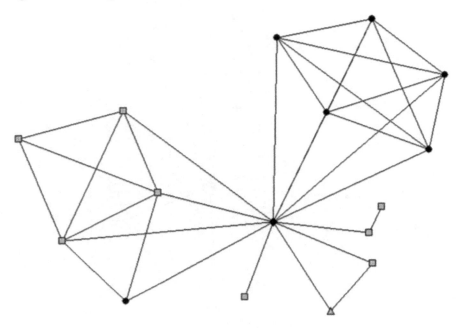

Legenda: Losango: ego; círculos: família; quadrados: vizinhança; triângulo: amizade.
Fonte: Elaboração própria a partir de material empírico coletado.

teve registro em carteira. Embora atualmente não trabalhe, não conseguiu se aposentar. Mora em um barraco muito precário e não tem renda. Seu sociograma é apresentado a seguir.

Sua rede tem apenas 15 nós e 32 vínculos, três esferas e quatro contextos;[10] é pequena e extremamente simples. Acima e à direita do ego situa-se um grupo da esfera familiar completamente conectado, e à esquerda e abaixo, outros dois grupos baseados em vizinhança que também se apresentam muito conectados.

Mas e como os tipos de redes se distribuem pelos locais estudados? A existência de regularidades talvez apontasse possíveis efeitos diretos da segregação sobre as redes. Os dados da incidência relativa dos tipos de redes nos campos, entretanto, sugerem a inexistência de padrões, seja por local estudado, seja segundo a segregação.

---

[10] Em grande parte como efeito do tamanho, a rede é altamente clusterizada (0,59) e centralizada (67%), mas inclui apenas três 2-clans e dois 3-clans.

OS TIPOS DE SOCIABILIDADE

Analisaremos agora os cenários de sociabilidade presentes nas redes. Para explorar essa dimensão, submeti as proporções de indivíduos nas várias esferas de sociabilidade a uma análise de agrupamentos.[11] O resultado que melhor se ajustou aos dados inclui seis tipos de sociabilidades distintas, dependendo da concentração da sociabilidade por esferas.[12] A tabela a seguir apresenta as proporções médias das esferas para cada grupo, assim como seus respectivos números de casos. As células hachuradas mais escuras indicam esferas de sociabilidade presentes em proporção superior à média, caracterizando o tipo. Em hachuras mais claras, estão indicadas sociabilidades muito presentes em um dado tipo de sociabilidade, mesmo que abaixo da média. As esferas de sociabilidade destacadas concentram entre 81% e 90% da sociabilidade dos indivíduos. A última linha apresenta o número de casos de cada tipo de sociabilidade, e a última coluna apresenta a sociabilidade média do grupo de classe média, que não foi utilizada na construção dos grupos pela análise de *cluster*, e é apresentada apenas como parâmetro de comparação.

Tabela 4.1 – Tipos de sociabilidade por esferas.*

Esferas	Tipos de sociabilidade (%)						Classe média (%)
	Família	Vizinhança	Amizade	Igreja	Trabalho	Associação	
Família	64	27	35	30	27	36	34
Vizinhança	19	54	23	19	25		
Amizade			33				14
Trabalho					33		26
Igreja			34				
Associação						33	
Lazer							
Estudos							10
Outros							
Nº de casos	65	72	19	17	29	7	30

Fonte: Cálculo próprio a partir de material empírico coletado.
*Ocultadas as porcentagens iguais ou inferiores a 6%.

---

[11] A análise de *cluster* incluiu todas as nove esferas consideradas e utilizou o algoritmo K-*means* do software Spss 13.0.

[12] Algumas esferas, como estudos e lazer, não chegaram a conformar ou compor perfis específicos.

Os dois primeiros tipos de sociabilidade são baseados principalmente na família e na vizinhança – vínculos primários e/ou locais – embora com ênfases invertidas. No terceiro tipo, temos uma grande concentração de pessoas na esfera de amizades, que pode ou não ser local, mas que também tende a ser marcada pela homofilia. Os demais tipos de sociabilidade se caracterizam pela presença marcante de relações construídas em ambientes institucionais ou organizacionais – igreja, trabalho e associações. Embora nesse momento do texto essa distinção represente apenas uma hipótese, é razoável considerar que sociabilidades baseadas em esferas mais organizacionais levem a padrões de contatos de menor homofilia e maior heterogeneidade. Isso porque os contatos construídos nesses ambientes tendem a ser mais fortemente baseados em escolhas do que os contatos familiares, de vizinhança e de amizade, mais provavelmente influenciados pelos efeitos de *baseline homofily* discutidos no primeiro capítulo. Veremos nos próximos capítulos que essa hipótese realmente se sustenta, e a presença dessas sociabilidades está usualmente associada a melhores condições sociais.

A sociabilidade de classe média concentra-se principalmente nas esferas da amizade, do trabalho e dos estudos. A vizinhança nas redes de classe média é muito pouco presente, sendo mesmo inferior ao grupo de redes de pobres com menor presença dessa esfera. A presença relativa da esfera da família é similar à média das redes de indivíduos em situação de pobreza.

Observemos mais detidamente os tipos de sociabilidade dos indivíduos, incluindo exemplos dos casos estudados para concretizar as situações delimitadas. Em cada tipo, destaco apenas as esferas superiores à média, que em última instância, caracterizam cada tipo.

Sociabilidade caracterizada pela ênfase na família – 65 indivíduos

Os indivíduos com sociabilidade com ênfase na família tinham 38 anos em média, escolaridade muito baixa (cinco anos de estudo) e rendimento familiar *per capita* relativamente baixo (R$ 245,00). O grupo incluía um conjunto expressivo de idosos e era levemente mais feminino. A presença de conterrâneos nas redes era a mais elevada entre os diversos tipos de sociabilidade. As donas de casa e os autônomos eram os grupos ocupacionais que mais se destacavam. Os indivíduos tendiam a trabalhar na própria comunidade, e não frequentavam associações. A maior parte deles era católica, mas não frequentava templos regularmente. A presença de precariedade familiar das pessoas desse tipo era menor do que no conjunto dos indivíduos em situação de pobreza. Esse grupo estava presente

Redes sociais, segregação e pobreza

mais comumente em Paraisópolis, nos cortiços e no Jardim Ângela. O número médio de esferas de sociabilidade era o menor entre todos os grupos (apenas três).

O exemplo desse tipo de sociabilidade é a entrevistada nº 133, uma migrante baiana de 62 anos de idade. A entrevistada mora em São Paulo há vinte anos. Antes de morar em Paraisópolis ela morava nas imediações do bairro de Água Espraiada, mas assim que a obra da avenida começou, ela se mudou para Paraisópolis (há mais de dez anos). Casou-se em 1961 com um homem que conheceu em sua cidade natal e com quem teve oito filhos. Quando veio para São Paulo, já estava separada.

Atualmente, mora com um dos filhos, e uma das filhas mora no segundo andar de sua casa. Há cinco anos tem um pequeno comércio em frente à sua casa, mas anteriormente trabalhava como doméstica. Não estudou, pois foi proibida pelo marido. A renda familiar é composta pelos rendimentos do comércio e pelos bicos do filho, o que corresponde aproximadamente a R$ 300,00 *per capita*. Possui dois irmãos morando na Bahia com os quais tem contato raramente. Seus contatos frequentes são com os vizinhos que moram ao lado e na casa da frente. Apesar de se autodenominar católica, disse que nunca vai à igreja (foi apenas uma vez desde que mora no bairro). Não possui uma esfera de lazer, afirmando que fica em casa e assiste à TV nos momentos livres. As esferas mais importantes são a família (57%) e a vizinhança (43%), e apenas 20% dos nós eram de fora da comunidade.

Sociabilidade caracterizada pela ênfase na vizinhança – 72 indivíduos

Esses indivíduos apresentavam escolaridade média de seis anos de estudo, 34 anos de idade e renda bastante baixa (R$ 211,00). Na verdade, o grupo era o que apresentava a maior proporção de indivíduos. As trajetórias reportadas nas entrevistas indicam a existência de inúmeros que migraram diversas vezes entre São Paulo e suas cidades de origem. As precariedades habitacional e de trabalho se faziam presentes em níveis acima da média, sendo grande a presença de autônomos. A maior parte dos indivíduos considerados precários em termos gerais pertencia a esse tipo de sociabilidade.

A sociabilidade desse tipo é exemplificada pelo entrevistado nº 9. Trata-se de um morador do Jaguaré de 34 anos, que chegou a São Paulo há oito anos com sua esposa, ambos provenientes de uma pequena cidade de Alagoas, onde o entrevistado nasceu e onde ainda mora a maior parte da sua família. Há seis meses, abriu uma loja de variedades no Jaguaré (onde comercializa brinquedos, CD, doces etc.) na parte frontal da casa em que mora com a esposa e seus dois filhos. Anteriormente, trabalhou como faxineiro e garçom. Declarou renda familiar mensal de R$ 700,00, sendo que sua mulher não trabalha. Manifestou ser católico, mas não praticante, e chegou a concluir a 5ª série.

Para se divertir, visita casa de parentes que moram perto, vai a uma casa de shows frequentada por migrantes do Nordeste no bairro do Limão e visita amigos conterrâneos em outros bairros.

Suas principais esferas são a vizinhança (41,7%) e a família (40%), e 28% dos nós de sua rede eram de fora da comunidade.

Sociabilidade caracterizada pela ênfase na amizade – 19 indivíduos

Os indivíduos com esse padrão de sociabilidade tinham a segunda escolaridade mais elevada entre todos os grupos (7,4 anos de estudo), mas o mais baixo rendimento familiar *per capita* (R$ 186,00). Era o grupo de idade mais baixa (30 anos) e o que apresentava a mais elevada presença de jovens. Era um tipo bastante comum entre os muito pobres, mas não paupérrimos, e tendia a ser mais feminino do que masculino. As precariedades habitacional, de trabalho e geral estavam fortemente presentes aqui, e os estudantes e as donas de casa se encontravam sobrerrepresentados. A concentração na esfera da amizade era um pouco mais elevada do que o dobro da verificada na classe média.

Como exemplo deste grupo, apresento a sociabilidade da entrevistada nº 140, uma mulher de 37 anos nascida em São Paulo e moradora de Paraisópolis. Trabalha há um mês como auxiliar de serviços gerais na associação de moradores, indicada pela mãe, uma das diretoras, recebe R$ 350,00 de salário por mês, sem registro em carteira. Separou-se do marido e mora com os pais, seus dois filhos e um irmão. Tem o ensino médio completo e trabalhou um ano e nove meses em uma empresa prestadora de serviços de limpeza, da qual foi demitida há três meses. Sua família reside há dez anos no Grotão, uma das piores áreas da favela, e suas relações são predominantemente posteriores à chegada à favela, mantendo poucos contatos externos com as amigas de seu antigo trabalho. Apenas 30% dos nós de sua rede são externos à favela, e suas esferas mais relevantes são as da família (44,7%) e as amizades (40,6%).

Sociabilidade caracterizada pela ênfase nas igrejas – 17 indivíduos

As pessoas deste grupo tinham escolaridade média (6,3 anos), idade de 38 anos e rendimento familiar *per capita* entre médio e baixo (R$ 332,00). O grupo incluía mais migrantes do que a média do universo, mas praticamente não incluía conterrâneos (3,7%), sugerindo uma dissolução de vínculos mais elevada do que a média. Os empregados com e sem carteira e os aposentados estavam sobrerrepresentados. As redes incluíam muito mais indivíduos externos ao local de moradia do que a média. Naturalmente, quem frequenta igreja está muito sobrerrepresentado no grupo, e essa era a única sociabilidade em que os evangélicos eram predominantes (76,5%). Os indivíduos com essa sociabilidade tinham precariedade familiar em patamar superior à média, mas todas as outras precariedades se faziam pouco presentes. Os números de esferas e contextos eram elevados (4,3 e 4,9, respectivamente).

Exemplifico esse grupo com o caso da entrevistada nº 164, da Cidade Tiradentes. Trata-se de uma alagoana de 43 anos, chegada há 22 anos em São Paulo. Há quatorze anos vive na Cidade Tiradentes, mas antes morou no bairro da Liberdade, no Centro, na casa da cunhada. É casada e tem três filhos. Vive com o marido e um dos filhos. Os demais moram em conjuntos habitacionais vizinhos, e seus irmãos vivem em outros locais. Disse ser dona de casa, mas considera-se desempregada – está procurando trabalho "no que aparecer". Trabalhou durante dez anos como empregada doméstica, sem carteira assinada, e quatro anos como camareira em um hotel de alto padrão, com carteira assinada. A renda familiar é de R$ 900,00, resultando em uma renda familiar mensal *per capita* de R$ 300,00.

É evangélica e frequenta a Assembleia de Deus cinco vezes por semana. Seu lazer resume-se a buscar o neto na casa de um filho e em ir à igreja, onde possui vários amigos. As esferas mais relevantes eram a da família (42%), da vizinhança (4%) e da igreja (54%), sendo que 29,4% dos nós eram externos à comunidade.

Sociabilidade caracterizada pela ênfase em trabalho – 29 indivíduos

Os indivíduos com essa sociabilidade tendiam a ter escolaridade alta para o grupo social estudado, alcançando 6,6 anos de estudo, idade média de 39 anos (com muito poucos jovens e idosos), assim como renda familiar *per capita* média alta para o grupo social em estudo (R$ 471,00), em média, a mais alta entre as sociabilidades. O grupo concentrava especialmente indivíduos empregados com carteira assinada (52% com carteira, contra uma média geral de 16%) em empregos relativamente antigos e que trabalham fora da comunidade (78%). Naturalmente, a presença de precariedade do trabalho e de rendimento era menor nesse grupo do que na média dos entrevistados. Os empregos, nesse grupo, haviam sido obtidos via rede em uma proporção muito mais elevada do que a dos demais tipos de sociabilidade (76%). As redes incluíam mais indivíduos externos ao local de moradia do que a média (50%) e tinham menos migrantes e muito menos conterrâneos do que a média (apenas 1%). Os indivíduos que frequentavam associações estavam sobrerrepresentados nesse grupo e os números de esferas de sociabilidade e contextos diferentes eram elevados (4,4 e 4,7, respectivamente). Nesse caso, a proporção da sociabilidade na esfera do trabalho era inclusive superior à média das redes de classe média (33% contra 26% da classe média). Os indivíduos com esse tipo de sociabilidade têm participação associativa acima da média (10,3%), sugerindo que sociabilidades pouco homofílicas tendem a se associar.

O entrevistado nº 70, morador da Vila Nova Esperança, é o exemplo desse grupo. Tem sessenta anos e nasceu no interior de São Paulo, na zona rural, filho de pais lavradores. Migrou para São Paulo com dez anos apenas junto da mãe. Teve seis irmãos (quatro mulheres e dois homens), e todos vivem em bairros próximos de São Paulo. É separado há dez anos e tem dois filhos, ambos casados, sendo que um deles tem dois filhos. Conheceu a ex-mulher na casa do irmão, e veio do bairro vizinho para a comunidade há oito anos comprando a casa diretamente de um dos ocupantes originais. Atualmente, mora sozinho.

Trabalha como vendedor de vassouras autônomo para uma fábrica localizada em Santo Amaro há dois anos. Entretanto, raramente vai ao local e faz os pedidos por telefone. Antes, trabalhou para outra empresa da mesma forma durante dezesseis anos. Também já foi porteiro de prédio por quinze anos e metalúrgico. Tem renda mensal de R$ 450,00 e ensino médio completo. Sua sociabilidade era organizada pelas esferas da família (42,8%), da vizinhança (30,6%) e do trabalho (18,4%) e tinha 58% de nós externos à comunidade em sua rede, sendo esta uma das redes de mais baixo localismo encontradas entre os indivíduos em situação de pobreza.

Sociabilidade caracterizada pela ênfase em associações – 7 casos

Esse tipo de sociabilidade era compartilhada por apenas sete indivíduos. A sua escolaridade média era a mais elevada de todos (8,6 anos), superando inclusive o fundamental completo. Os rendimentos familiares *per capita* médios também não eram baixos e alcançavam cerca de R$ 390,00. As redes dos indivíduos com essa sociabilidade eram as únicas com homofilia de gênero bem abaixo da média (55%). A presença de conterrâneos nas redes era bastante baixa (3%). Todos os indivíduos trabalhavam na comunidade, embora na sua maior parte sem carteira. O localismo era o mais alto de todos os tipos (apenas 24% dos indivíduos eram de fora). Evidentemente, quem frequentava associação estava sobrerrepresentado entre os indivíduos com essa sociabilidade, mas menos óbvia é a elevada frequência a templos, reforçando a dimensão indicada na sociabilidade de trabalho de que sociabilidades pouco homofílicas tendem a se associar.

O exemplo dessa sociabilidade é o entrevistado nº 131, de 39 anos, morador de Paraisópolis e nascido no Recife. Seu pai veio primeiro e depois veio o restante da família, há 36 anos. Seus pais já faleceram e o entrevistado tem duas irmãs vivas, mas que não moram na favela. É casado há treze anos e tem dois filhos. Tem ensino médio completo e é um dos diretores de uma das associações de moradores da favela. Além disso, é cabeleireiro e possui o próprio salão no bairro há 21 anos. Sua esposa trabalha como doméstica no Morumbi. A renda familiar é de R$ 1.500,00 e resulta em uma renda *per capita* de R$ 375,00. Já trabalhou no estádio do Morumbi cuidando de carros, como empregado em uma casa de família no mesmo bairro e no salão de um amigo do pai. Logo depois que fez um curso de cabeleireiro em colégio particular da região, abriu o seu próprio salão. É evangélico e frequenta a igreja todos os dias com a família.

As esferas mais importantes são a da família (40%) e a associativa (26,7%), seguidas do trabalho e da igreja com 10% e 16,7%, respectivamente. O indivíduo tinha apenas 12,9% de contatos externos.

Mas esses tipos de sociabilidade incidiam diferentemente sobre os locais estudados? Qualquer evidência nessa direção seria mais uma informação importante para avaliarmos a relação entre a segregação social no espaço e as redes. Entretanto, os dados indicam que embora não existam padrões muito claros por área, há certa concentração das sociabilidades menos locais e primárias em locais mais segregados, o que é bastante contraintuitivo.

Os indivíduos com sociabilidades mais primárias se concentravam no Jardim Ângela, em Paraisópolis, nos cortiços e no Jaguaré – com ênfase na família em Paraisópolis, nos cortiços e no Jardim Ângela, com muita vizinhança na Guinle e no Jaguaré e com amizade no Jaguaré.

Inversamente, a sociabilidade concentrada na esfera igreja ocorria mais fortemente na Vila Nova Esperança e na Cidade Tiradentes, enquanto a concentrada em ambientes de trabalho na favela Guinle e na Cidade Tiradentes. A sociabilidade centrada em associações, por fim, estava mais presente em Paraisópolis e na Cidade Tiradentes. Os tipos de sociabilidade menos locais, menos primários e mais associados a ambientes institucionais e organizacionais, portanto, estão sobrerrepresentados na Cidade Tiradentes, na favela Guinle e na Vila Nova Esperança.

Esse resultado é condizente com a evidência já levantada no capítulo anterior de que indivíduos segregados teriam em média padrões um pouco menos localistas e reforça a ideia de que eles teriam incentivos maiores para buscar vínculos menos homofílicos e menos locais. Como veremos nos próximos capítulos, essa hipótese não apenas se sustenta como tem consequências importantes. Entre os indivíduos segregados, os que conseguem estabelecer padrões menos homofílicos e menos locais, aparentemente, vencem o isolamento da segregação e alcançam melhores condições sociais.

COMBINANDO TIPOS DE REDES E DE SOCIABILIDADE

Tendo analisado a variabilidade de redes e sociabilidades, podemos investigar a existência de combinações entre elas. De forma geral, a distribuição dos tipos de sociabilidade por tipo de rede indica a inexistência de associações diretas, repetindo o padrão de heterogeneidade já discutido no capítulo anterior. Entretanto, quatro situações aparecem com maior incidência nos casos: indivíduos com redes grandes, mas sociabilidades local e primária (13%); com redes pequenas e sociabilidades local e primária (17%); com redes médias e sociabilidades local e primária (44%); e com redes médias e sociabilidades pouco local e construída em ambientes organizacionais e institucionais (16%).[13]

Podemos imaginar que redes grandes, médias ou pequenas, mas com sociabilidade local e primária, tenderiam a favorecer potencialmente a homofilia, enquanto as redes médias com sociabilidade pouco local e pouco primária tenderiam a aumentar a heterofilia dos padrões de relação dos indivíduos. Se as hipóteses da literatura com relação à vinculação entre heterofilia nas redes e condições sociais estão corretas, as primeiras situações tenderiam a se associar a piores condições de vida, enquanto a quarta situação favoreceria o acesso a estruturas de oportunidade.

Essas hipóteses são confirmadas de maneira preliminar pela observação das características sociais dos entrevistados em cada tipo de situação relacional.

Entre os indivíduos com redes grandes e pequenas com sociabilidades local e primária encontram-se sobrerrepresentados os mais jovens e os idosos, respectivamente. No primeiro caso, a escolaridade tendia a ser maior do que a média, e eram mais frequentes os estudantes e os não migrantes. No segundo, a escolaridade era baixa, sendo sobrerrepresentados os aposentados, as donas de casa e os migrantes (com elevadas presenças de conterrâneos). Em termos gerais, portanto, essas situações relacionais se ligavam frequentemente a indivíduos com integração social mais baixa. Ambas as situações eram mais frequentes em locais não segregados.

As redes médias com sociabilidades primária e local são a situação mais comum, e se aproximam da média do universo estudado em termos de idade e escolaridade. Merecem destaque as elevadas presenças de

---

[13] Outros 10% dos casos se distribuíam por diversas situações residuais e intermediárias.

migrantes, de autônomos e de desempregados. Entre os que trabalhavam, a maioria exercia sua atividade no próprio local de moradia.

A última situação, por fim, inclui sobretudo indivíduos maduros com escolaridade relativamente elevada e melhor inserção no mercado de trabalho, incluindo alta proporção de empregados com carteira, embora também autônomos e empregados sem carteira assinada. Esses indivíduos tendiam com alguma frequência a trabalhar fora da comunidade. Essa situação social, portanto, em geral se apresentava associada a indivíduos mais integrados socialmente.

O capítulo seguinte explora as consequências dessas situações relacionais e da heterogeneidade das redes para o acesso a bens e serviços obtidos em mercados que influenciam as condições de vida dos indivíduos.

AS REDES IMPORTAM PARA O ACESSO A BENS E SERVIÇOS OBTIDOS EM MERCADOS?

Nos últimos capítulos, analisamos as características das redes pessoais de indivíduos em situação de pobreza, a sua variação e os contextos de sociabilidade em que se encontram inseridos. Partindo desses resultados, este capítulo e o seguinte investigam as principais consequências das redes para a situação social dos indivíduos, especificando o lugar da sociabilidade e das redes de relações na produção e reprodução das condições sociais. Neste capítulo, analiso os efeitos das redes sobre o acesso dos indivíduos a bens e serviços obtidos em mercados, incluindo o mercado de trabalho, mas também todos outros em que bens e serviços são adquiridos por meio de relações econômicas de troca não personalizadas.

Utilizando técnicas de análise quantitativa, investigo as associações entre os padrões de relação e algumas das dimensões mais importantes na definição das condições sociais via mercado: a obtenção de trabalho, a obtenção de trabalho com alguma proteção, a precariedade social e os rendimentos monetários.[1] O trabalho e o rendimento representam os elementos mais comumente associados à pobreza, enquanto a precariedade estabelece uma medida-síntese das condições sociais negativas, tentando apontar para as situações de mais extrema privação entre os mais pobres. As investigações envolvem análises univariadas e multivariadas utilizando técnicas e incluem apenas indivíduos em situação de pobreza. Todas as associações reportadas apresentam significância estatística entre 95% e 99% de confiabilidade, exceto quando reportado.

---

[1] Este capítulo contou com a inestimável ajuda de Edgard Fusaro, na sugestão e revisão das análises estatísticas realizadas, a quem agradeço sinceramente.

Como já afirmado em outros momentos, a causalidade entre esses elementos é considerada biunívoca, e tanto as redes influenciam atributos quanto são impactadas por eles. Nesse sentido, redes, atributos e situações sociais foram construídas conjuntamente ao longo das trajetórias dos indivíduos, tanto de forma intencional quanto obedecendo a outras dinâmicas ou simplesmente ao acaso. Assim, a distinção que estabeleço entre esses elementos é apenas analítica e, em termos ontológicos, atributos individuais, situações sociais e redes se produzem e influenciam mutuamente.

TRABALHO

Como já vimos, grande parte dos indivíduos obteve trabalho por meio de contatos de redes (66%).[2] Entretanto, quais são as principais consequências de elementos relacionais específicos para os seus trabalhos e até que ponto esse efeito não pode ser creditado a outras variáveis consideradas tradicionalmente pela literatura? Denomino aqui "com trabalho" os empregados com e sem carteira assinada, domésticos ou não (58 casos), assim como os pequenos proprietários (17 casos) e os trabalhadores em negócios familiares (apenas três casos), totalizando 78 indivíduos (38%).[3] Levando em conta as características das atividades declaradas como trabalho autônomo, considerei esses casos representativos de desemprego oculto, somando-os ao desemprego na conformação dos "sem trabalho".[4] Os indivíduos sem trabalho totalizavam 67 (32%) e para outros 63 não se aplicavam as condições (36 donas de casa, 21 estudantes e 6 aposentados).

Para analisar a associação da condição de trabalho com condicionantes sociais e relacionais utilizei uma técnica exploratória de classificação por árvore, conhecida como Chaid (*chi square automatic interaction detection* – detecção automática de interação qui-quadrado). O método estuda basicamente a relação entre uma variável a ser explicada – ter trabalho, neste caso, e uma série de outras consideradas preditoras da primeira – compara

---

[2] Vale destacar que os resultados de uma pesquisa realizada em 2001 na região metropolitana de São Paulo por Guimarães (2004) confirmam essa proeminência das redes – 80% dos indivíduos que procuravam emprego afirmavam lançar mão de relações com familiares, amigos e conhecidos. Outra pesquisa feita em 2004 pela autora indicou que mesmo entre quem estava procurando emprego em agências, cerca de 60% afirmavam que seu último trabalho havia sido obtido via rede (Guimarães, 2009).

[3] Portanto, não se trata de emprego, visto que os proprietários também estão incluídos nessa condição, mas considerei que organizada dessa forma a variável descreveria melhor a condição que gera efeitos sobre a pobreza – ou seja, considerou-se a presença ou não de uma fonte de atividade relativamente estável que gera renda.

[4] Apenas como exemplos dos tipos de ocupação nas quais os autônomos estavam engajados, tínhamos nove vendedores ambulantes, dois ajudantes de florista ocasionais, cinco carregadores de entulho ou de caminhão ocasionais e dois catadores de papel e latas de alumínio.

a associação entre todas as preditoras e escolhe a que apresentar mais alto teor explicativo (utilizando a estatística qui-quadrado). Os casos são então divididos em dois subgrupos, considerando a variável escolhida, e repete--se o procedimento para cada um dos subgrupos, escolhendo duas novas variáveis preditoras e subdividindo cada subgrupo segundo elas. Esse processo é realizado sucessivamente até que os grupos divididos cheguem a um número mínimo de casos estipulado para a análise. O método pode escolher, portanto, desde nenhuma variável (informando que nenhuma delas ajuda a explicar o fenômeno) até várias, organizadas de forma hierárquica, considerando a sua participação na explicação do fenômeno. Como a comparação é exaustiva (testam-se todas as associações possíveis), podemos tomar as variáveis indicadas no resultado final como representando os condicionantes mais importantes na explicação da variável de interesse. Esse método foi escolhido, em vez de análises de regressão logística, por exemplo, pelo pequeno número de casos disponíveis.

Na explicação do status de "ter trabalho", foram utilizadas dezoito variáveis relacionais, socioeconômicas, etárias, migratórias e espaciais.[5] O resultado é apresentado na Figura 5.1, na qual cada casela indica uma situação social descrita pelas porcentagens internas a elas. A análise escolheu uma única variável como preditora da condição de trabalho – o tipo de sociabilidade. Os indivíduos que mais frequentemente têm trabalho são os que apresentam sociabilidades pouco primárias, pouco locais e com presença elevada de ambientes institucionais – igreja, trabalho e associações. O modelo explicou corretamente 60% dos casos.

Como podemos notar, a incidência de trabalho é de 54% no conjunto dos casos verificados (desconsiderando aposentados, donas de casa e estudantes), mas alcança 73% entre os indivíduos com redes e sociabilidades menos primárias e apenas 46% entre os com redes e sociabilidades mais primárias e mais locais. Entre os primeiros, apenas 27% não têm trabalho, contra duas vezes essa proporção (55%) entre as pessoas com sociabilidades concentradas na família, na vizinhança e na amizade. Portanto, a análise indica a importância de os indivíduos terem sociabilidades pouco homofílicas para o acesso a trabalho.

---

[5] Foram usadas: relacionais: 1) número de nós da rede individual, 2) grau médio normalizado, 3) tamanho eficiente da rede egocentrada, 4) proporção de pessoas externas à área, 5) número total de esferas, 6) variáveis dicotômicas (*dummy*) referentes aos tipos de redes com cinco grupos, 7) variáveis dicotômicas referentes aos tipos de sociabilidade e de rede, assim como às suas combinações; socioeconômicas: 8) sexo do indivíduo, 9) anos de estudo, 10) renda familiar *per capita*, 11) frequenta igreja ou templo mais do que quinzenalmente; etárias: 12) idade do indivíduo, 13) idoso (60 anos ou mais), 14) jovem (idade menor ou igual a 21 anos); migratórias: 15) migrante, 16) migrante há mais de dez anos, 17) proporção de conterrâneos maior ou igual a 21%; espacial: 18) segregado. Nesse caso, as variáveis relativas ao trabalho foram excluídas, por razões óbvias – quem não tem trabalho, não pode trabalhar fora, ter tempo de ocupação, emprego antigo ou ser classificado em determinada posição na ocupação.

Figura 5.1 – Árvore da explicação do emprego (Chaid).

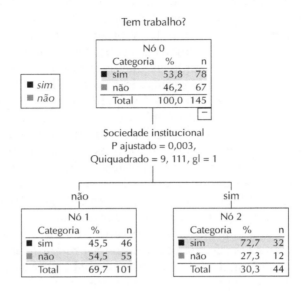

É importante notar que o tipo de sociabilidade aparece como mais importante mesmo na presença de variáveis socioeconômicas clássicas nas discussões sobre o tema, como a escolaridade, a renda, a idade, o status migratório e o grau de segregação residencial a qual estão submetidos os indivíduos. Como já discutido, a causalidade presente aqui é provavelmente múltipla, e os indivíduos tanto têm esse tipo de sociabilidade porque têm trabalho com mais frequência quanto têm trabalho por terem esse tipo de sociabilidade. O caminho mais profícuo para compreendermos essa associação não é a busca de uma direção causal única, mas o estudo dos efeitos dos mecanismos ao longo das trajetórias dos indivíduos, como detalharei no último capítulo deste livro.

TRABALHO PROTEGIDO

Os indivíduos, entretanto, podem ter trabalho, mas este pode ter qualidade muito diferenciada sob o ponto de vista da estabilidade e da proteção, gerando diferentes acessos a benefícios sociais e estabilidades do vínculo no tempo. Para testar a associação entre dimensões relacionais e a obtenção de trabalhos de melhor qualidade, dividi o trabalho analisado na seção anterior em "trabalho protegido" – empregados com carteira assinada (doméstico ou não), proprietários e empregados em negócios familiares (59 casos) – e "trabalho pouco protegido" – empregados sem carteira assinada, autônomos e desempregados (86 casos). Aposentados, donas de casa e estudantes foram retirados da análise.

Para a análise conjunta dos condicionantes do trabalho mais protegido, foi utilizada a mesma técnica de Chaid com o mesmo conjunto de variáveis anterior. A Figura 5.2 apresenta o resultado da análise. O modelo explicou corretamente 63% dos casos.

Como podemos notar, a incidência de trabalho protegido é de apenas 41% dos indivíduos que participam do mercado de trabalho, mas chega a alcançar 57% entre quem tem sociabilidade pouco local e pouco homofílica e construída em ambientes institucionais, e apenas 34% entre quem tem outros tipos de sociabilidade. Portanto, não apenas na obtenção de trabalho, mas também na de trabalho de melhor qualidade, o que mais discrimina os indivíduos é a existência de um padrão de sociabilidade pouco primário e potencialmente menos homofílico.

PRECARIEDADE SOCIAL

Podemos analisar também de que forma as redes influenciam a presença de situações de precariedade social em geral. Como já citado, foi considerada "socialmente precária" a situação em que o entrevistado apresentava ao menos duas entre quatro condições de precariedade – familiar, habitacional, de renda e de trabalho. Aproximadamente um terço dos entrevistados (30% ou 63 casos) encontrava-se nessa condição, mas a distribuição das

Figura 5.2 – Árvore da explicação do "trabalho protegido" (Chaid).

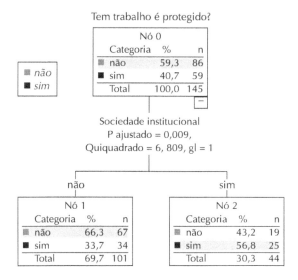

condições desagregadas de precariedade variava bastante – apenas 12% na familiar, 34% na habitacional, 29% na relativa aos rendimentos e 40% na precariedade do trabalho.

Para a análise dos condicionantes da precariedade social, foi utilizada novamente a técnica de Chaid com dezessete relacionais, socioeconômicas, etárias, migratórias e de trabalho.[6] Como a variável de precariedade foi construída por escolha direta dos casos a partir da renda, da estrutura familiar e da posição na ocupação, essas variáveis evidentemente foram excluídas do modelo, caso contrário os resultados obtidos seriam tautológicos. O mesmo ocorreu com a variável segregação, visto que um dos elementos usados na construção da precariedade é muito mais elevado nos cortiços e, consequentemente, a relação entre segregação e precariedade seria forçada pelo método. Todavia, variáveis relativas ao trabalho que antes não foram utilizadas, foram introduzidas aqui.

A análise indicou que três variáveis associadas entre si – tipo de sociabilidade, sociabilidade familiar e migração – explicam a presença de precariedade social. A figura deve ser lida de cima para baixo, e cada casela indica uma situação social, cujas porcentagens internas indicam as respectivas presenças relativas de precariedade. O modelo apresentado na Figura 5.3 explicou corretamente 73% dos casos.

Novamente os resultados foram obtidos mesmo na presença de diversas variáveis socioeconômicas tradicionais, como os anos de estudo, a idade e o tempo de migração. Como se pode ver, a precariedade incide sobre 30% dos casos, mas entre os indivíduos com sociabilidade pouco local e pouco primária e construída em ambientes institucionais cai para um terço – 9%. Entre quem não tem esse padrão relacional, a precariedade incide sobre 37% dos casos. Esses resultados reforçam os anteriores, indicando a sociabilidade nas redes como um dos principais condicionantes das situações sociais dos indivíduos em situação de pobreza.

Entretanto, a segunda linha indica que entre os indivíduos com sociabilidade mais local e primária, a presença de sociabilidade centrada na família atenuava a precariedade. Os indivíduos com essa sociabilidade tinham, em média, precariedade de 23%, mas alcançava 47% entre os que não tinham nem o padrão relacional do primeiro nível da árvore nem

---

[6] Foram usadas: relacionais: 1) número de nós da rede individual, 2) grau médio normalizado, 3) tamanho eficiente da rede egocentrada, 4) proporção de pessoas externas à área, 5) número total de esferas, 6) variáveis dicotômicas (*dummy*) referentes aos tipos de redes com cinco grupos, 7) variáveis dicotômicas referentes aos tipos de sociabilidade e de rede, assim como às suas combinações; socioeconômicas: 8) anos de estudo, 9) frequenta igreja ou templo mais do que quinzenalmente; etárias: 10) idade do indivíduo, 11) idoso (60 anos ou mais), 12) jovem (idade menor ou igual do que 21 anos); migratórias: 13) migrante, 14) migrante há mais de dez anos, 15) proporção de conterrâneos maior ou igual a 21%; trabalho: 16) há quanto tempo está no trabalho atual, 17) trabalha fora da comunidade.

Redes sociais, segregação e pobreza

Figura 5.3 – Árvore da explicação da "precariedade social" (Chaid).

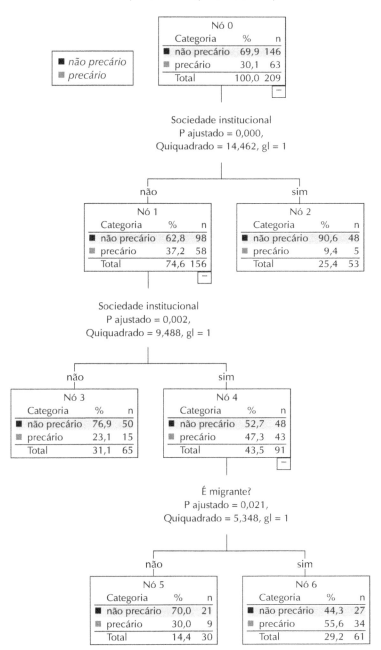

sociabilidade centrada na família. Embora haja, em parte, um efeito de método, já que a precariedade inclui uma dimensão familiar, o resultado aponta de forma eloquente para o papel da família na redução da precariedade e para os indivíduos que não contam com as sociabilidades menos homofílicas. No próximo capítulo, veremos de que forma os vínculos familiares estão associados à prestação de ajuda para a solução de problemas cotidianos e para o acesso a bens e serviços providos fora de mercados.

Por fim, dentre os indivíduos sem a combinação do primeiro nível e sem sociabilidade familiar, a migração aparece como elemento discriminador. Entre estes, a precariedade incidia em mais da metade dos migrantes (56%), enquanto entre os não migrantes ela chegava a apenas 30%. O elemento destacado parece dizer respeito à baixa integração social de um grupo específico de indivíduos. Embora o tempo de migração não apresente associação com o fenômeno, a observação das redes dos indivíduos classificados pelo modelo na pior condição indica presença muito grande de conterrâneos. Isso sugere que estão nessa condição principalmente os migrantes que experimentaram baixa integração relacional em São Paulo, mesmo que tenham chegado à cidade há muito tempo. Esse efeito não pode ser explicado simplesmente pela presença de preconceito no mercado de trabalho, por exemplo, pois outros migrantes apresentam baixa presença de conterrâneos (e não estão localizados majoritariamente na última casela do modelo). Na verdade, os espaços estudados disponibilizam contingentes significativos de indivíduos para a constituição de relações que, mesmo socialmente homofílicas, podem envolver não conterrâneos em grandes quantidades. Vale acrescentar que a incidência de precariedade entre os indivíduos com sociabilidade mais homofílica, mas não na família e não migrantes (casela à esquerda na última linha), é próxima à de quem tem sociabilidade na família (casela à esquerda na penúltima linha) – 23% e 30% –, sugerindo que tanto a presença da família quanto a condição de não migrante geram efeitos similares de integração. Veremos no próximo capítulo que essa situação está associada a mecanismos relacionais específicos.

De forma geral, portanto, os resultados indicam que a proteção contra a precariedade depende de formas de integração social que podem envolver padrões relacionais pouco primários e de baixa homofilia, esferas familiares ativas na sociabilidade e maior integração social dos não migrantes. Vale especificar, entretanto, que, como o modelo é hierárquico, a importância da sociabilidade na família aparece apenas atenuando a precariedade em quem não tem padrões de relação pouco homofílicos. O mesmo se pode dizer da condição de não migrante.

RENDIMENTOS

Por fim, estudei os efeitos das redes e de atributos sobre os rendimentos dos indivíduos. Assim como nas análises anteriores, os indivíduos de classe média não estão incluídos neste teste. A realização da análise que segue apenas com os pobres a torna bastante robusta, visto que a variação da renda dos indivíduos está limitada pela própria escolha dos casos. É provável, portanto, que se estivéssemos trabalhando com grupos sociais que abarcassem uma faixa mais ampla de renda, as relações encontradas fossem ainda mais fortes, mas talvez outras variáveis também apresentassem importância. Consequentemente, a análise é bastante rigorosa para observar a variação dos rendimentos entre os pobres, mas pouco nos informa sobre o que acontece com o fenômeno para o conjunto da sociedade. Foram testadas associações com a renda familiar *per capita* e com a renda total.

Entre os elementos relacionais analisados individualmente, apenas a variabilidade da sociabilidade, medida pelo número de esferas, tem efeito direto sobre a renda para o conjunto dos casos. Os tipos de redes tampouco apresentaram associação com a renda, mas ficou evidenciada associação com certos tipos de sociabilidade. Os indivíduos com sociabilidade baseada na vizinhança tenderam a apresentar rendas menores – quem tem sociabilidade desse tipo, em geral, possui renda média de R$ 210,00 contra R$ 300,00 dos indivíduos com outros tipos de sociabilidade. Já quem tem sociabilidade institucional – igreja, trabalho e associativismo – tende a apresentar renda substancialmente mais alta – R$ 390,00 *per capita* contra R$ 225,00 de quem tem sociabilidade local e primária. Por fim, pessoas com redes médias com sociabilidade institucional têm rendas ainda maiores – R$ 430,00 contra R$ 240,00 das demais situações relacionais. De forma geral, portanto, quanto mais diversificada e menos primária e local for a sociabilidade, maiores tendem a ser os rendimentos.

Mas de que maneira o conjuntos dos atributos e dos elementos relacionais se associa com a renda? Para testar esses efeitos, procedi a uma série de análises multivariadas utilizando modelos GLM (*General Linear Model*).[7]

---

[7] Esse tipo de modelo estatístico analisa a variabilidade de uma variável dependente contínua a partir tanto de variáveis categóricas (consideradas fatores) como contínuas (consideradas covariáveis). Quando as preditoras são todas variáveis categóricas, o modelo realiza uma Anova; quando as preditoras são todas variáveis contínuas, o modelo realiza uma análise de regressão; e quando existe uma combinação de preditores categóricos e contínuos, realiza-se uma Ancova. O modelo assume a linearidade dos efeitos das variáveis independentes sobre a dependente, assim como a existência de igualdade de variâncias entre as variáveis independentes. A vantagem desse procedimento sobre a análise de regressão convencional está em que o procedimento considera os fatores variáveis categóricas efetivamente, em vez de recodificá-las em uma ou mais variáveis dicotômicas, o que tende a gerar problemas com pequenos números de casos. Dadas as premissas de normalidade das variáveis dependente e de linearidade, utilizei como variáveis dependentes as raízes quadradas da renda e da renda

Eduardo Marques

Após a realização de uma série de testes incluindo variáveis socioeconômicas, de sociabilidade e de redes, cheguei ao modelo que se segue.[8] Resultados muito similares foram obtidos com a renda familiar em vez da renda familiar *per capita* no modelo, embora com explicação menor. Como não estou interessado em prever resultados, mas apenas em avaliar a influência conjunta dos processos e variáveis sobre a renda, o resultado pode ser considerado amplamente satisfatório.[9]

Na Tabela 5.1, as primeiras colunas apresentam os parâmetros, e a última indica o efeito em reais da variação de uma unidade em cada variável, no nível da renda familiar média *per capita* de R$ 271,00.

Tabela 5.1 – Resultados do modelo GLM da renda familiar *per capita* (raiz quadrada).

Efeito entre sujeitos	Parâmetros estimados					Efeito na renda (R$) da mudança de uma unidade da independente com as demais constantes, no nível da renda média (R$ 271,00)
	F	B	Desvio padrão	t	Sig.	
Modelo corrigido	22,949					
Intercepto	170,86	17,10	1,31	13,07	0,000	
Anos de estudo	6,71	0,21	0,08	2,59	0,010	6,60
Pessoas no domicílio	56,26	−1,59	0,21	−7,50	0,000	−49,90
Redes médias com sociabilidade institucional	4,72	1,96	0,90	2,17	0,031	68,30
Interação entre rendimento estável e nº de nós	17,51	0,06	0,01	3,86	0,000	1,90
Interação entre segregação e nº de esferas	4,54	0,71	0,31	2,27	0,025	23,80

Observação: N = 206 casos; R^2 de 0,448; R^2 ajustado de 0,428.

---

familiar mensal *per capita*. Para melhorar a compreensão dos resultados, apresento os resultados convertidos para a renda familiar *per capita* em reais.

[8] O modelo executa um teste para avaliar a violação da suposição de igualdade das variâncias das variáveis independentes. No nosso caso, a significância do teste de Levene foi de 0,106, rejeitando-se a hipótese de que as variâncias das variáveis independentes sejam diferentes e, portanto, levando à aceitação do modelo.

[9] Três casos foram excluídos da análise por distarem mais de três desvios padrão dos valores esperados (casos 127, 153 e 167), resultando em 206 casos na análise.

Como podemos ver, tanto variáveis tradicionais, como a escolaridade do indivíduo e o tamanho do núcleo familiar (pessoas no domicílio), quanto as variáveis relacionais apresentaram significância estatística na explicação da renda familiar *per capita*. A escolaridade influencia positivamente o rendimento e, como seria de esperar, indivíduos com escolaridade mais elevada tendem a ter renda maior. Cada ano de estudo acrescenta, em média, R$ 6,60 ao rendimento familiar médio *per capita* dos indivíduos (ver última coluna da tabela). Vale frisar que a análise inclui apenas indivíduos em situação de pobreza e, portanto, com variabilidade reduzida tanto na renda quanto na escolaridade. É possível que a realização do estudo com um leque mais amplo de grupos sociais resulte em efeitos mais fortes da escolaridade.

A segunda variável, inversamente, afeta de maneira negativa o rendimento, também na direção esperada – quanto maior o número de pessoas no domicílio, menor a renda *per capita*. O efeito do número de pessoas, entretanto, não é apenas numérico (embora essa variável entre no cálculo da variável dependente), visto que no rendimento familiar total estão incluídas rendas de outras pessoas que não o entrevistado, assim como as redes que dão acesso a mais pessoas do que apenas ao ego. O que o modelo nos informa é que os efeitos de agregação das redes e das rendas não compensam o efeito de dependência e, à medida que cresce o número de pessoas em um domicílio, a dependência cresce mais rápido do que a entrada de outros geradores de renda e agregadores de redes. Como podemos observar na última coluna da tabela, cada indivíduo a mais no domicílio retira R$ 49,90 da renda, um efeito muito grande e similar ao de oito anos de estudo. Esse raciocínio é evidentemente hipotético.

As variáveis relacionais entraram no modelo de três formas distintas. Em primeiro lugar, uma variável dicotômica que especifica a situação de o indivíduo ter ou não rede média com sociabilidade centrada na igreja, no trabalho ou em associações. Como vimos, essa situação corresponde a sociabilidades mais variadas, pouco homofílicas e de baixo localismo. O efeito é positivo, indicando que a renda tende a ser mais elevada para indivíduos com esses padrões relacionais, acrescentando R$ 68,30 a ela, em média, o que corresponde a mais do que dez anos de estudo e ao efeito negativo de mais de uma pessoa no domicílio. Entretanto, devemos ter em mente que os tipos de rede e de sociabilidade assumem apenas os valores zero e um, enquanto os anos de estudo variam entre zero e doze anos, e as pessoas no domicílio entre um e nove.

O modelo também inclui duas variáveis de interação com dimensões relacionais. Em primeiro lugar, uma interação entre tamanho das redes e rendimento estável. O rendimento estável é capturado por uma variável (dicotômica) que indica todas as situações que podem gerar fluxo constante de rendimentos – trabalho com carteira assinada, doméstico ou não, ser dono de negócio próprio, mas também ser aposentado. Considerando o padrão de informalidade presente no mercado de trabalho local, e o fato de indivíduos permanecerem às vezes por anos em empregos sem carteira, incluí ainda como com rendimento estável os empregados sem carteira assinada que estivessem em seus atuais empregos há mais de um ano. Os indivíduos sem rendimento estável são os desempregados, e as pessoas que afirmam viver de bicos, além dos sem carteira que estavam em seus empregos há menos de um ano.[10]

O sentido da interação é bastante fácil de entender. Uma variável de interação representa a multiplicação das variáveis envolvidas. Para cada caso, portanto, assumirá como valor a multiplicação dos valores de cada variável para aquele caso. Como "rendimento estável" assume o valor zero para quem não tem essa condição, o termo de interação só tem efeito para quem tem rendimento estável. Como podemos ver na última coluna, para os indivíduos que contam com rendimento estável, cada nó a mais acrescenta R$ 1,90 na renda. Como o número de nós varia entre 4 e 179, o efeito pode ser bastante significativo. Apenas para termos parâmetros de comparação, para quem tem rendimento estável, cada dez nós adicionais na rede correspondem a mais R$ 19,00 na renda, um efeito similar ao de três anos adicionais de estudo.

A última variável, por fim, também nos fornece uma interpretação bastante interessante, que complementa evidências já encontradas anteriormente. Trata-se se uma interação entre a segregação (medida como variável dicotômica) e o número de esferas, indicador de variabilidade da sociabilidade. Como a variável segregação adquire valor zero em locais não segregados, a interação só tem efeito sobre a renda em locais segregados, indicando que apenas nesses casos a variabilidade da sociabilidade afeta os rendimentos. Assim, para indivíduos que moram em locais segregados, cada esfera a mais em sua rede acrescenta R$ 23,80 à sua renda. Esse efeito é quase igual ao de aproximadamente quatro anos de estudo adicionais, um impacto bastante significativo considerando que o número de esferas varia entre 1 e 7.

A interpretação da evidência é relativamente clara e segue a mesma direção de outros achados anteriores deste livro. Como a segregação espacial tende a causar isolamento social, estarão melhores entre os indivíduos segregados os que contarem com sociabilidade variada, indicando que as redes efetivamente podem ajudar a reduzir o isolamento causado pela segregação. Entretanto, como esse resultado é alcançado apenas para quem consegue manter padrões de sociabilidade variada, a situação social tende a ser pior para os indivíduos segregados que não conseguem manter

---

[10] A consideração dos trabalhadores domésticos sem carteira como estáveis seguiu uma ótima sugestão de Nadya Guimarães que, além de especificar a condição ocupacional mais corretamente, tornou o modelo estatístico mais estável.

padrões variados de sociabilidade, aumentando a heterogeneidade das situações. Já entre os indivíduos que não estão submetidos ao isolamento da segregação, a variabilidade da sociabilidade não tem efeito sobre a renda.

SUMARIZANDO OS EFEITOS DAS REDES

Considerando a centralidade das evidências apresentadas para o meu argumento, procederei a uma rápida consolidação do que observamos. Vimos que os tipos de sociabilidade se associam fortemente à possibilidade dos indivíduos terem trabalho, terem trabalho que conte com algum grau de proteção, assim como estejam submetidos a condições de precariedade. Em todos esses casos, a existência de padrões relacionais baseados em contatos primários e mais propensos à homofilia e ao localismo aparece associada a piores condições. Inversamente, quem conta com padrões de relações menos primários e mais associados a ambientes institucionais tende com maior frequência a ter trabalho, ter trabalhos mais protegidos e a ser menos precário socialmente. Embora a mais importante condicionante das situações de precariedade seja esse tipo de sociabilidade pouco homofílica e pouco local, a precariedade social é atenuada pela presença de sociabilidades centradas na família, ou agravada pelo status de migrante.

Por fim, a renda dos indivíduos está associada à sua escolaridade e à quantidade de pessoas residindo no domicílio, variáveis tradicionais da análise do tema, mas também ao tipo de padrão relacional dos indivíduos, ao tamanho de suas redes (para os indivíduos com fontes estáveis de rendimento), assim como à variabilidade da sociabilidade (para os indivíduos residentes em áreas segregadas). O tamanho dos efeitos dessas variáveis permite sustentar a destacada relevância das redes e da sociabilidade na explicação da renda dos mais pobres.

Em todos os casos, são melhores as condições de indivíduos com redes médias, pouco locais e com sociabilidades construídas em ambientes institucionais, que tendem a ser menos homofílicos.

AS REDES IMPORTAM PARA O ACESSO DE BENS E SERVIÇOS OBTIDOS FORA DE MERCADOS?

Vimos no capítulo anterior que elementos relacionais estão associados a situações precárias, ao status empregatício e aos rendimentos dos indivíduos, sugerindo que as redes medeiam o acesso dos indivíduos a bens e serviços obtidos por meio dos mercados, não apenas de trabalho, mas aos diversos mercados submetidos à lógica da troca impessoalizada. Entretanto, ainda não sabemos exatamente de que maneira as redes importam para a solução dos problemas cotidianos dos indivíduos, nem como são mobilizadas, inclusive para o acesso a tais mercados.

A questão é especialmente relevante, pois inclui a mobilização da sociabilidade também para a aquisição de diversos bens, serviços e auxílios externos à lógica do mercado (assim como do Estado) que têm grande importância para as condições de vida, em especial entre os indivíduos em situação de pobreza. Dentre estes, incluem-se desde o acesso a informações sobre emprego e apoios emocionais até ajudas concretas como o cuidado com crianças e pessoas doentes ou o auxílio em obras e reformas, entre muitos exemplos que discutirei a seguir. Mesmo o acesso ao Estado, inclusive em políticas universais, é mediado muitas vezes por contatos sociais. Isso ocorre pois, embora a lógica do universalismo de procedimentos carregue em si a impessoalidade weberiana, a entrega dos bens e serviços pode ganhar contornos de pessoalidade. Como já discutido, isso ocorre especialmente em momentos de grande expansão da demanda, quando as informações sobre a política são relativamente opacas e quando a implementação das políticas envolve detalhes, com burocracias de nível da rua.

O acesso às três esferas do bem-estar (mercado, Estado e solidariedade), portanto, depende de contatos sociais e pode ser influenciado pela conformação dos padrões relacionais dos indivíduos. Esses padrões foram construídos ao longo das trajetórias de vida dos indivíduos, embora sejam reconstruídos cotidianamente, e são mobilizados de maneira corriqueira pelos indivíduos, tanto consciente quanto inconscientemente. Vale acrescentar que, apesar de o capítulo se concentrar na mobilização de apoios e elementos positivos, diversas dinâmicas negativas também podem se originar nos mesmos vínculos citados, mas não são tematizados centralmente neste livro.

Analisar tais elementos, entretanto, depende de informações de natureza diferente das utilizadas até o momento. Neste capítulo, lanço mão dos resultados das entrevistas em profundidade realizadas com indivíduos classificados anteriormente pela pesquisa como tendo diferentes tipos de redes. Como descrito no Capítulo 2, retornei a vinte dos indivíduos entrevistados anteriormente, mostrando suas redes e perguntando de que forma eles as mobilizavam para obter ajudas variadas em suas atividades cotidianas. Foram feitas perguntas ligadas à migração, inclusive intraurbana, à construção da habitação ou a pequenos reparos, aos cuidados com crianças e com a casa, a problemas de saúde, a empréstimos de mantimentos e dinheiro, a confidências e apoio emocional, à obtenção de cônjuge, de emprego e de informações sobre política, serviços e políticas públicas.

Os resultados evidenciaram a existência de certos padrões na mobilização das redes pelos indivíduos para a obtenção de ajudas. A estrutura desses padrões organiza a apresentação a seguir, que inclui referências às ajudas pesquisadas utilizando sempre nomes fictícios para os entrevistados. Antes dessa sistematização, no entanto, estabeleço alguns pontos de partida conceituais na primeira seção do capítulo. Em seguida, discuto os tipos de ajuda disponibilizados pelos indivíduos, destacando a sua relação com as redes.

TROCAS, AJUDAS E CONFIANÇA

Nesta seção, defino conceitualmente os principais elementos envolvidos com as ajudas – as trocas, a confiança, a reciprocidade e a intimidade. Não se trata de desenvolver uma discussão conceitual detalhada dessas categorias nas Ciências Sociais, ou de discutir demoradamente os tipos de relações no sentido de Blokland (2003) e Degenne (2009) ou a sua origem no sentido de Bidart (1999), mas de estabelecer os pontos de partida conceituais necessários para o entendimento da análise que se segue. Vale acrescentar que a pesquisa não objetivou alcançar categorias nativas, mas analisar esses importantes processos levando em conta as interpretações dos entrevistados, sem a pretensão de reproduzi-las.

As ajudas analisadas neste capítulo implicam trocas. Estas envolvem tanto interações quanto relações no sentido de Degenne (2009). Tais trocas são todas intrinsecamente sociais (Polanyi, 1980) e envolvem o intercâmbio de elementos materiais e imateriais, mas também dimensões simbólicas. As ajudas e o apoio social envolvem trocas, pois estão submetidas às lógicas da reciprocidade como estudadas originalmente por Mauss. No sentido destacado pela tradição antropológica do dom, os elementos envolvidos na troca conformam conjuntos de sentido social e simbólico abrangente que, em sua formulação original, forneceram chaves interpretativas para elementos societários amplos (Mauss, 2003 [1923]) e tem sido aplicada desde então a diversas dimensões sociais (Lanna, 1995; 2000; Vilela, 2001).

Em um sentido mais específico, as trocas diferem entre si com relação ao seu caráter mais ou menos impessoal, em um contínuo desde as trocas generalizadas ou impessoais até as mais personalizadas ou específicas (Nunes, 1997), nas quais os atributos dos envolvidos na transação importam. As trocas mercantis, que podem ser mediadas pelo dinheiro ou ocorrer em espécie, são as mais intensamente impessoais, embora reguladas pelos termos das relações mercantis, no sentido de Grosseti (2009), discutido no Capítulo 1. Apesar disso, sabemos também que estas sempre envolvem relações sociais e, consequentemente, são mediadas por diversos processos sociais, materiais e simbólicos (Weber, 1999 [1922]; Polanyi, 1980). É razoável imaginar que em contextos de pobreza, onde diversos tipos de informalidade estão presentes nas trocas mercantis, o grau de impessoalidade seja menor. Nesse caso, as trocas da economia estão mais atravessadas pela economia das trocas.[1]

Nessas trocas, são intercambiados bens materiais, como dinheiro, mantimentos e ferramentas, entre outros, mas também elementos imateriais como informações, afetos, solidariedade, apoio emocional etc. Além disso, todas essas trocas também envolvem dimensões marcadamente simbólicas, como reconhecimento e prestígio. As trocas nem sempre envolvem bens similares, e tampouco ocorrem de forma imediata, construindo condições de dívida inseridas na lógica da reciprocidade social. Em alguma medida, padrões relacionais são sempre redes de trocas, não apenas em virtude do que pode fluir pelas relações, mas também pela reciprocidade envolvida e pelos graus de confiança e intimidade que as viabilizam e perpetuam no tempo. Os tipos das próprias relações, adicionalmente, podem ser transformados de acordo com as dinâmicas das trocas, a reciprocidade e confiança envolvidas, como será apontado adiante.

Contudo, todos os tipos de ajuda envolvem também custos de várias naturezas, os quais incluem recursos materiais como dinheiro e bens, mas também tempo despendido no auxílio, assim como investimentos operacionais e emocionais de quem ajuda. Evidentemente, os custos nessas práticas são mediados pelas condições de reciprocidade existentes e

---

[1] Devo a observação desta dimensão e a sua formulação a discussões com Encá Moya e Valéria Macedo, a quem agradeço.

podem ser mitigados, em parte, pelos tipos de vínculo envolvidos. Nesse sentido, quanto mais custosa for a ajuda prestada, mais ela dependerá da existência de certos tipos de vínculo e da confiança na relação que media a reciprocidade (tornando mais ou menos confiável esperar a retribuição futura). Como comentarei após, entretanto, a presença de reciprocidade social e de confiança não afastam necessariamente a presença de monetarizações nas ajudas.

Por confiança entendo a segurança no cumprimento das expectativas de uma dada relação, quaisquer que sejam essas expectativas. Para alguns entrevistados, confiança depende de homofilia – confia-se em quem tem atributos (ou comportamentos) similares. Para outros, há tipos distintos de confiança, associados a situações sociais específicas. A análise dos casos sugeriu que dependendo da situação há expectativas diferentes regulando as relações e estabelecendo tipos diversos de confiança. Foram observados ao menos três tipos de confiança – pessoal, profissional e política/associativa.

A primeira é a mais comum e diz respeito à segurança do ego em relação a seus contatos quanto a assuntos de natureza pessoal. Ela se associa à intimidade, mas só depende dela nas relações de confidência, como veremos a seguir. A confiança profissional diz respeito à segurança que um determinado ego tem de que seus contatos vão cumprir as regras pactuadas em atividades profissionais. Esse tipo de confiança apareceu em entrevistas com proprietários de pequenos negócios e com outros que contam com parceiros regulares de trabalho. Por fim, a confiança política/ associativa é a que apareceu com menor frequência, inclusive pela pequena presença de indivíduos com vida associativa intensa. A questão aqui se refere à segurança de que os seus companheiros cumprirão os pactos estabelecidos no desenvolvimento de atividades e no estabelecimento de alianças e disputas políticas. Em todos esses casos, a confiança pode estar presente tanto em relações horizontais quanto em verticais, sendo compatível com desigualdades de poder e hierarquias.

Graus diferentes de confiança, por sua vez, associam-se usualmente a formas diversas de reciprocidade. Na maior parte das vezes, ajudas com baixa confiança estão associadas à reciprocidade moral e impessoal típica do pertencimento a grupos, como no que Blokland (2003) denomina *attachments* seguindo Weber (1999 [1922]) – relações não instrumentais, mas baseadas na racionalidade e em valores de pertencimento a grupos circunscritos por identidades compartilhadas. Mas podem também ser mobilizadas pela reciprocidade que envolve permuta direta e tem uma dimensão mais instrumental, que Luciano, um entrevistado do Jaguaré, chamou de "toma--lá-dá-cá". Enquanto as relações que veiculam as primeiras estão associadas tanto à racionalidade (ação deliberada e consciente) quanto a valores, as segundas baseiam-se em relações racionais e orientadas a fins de maneira similar ao definido por Blokland (2003), seguindo Weber (1999 [1922]). No outro lado do espectro, as relações que envolvem confiança alta se associam a trocas específicas e a reciprocidades que podem se distribuir no tempo e envolver diferentes bens materiais e imateriais. Nesse caso, a reciprocidade é inteiramente personalizada e é garantida por um tipo específico de vínculo pessoal. Nos termos de Grosseti (2009), o processo de passagem de um extremo a outro envolve uma gradual libertação dos contextos organizacionais (desacoplando do coletivo anterior) ou das relações anteriores (desacoplando dos intermediários) ou de interesses e atividades comuns (desacoplando da atividade e do assunto).

Intimidade também diz respeito à segurança do cumprimento das regras das relações, mas é especializada em assuntos pessoais que envolvem sigilo e depende de graus mais elevados de confiança. Nas palavras de João, um morador de Cidade Tiradentes, "intimidade é jogo aberto". Diferentemente de confiança, intimidade aparece apenas em relações com pequenas diferenças hierárquicas e de poder.

Além dos custos diferenciados das ajudas, variações nos tipos de vínculos e nos graus de confiança presentes nas relações, portanto, influenciam as ajudas disponíveis para os indivíduos, e podem impactar de maneira destacada as condições de vida e a pobreza.

AJUDAS

Afinal, como ocorrem as ajudas que especificam os acessos aos bens e serviços do bem-estar? As informações das entrevistas sugeriram a existência de elementos comuns às formas de ajuda que podem ser agrupados nos tipos a seguir, apresentados conjuntamente com exemplos extraídos das entrevistas. Trata-se da organização, segundo critérios sociológicos, das regularidades observadas empiricamente nas ajudas que os indivíduos recebem em seu cotidiano, considerando um cruzamento entre confiança, custos e tipo de reciprocidade. Dependendo da situação, a reciprocidade e a confiança envolvidas podem ganhar vários contornos e feitios, e a troca em si pode ser mais ou menos personalizada. No entanto, no contexto específico da reciprocidade envolvida com cada ajuda, os custos ganham conteúdos distintos, misturando por vezes prestígio, afeto, expectativa de retribuição e dinheiro.

A questão é importante, pois eventualmente o limite entre o que é inteiramente compra de serviço via mercado e o que é troca mediada pela reciprocidade social, mas que também envolve pagamento em dinheiro, é tênue. No primeiro caso, por exemplo, inclui-se a frequente contratação de conhecidos para a realização de reparos remunerados nas edificações. Apesar de os indivíduos serem conhecidos, trata-se meramente da compra de um serviço, que poderia ser adquirido de outro prestador. Mais ainda temos as ajudas discutidas a seguir, que também podem envolver pagamentos em dinheiro pelo auxílio, mesmo para pessoas muito próximas, como no caso de uma irmã que cuida regularmente das crianças de uma entrevistada. Nessa situação, o dinheiro é apenas uma das dimensões envolvidas na troca, que não é generalizada, mas específica e personalizada pela confiança envolvida. Aparentemente, os pagamentos representam retribuições e contribuem para reduzir os custos das ajudas, bem como elementos como prestígio, afetos e outros auxílios prestados ou devidos para prestação em momento futuro, no contexto da reciprocidade.

Considerando essas dimensões, são basicamente três os tipos de ajuda observados e que estudaremos a seguir: ajudas imediatas e de baixo custo; ajudas constantes ou crônicas e custosas; e ajudas que envolvem confiança e intimidade.

Ajudas imediatas e de baixo custo

Esse tipo envolve ajudas durante crises agudas de saúde, empréstimo de ferramentas e de mantimentos, olhar a casa durante a ausência dos donos, assim como informações para emprego e a respeito de políticas e serviços públicos.

Esse tipo de ajuda é conduzido muito comumente por vínculos fracos e frequentes, mas superficiais, no que Luciano do Jaguaré definiu como "oi, oi, tudo bem?". Em geral, trata-se de uma forma de ajuda que pode ser veiculada por relações muito pouco personalizadas e com reciprocidade bastante distante, que na sua maioria poderiam ser classificadas como interações, e não como relações, no sentido de Degenne (2009). Grande parte dos vínculos que a carreiam é originária da vizinhança e tende a se quebrar facilmente, em especial com o deslocamento da residência. Esses vínculos, entretanto, são substituídos de forma relativamente fácil no novo local de moradia, embora alguns lugares possam ser considerados melhores do que outros pelos entrevistados nesse sentido, considerando a sociabilidade vigente no local. Os laços que veiculam esse tipo de ajuda se comportam como se correspondessem a suportes impessoais de relações de reciprocidade de ajuda cotidiana. Nesse caso, não é necessária a presença de confiança e está envolvida uma reciprocidade apenas tênue regulada pelos seus coletivos específicos.

O que embasa esse tipo de ajuda é um sentimento de solidariedade difusa. Se considerarmos que todos os tipos de solidariedade estão associados a identidades, nesse caso se trata de uma identidade difusa ou de pertencimento a grupos amplos, como "nós da comunidade", "os pobres", "os irmãos" ou mesmo "os seres humanos". O discurso dos entrevistados para justificar as ajudas desse tipo é associado ao pertencimento a esses grupos ou solidariedades amplas, como para João, morador da Cidade Tiradentes, que sustenta que "de pessoa doente, até os inimigos se compadecem". As crises agudas de saúde exemplificam essas situações, nas quais é frequente a ajuda de vizinhos, em especial emprestando carros e promovendo condução até unidades de saúde, como em situações relatadas por Lúcia, David, Luciano e Rafaela, moradores de cortiços, de Paraisópolis, do Jaguaré e da Vila Nova Esperança, respectivamente.

Mesmo que esse tipo de ajuda não necessite de confiança prévia, ela pode ser negada pela quebra da reciprocidade mínima esperada no passado, tanto de forma personalizada quanto generalizada. Nas palavras de João da Cidade Tiradentes, "ferramenta eu sempre emprestei muito, mas hoje não empresto mais, pois as pessoas não devolviam". De maneira inversa, a prestação de auxílio no caso das crises agudas de saúde pode levar a um aprofundamento da relação entre indivíduos, aumentando a confiança na pessoa que ajudou e levando mesmo a um grau mais elevado de intimidade. Assim, embora nem confiança nem intimidade sejam necessárias para que um indivíduo dê esse tipo de ajuda, dado o seu caráter quase impessoal, tanto a confiança quanto a intimidade podem ser impactadas pela prestação desses auxílios, positiva ou negativamente. Essa dinâmica pode contribuir, portanto, para personalizar vínculos, desacoplando-os dos seus contextos de origem.

O fornecimento de informações a respeito de emprego pode se associar a todos os tipos de ajuda, mas também pode ser veiculado pelos laços que carreiam as ajudas imediatas e de baixo custo, em especial para os empregos mais locais. Em sua forma mais extrema, a informação pode vir até de desconhecidos. No caso de João, da Cidade Tiradentes, por exemplo, a informação que levou a um emprego foi dada por um desconhecido em uma praça, e para Ednalva, de Paraisópolis, foi obtida de uma pessoa que conheceu no ônibus. Maria, uma desempregada do Jaguaré que sobrevive catando papéis, obteve um emprego como empregada doméstica por intermédio de uma pessoa que conheceu quando passou a frequentar uma igreja. O fornecimento dessas informações tem baixíssimo custo e é veiculado por contatos muito pouco intensos e por vezes quase ao acaso, de forma similar aos vínculos fracos de Granovetter (1973).

Nesse particular, alguns locais onde informações circulam mais intensamente parecem gerar contatos potenciais com redes de outros indivíduos que se conhece pouco, ou até mesmo com desconhecidos. Nesse caso, não se trata de um efeito da rede de um dado ego, mas de espaços de convívio específicos que dão acesso a redes de outros indivíduos que podem nem mesmo participar da sua rede. Esse é o caso do salão de cabeleireiro de Antônio, também pastor e diretor de uma organização comunitária em Paraisópolis. Segundo as entrevistas, aquele espaço representa um importante local de troca de informações, para o qual os indivíduos convergem.

Um tipo de efeito similar rodeia certos indivíduos, os quais possuem muitos contatos. Rafaela, da Vila Nova Esperança, e Antônio e Jorge, de Paraisópolis, por exemplo, afirmaram ser procurados com frequência, inclusive por desconhecidos, perguntando se sabem de ofertas de emprego. Dispor dessa capacidade traz prestígio e status social a eles. Não por acaso, os três indivíduos são líderes em seus bairros e estão envolvidos com atividades associativas.

Entretanto, é importante reportar uma diferença com relação aos resultados do influente trabalho de Granovetter. O argumento do autor a respeito da força dos vínculos fracos na busca de emprego baseava-se na ideia de que, se um dado ego se encontrava desempregado há algum tempo, o emprego não chegaria a ele por vínculos fortes, caso contrário ele já estaria empregado. Tecnicamente o argumento dizia respeito a uma regularidade empírica associada às "tríades abertas proibidas": se um determinado ego tem uma relação forte com A e outra com B, é muito pouco provável que A e B não tenham relação. Por isso, informação nova não chegaria aos indivíduos por vínculos fortes, mas por vínculos fracos.[2]

Em uma aparente contradição com os achados do autor, uma parte importante dos empregos de melhor qualidade encontrados proveio de vínculos fortes, inclusive da família. Entretanto, a evidência diz respeito em especial aos primeiros empregos de indivíduos recém-migrados ou que ingressam no mercado de trabalho pela primeira vez. A questão está em que, quando ocorrem os primeiros contatos dos indivíduos com as redes que os acolhem (ou que os integram ao mercado, no caso dos adolescentes que começam a trabalhar), informações novas sobre emprego chegam tanto por vínculos fortes quanto por vínculos fracos.[3] Esse efeito tende a ser ainda mais forte para indivíduos de baixa qualificação e que se encontram no limite da sobrevivência, para quem virtualmente qualquer ocupação pode fazer a diferença. Voltarei a este ponto no próximo capítulo ao discutir os mecanismos relacionais.

Fazem parte dessa situação os casos de Ana Luíza, Luciano, João, Rafaela, Lúcia e David, para quem empregos importantes em suas trajetórias vieram de informações trazidas por familiares. Nos casos dos quatro primeiros, os empregos foram obtidos quando chegaram a São Paulo do

---

[2] O raciocínio evidentemente considera que as demais condições do mercado de trabalho ficam constantes e que as redes dos alteres ligados ao ego por vínculos fortes não mudem muito, caso contrário informação nova pode chegar pela transformação do ambiente econômico e das redes, independentemente das forças dos vínculos.

[3] Vale reportar que Nadya Guimarães (op. cit.) encontrou resultados compatíveis com essa interpretação ao realizar uma pesquisa junto a demandantes de emprego na região metropolitana de São Paulo, em 2004. Embora sem estudar as redes diretamente, a autora indicou um decréscimo da importância relativa na busca de emprego dos círculos mais próximos dos indivíduos à medida que avança a idade.

Nordeste, mas os casos de David e Lúcia envolvem jovens que iniciaram suas vidas profissionais no final da adolescência já em São Paulo.

Apesar desse ponto em comum, as trajetórias (e suas consequências) são muito diferentes. Ana Luíza obteve um emprego estável em uma loja de roupas para noivas no centro de São Paulo por intermédio de um parente, mas planejou se transformar em autônoma. Depois de um período no emprego, aprendeu a fazer grinaldas com ajuda de colegas e pediu as contas. Desde então, produz em casa, utilizando os contatos que constituiu na loja. Obtém um rendimento mais alto, além de ter controle sobre o processo de trabalho e não precisar se deslocar diariamente de Vila Nova Esperança até o Centro. O caso de Luciano também merece menção. Após trabalhar com os irmãos em uma padaria de um bairro de classe média próximo à Vila Nova Jaguaré, também iniciou um negócio próprio. Após um período de crise, quando teve de contrair empréstimos de alto valor e vender sua casa para pagar dívidas, vive hoje uma situação bastante próspera. João, da Cidade Tiradentes, também obteve o seu primeiro emprego em São Paulo, em uma marcenaria, com a ajuda de um cunhado, embora sua trajetória posterior não seja tão bem-sucedida quanto as anteriores. Por fim, Rafaela, da Vila Nova Esperança, foi ajudada pela tia em dois momentos sucessivos. O seu primeiro emprego em São Paulo foi obtido por meio da tia, mas ela voltou para o Nordeste após um ano. Quando retornou da migração pendular, foi novamente a tia quem lhe conseguiu um trabalho.

O efeito no caso de jovens paulistanos que obtêm os primeiros empregos é similar. David brigou com o pai no final da adolescência e saiu de sua casa em Paraisópolis, obtendo o seu primeiro emprego em uma loja de fotografia conseguido por uma irmã. E os filhos de Lúcia conseguiram seus primeiros empregos com um tio, em uma borracharia num bairro próximo à Vila Nova Esperança.

Os dois primeiros casos – o de Ana Luíza e o de Luciano – ainda nos sugerem que o planejamento de futuro também pode cumprir um papel bastante importante para o aproveitamento das oportunidades relacionais que chegam aos indivíduos. A presença ou não desse planejamento está associada aos enquadramentos culturais por meio dos quais os indivíduos veem a sociedade e suas situações, no sentido de Lamont e Small (2008, p.8): "Um esquema interpretativo que simplifica e condensa a realidade social, escolhendo e codificando seletivamente os objetos, situações, eventos, experiências e sequências de ações". Em ambos os casos reportados, dadas as condições em que foram colocados, os entrevistados planejaram sua inserção, o que lhes permitiu utilizar o conhecimento que haviam obtido na padaria e na loja de artigos para noivas para iniciarem os seus negócios como proprietário e como autônoma, respectivamente.

Em situação inversa se localizam pessoas que apresentam uma postura mais passiva com relação à sua trajetória. A situação pode ser ilustrada pelas palavras de João, morador de Cidade Tiradentes, que teve longas e importantes relações com indivíduos sem atividade profissional e que faziam muito pouco esforço para melhorar a sua situação. Nas suas palavras, seu companheiro por nove anos "não lutava". Para ele, muitas pessoas "não têm ambição, talvez seja comodismo ou preguiça. Falo de ambição normal, de ter uma casa, com as minhas coisinhas no armário". A questão, entretanto, não está relacionada apenas com esforço, mas com planejamento: essas pessoas "só se lembram de comer quando tão com fome. Não dá assim. Só lembrar de plantar quando tá com fome". Voltarei a esse ponto na discussão dos mecanismos, mas vale adiantar aqui que esse comportamento poderia ser pensado como produto de escolhas no interior de uma "cultura da pobreza", como faz tradicionalmente uma parte da literatura que artificialmente torna homogêneas as mais diversas representações presentes em uma dada comunidade pobre (Lamont; Small, 2008; Small; Newman, 2001). Diferentemente, considero esses comportamentos resultados adaptativos à cumulatividade de precariedades ocorridas ao longo da trajetória de certos indivíduos, influenciada inclusive pela operação combinada dos demais mecanismos, reduzindo os graus de liberdade de suas escolhas.

Vale acrescentar um último ponto relativo aos auxílios para acessar serviços e políticas estatais. As informações não sugerem a existência de ajuda personalizada envolvendo reciprocidade eleitoral na obtenção de serviços e políticas públicas, ao contrário do que sustenta uma vasta literatura sobre clientelismo político. Confirmando resultados de pesquisas anteriores sobre o acesso a políticas e serviços em São Paulo (Figueiredo; Torres; Bichir, 2006), não foi encontrada intermediação pessoal, política ou qualquer outra associada a relações de reciprocidade eleitoral na busca desses tipos de serviço.

Essa tendência se liga à universalização do acesso às políticas e aos serviços mais básicos com o estabelecimento de patamares mínimos de direitos, retirando destes o caráter de moeda negociável eleitoralmente. Entretanto, isso não equivale necessariamente à inexistência de trocas associadas a acessos. Essa distinção é conceitualmente importante, pois a tradição de estudos sobre clientelismo político considerou que este se fazia presente quando o acesso a políticas envolvia trocas de alguma natureza. Como sabemos, as relações sociais são em si trocas, o que torna ingênua a interpretação da institucionalização das políticas públicas como um processo de desimbricação social das relações entre Estado e sociedade. Basta que pensemos em todas as dimensões sociais envolvidas na implementação das políticas pela burocracia de nível da rua indicadas por Lipsky (1980).[4]

---

[4] Vale destacar o paralelismo desse raciocínio com a crítica de Polanyi (1980) à ideia do livre mercado como campo das relações econômicas desencarnadas das relações sociais. Tanto mercado quanto Estado são partes constitutivas das sociedades, atravessados por vínculos

A questão está no que circula nas trocas associadas aos acessos a políticas, e não no caráter mais ou menos "desencarnado" socialmente dessas trocas. O clientelismo se caracteriza pelo estabelecimento de relações nas quais a ajuda no acesso a políticas é trocado por apoio eleitoral. Essa dimensão é impactada pela expansão universalista das políticas públicas, visto que o valor eleitoral dos apoios cai a níveis muito baixos se as políticas são entendidas e – muito mais importante, sentidas – como direitos.

Assim, apesar de não se fazerem presentes trocas político-eleitorais no sentido clássico, apareceram com alguma frequência na pesquisa encaminhamentos institucionais, que têm muitas vezes caráter pessoal. Esse é o caso da diretora da escola de Carlos, um jovem morador de cortiços, que o encaminhou e conseguiu vagas em outra escola. Esse também foi o caso de Marta, outra moradora de cortiços, que conseguiu uma vaga em um curso de informática por meio da diretora da creche municipal onde estuda seu filho. Nessa mesma direção, técnicos de uma política podem cumprir funções importantes em outras iniciativas públicas, explicando procedimentos e encaminhando para atendimento, como no caso do papel de mediadores exercido pelos agentes comunitários de saúde (Lotta, 2006). Adicionalmente, contatos nas redes e associações comunitárias também veiculam esse tipo de ajuda, em especial em redes de indivíduos muito pobres ou idosos. Em um dos locais estudados, o padre da diocese local, por exemplo, que exerce uma poderosa liderança social e política, ocupa esse papel de mediador entre a esfera local e o universo formal das instituições.

Essas distinções são importantes, pois em casos de baixa disponibilidade de informações sobre as políticas ou de universalização recente, a mediação acontece com frequência, queiram ou não os gestores (e os estudiosos). O fato de os estudos sobre políticas partirem de uma visão normativa da categoria clientelismo e a ideia de que o acesso acontece de forma automática quando da universalização nos impedem de ver as diversas formas pelas quais serviços são mediados.

Entretanto, como essas trocas envolvem reciprocidade, os indivíduos que produzem essa mediação frequentemente ganham projeção e distinção, em especial entre os mais pobres e idosos, que dependem mais desse tipo de apoio. Em todos esses casos, no entanto, trata-se mais da disponibilização de informações e da ajuda no preenchimento de formalidades (que comumente apresentam grande dificuldade para esse grupo social) do que de intermediação no sentido clássico da expressão, associado a formas de reciprocidade envolvendo retornos eleitorais.

---

de diversos tipos, e podem ser separados daquelas apenas analiticamente, e mesmo de forma provisória. A ontologia das relações entre o Estado e o seu entorno imediato (assim como do mercado), entretanto, não pode desconsiderar as suas inserções mais amplas.

Ajudas constantes ou crônicas e custosas

Essas ajudas envolvem situações crônicas de saúde que demandam atenção constante, cuidados cotidianos com crianças, obras na casa, ajuda na migração e empréstimos de pequena monta. Em todos esses casos, trata-se de atividade relativamente custosa (embora não necessariamente em relação a questões financeiras) para quem ajuda. Os casos estudados indicam que em vários deles há também remuneração, mesmo que para pessoas muito próximas (irmãos, mãe, amigos íntimos etc.). Interpreto esses pagamentos como uma tentativa de reduzir os custos envolvidos para quem ajuda, mas isso não deve ser considerado como caracterizando uma relação mercantil corriqueira, visto que aqui a troca envolve reciprocidade e depende de confiança. Nesse sentido, a prestação desses auxílios de forma inteiramente mercantil e despersonalizada não representa ajuda no sentido empregado neste contexto. No caso da classe média, ajudas custosas desse tipo costumam ser contratadas no mercado, tais como a contratação de creches, babás, enfermeiras, pedreiros e empréstimos no banco. No caso dos pobres, entretanto, a contratação via mercado se resume aos serviços especializados de construção. Os demais auxílios desse tipo são prestados socialmente e estão sujeitos às lógicas da reciprocidade e da confiança.

Os cuidados com crianças enquanto os pais trabalham são usualmente prestados por familiares, inclusive irmãos mais velhos ou vizinhos, com ou sem pagamento em dinheiro. No caso de Jorge, morador de Paraisópolis, e Maria, moradora da área mais pobre do Jaguaré, o cuidado sempre foi pago, para uma cunhada no caso dele e para vizinhos no caso dela. Maria chegou a afirmar que "ninguém faz isso de graça". Jorge e sua mulher nunca precisaram que alguém cuidasse cotidianamente das crianças, mas a cunhada de Jorge leva suas crianças para a escola e recebe uma pequena remuneração mensal. Em alguns casos foram descritas ajudas não remuneradas de vizinhos, embora os relatos de maus-tratos sejam relativamente frequentes. Por essa razão, a confiança é indicada pelos entrevistados como uma dimensão importante dessa ajuda, embora nem sempre os indivíduos contem com pessoas de confiança para fornecê-la.

Cuidados com doentes crônicos também envolvem elevados custos e necessitam de confiança. O mesmo se pode dizer do auxílio cotidiano às mulheres que acabaram de dar à luz. Nesses casos, quase sempre é a família quem presta o apoio. Quando a parturiente mora longe da família e não conta com uma rede de apoio de vizinhança forte, tende a se deslocar provisoriamente para junto da família, mesmo que para condições habitacionais muito piores. Em um caso reportado por Carlos, sua irmã, que mora fora de cortiço em casa própria de boas condições, se mudou no final de uma gravidez de risco para o quarto no cortiço onde moram o entrevistado, seu irmão e sua mãe.

Vale assinalar que, diferentemente do processo de autoconstrução narrado amplamente pela literatura nos anos 1970 e 1980 (Kowarick, 1979; Bonduki; Rolnik, 1982; Chinelli, 1980), não foram encontrados casos de ajuda mútua comunitária para a construção de edificações. Alguns entrevistados afirmaram que suas casas foram originalmente construídas dessa forma (parcial ou completamente), mas a grande maioria das descrições, e todas as descrições de eventos mais recentes, indicam contratações via mercado ou processos coletivos, mas não comunitários de construção. Por processo coletivo quero indicar uma dinâmica que envolve um grupo relativamente pequeno e seleto de pessoas e é baseado em reciprocidade pessoal, diferentemente dos processos comunitários, que envolvem a participação de um grande número de pessoas e tem a identidade ou a solidariedade comunitárias como fundamento principal. Na maior parte dos casos encontrados pela pesquisa, a construção foi executada por apenas alguns indivíduos da família e amigos muito próximos. Em vários desses casos, ocorreu o pagamento para parte das pessoas, em especial os que executaram serviços mais especializados (instalações elétricas e hidráulicas, tipicamente). Quase na totalidade das vezes, esses serviços especializados foram comprados no mercado pelos preços locais, de forma impessoal. Os casos de Jorge, Lúcia e Rafaela ilustram essa prática. Jorge, líder comunitário em Paraisópolis, teve ajuda apenas do tio da esposa e do cunhado ao construir a casa, mas teve de pagá-los. Lúcia também somente teve ajuda de cunhados e do filho, e Rafaela simplesmente do marido e de irmãos para a construção do barraco de madeira, ambas em Vila Nova Esperança. Atualmente, esta última entrevistada mora em um barraco de alvenaria comprado por ela com suas economias de empregada doméstica – o barraco anterior foi vendido para a irmã.

Uma das regularidades mais presentes no conjunto dos resultados diz respeito a ajudas na migração, acolhendo os indivíduos e ajudando na obtenção do primeiro emprego na cidade. Muitas vezes, quem recepciona o migrante recente, geralmente da família ou amigo próximo do local de origem, chega a pagar os custos da viagem, com a combinação de receber o dinheiro de volta ou não. Algumas pessoas chegam a se especializar nesse tipo de ajuda. Lúcia, da Vila Nova Esperança, reportou que seu cunhado recebe regularmente migrantes recém-chegados no bairro João XXIII, tanto de forma gratuita quanto remunerada, chegando a construir pequenas unidades habitacionais no fundo do seu lote para alugar. Outras pessoas recebem regularmente sem cobrar, como a tia de Rafaela, da Vila Nova Esperança, que, além de recebê-la, alojou muitas outras pessoas da família. Segundo ela própria, sua casa "parecia um albergue".

Vale destacar aqui a importância de vínculos fortes e da família na integração dos migrantes. Os relatos da migração, nesse sentido, reforçam os resultados anteriores que indicaram que as piores situações de precariedade social são encontradas quando se associa pequena presença da família na sociabilidade com migração.

Nos relatos dos entrevistados são também relativamente comuns as migrações pendulares, como nos casos de Luciano, do Jaguaré, José, dos cortiços, e Rafaela, da Vila Nova Esperança, que migraram várias vezes entre São Paulo e suas cidades natais. Além desses casos, vários entrevistados reportaram histórias de migrações de retorno. José, dos cortiços, e João, da Cidade Tiradentes, por exemplo, relataram a existência de parentes que vieram, não se adaptaram e votaram. Nas palavras de João, eles "não se adaptaram porque do Nordeste para cá parece outro país. É muito diferente".

Também foram encontrados casos de mudança de migrantes no interior da cidade, utilizando muitas vezes indivíduos de sua rede que moram em outros bairros. Essas mudanças são motivadas por conflitos com membros da família que os acolheu, ou pela busca de uma melhor inserção urbana e profissional. A primeira localização, entretanto, parece ser muito importante. Isso se deve ao fato de os indivíduos em situação de pobreza muito comumente construírem suas credenciais para o mercado de trabalho diretamente na prática, nas primeiras atividades profissionais em que se engajam. Essas, por sua vez, são trazidas pelos primeiros contatos de que dispõem na cidade e a partir dos quais começarão a reconstruir suas redes no novo contexto, a exemplo dos processos de integração estudados por Jariego (2002; 2003). Voltarei a esse ponto no próximo capítulo ao discutir os mecanismos.

Por fim, comento a concessão de pequenos empréstimos de dinheiro, que no caso dos entrevistados envolvem quantias entre R$ 1,00 e R$ 10,00. Na maior parte das vezes os empréstimos são obtidos com indivíduos da própria família ou amigos próximos, da vizinhança, do trabalho ou da igreja. Evidentemente, "a gente pede para quem sabe que pode", afirmou João, da Cidade Tiradentes. Trata-se, portanto, de pessoas próximas, mas com situação econômica um pouco melhor do que aquele que pede. Outra razão para se pedir para pessoas próximas parece ser a vergonha que gera para alguns indivíduos, embora nem nesses casos o problema esteja resolvido. João, que é sozinho e não conta com apoio familiar, chegou a afirmar que já solicitou empréstimos a agiotas, para não correr o risco de "receber um não de uma pessoa querida, aí eu ficava para morrer".

No caso dos comerciantes, esses pedidos parecem ser relativamente comuns, mas Luciano, do Jaguaré, afirmou que só empresta para "pais de família de boa índole e mães de família com famílias firmemente constituídas. Geralmente para pessoas de boa índole", envolvendo um filtro moral sobre o comportamento, caso contrário "o dinheiro pode ser usado para beber, jogar e alimentar vícios". Diversos entrevistados disseram que quem pede devolve sempre, mantendo assim a confiança e a possibilidade de apoio futuro. Para os comerciantes que emprestam, o motivo parece ser a manutenção das boas relações com a clientela, como afirma Luciano: "você tem aquela pessoa como seu cliente e não quer contrariar", mas também uma reciprocidade específica, pois "elas estão ali no dia a dia ajudando", comprando coisas. Um importante elemento simbólico envolvido aqui parece ser a distinção e o respeito associados a quem empresta regularmente. Jorge, que é líder comunitário em Paraisópolis, além de comerciante, afirma que recuperar o dinheiro emprestado "varia muito de pessoa para pessoa. Tem gente que eu nem cobro". Nesse caso, trata-se de relações intrinsecamente assimétricas (e até mesmo hierárquicas em alguns casos), baseadas em uma reciprocidade em que a construção e a manutenção de prestígio ocupam posições de destaque.

Como todas as ajudas discutidas nesse item envolvem confiança e são personalizadas, os indivíduos que as veiculam são de difícil substituição. Consequentemente, a saída dessas pessoas da rede de um indivíduo ou a redução do contato com elas (por aumento da distância física, dada a economia dos vínculos, ou por rompimentos diversos), pode piorar as condições de apoio e gerar vulnerabilidade social (e, em situações extremas, até mesmo desfiliação social). Indivíduos migrantes recentes também tendem a se ressentir de sua baixa inserção local pela dificuldade de obter esse tipo de ajuda. As entrevistas sugerem que entre os migrantes essa é uma motivação importante para receber parentes. Para além do sempre citado desejo de melhora de vida para os parentes, como afirmou João, da Cidade Tiradentes: "Trouxe porque vi e ainda vejo ainda muito progresso em São Paulo", a constituição de um núcleo familiar estendido fisicamente próximo pode trazer grande facilidade no cotidiano, além de conforto emocional, melhorando o acesso a esse tipo de auxílio e ao seguinte.

Ajudas que envolvem confiança e intimidade

Esse tipo de ajuda envolve empréstimos de alto valor, confidências e apoio emocional e político (para os indivíduos com vida política e associativa). Os vínculos que viabilizam essa ajuda dependem fortemente de confiança, e mesmo de intimidade. Na maior parte das vezes, essa confiança envolve homofilia social, política ou mesmo moral.

Em alguns casos, foram encontrados empréstimos de valor elevado, associados a entrevistados envolvidos com atividades comerciais. Os empréstimos tinham sentido bastante mercantil, visto que apesar de não serem cobrados juros, estavam associados a compras de participação em sociedades. Entretanto, envolveram elementos evidentes de confiança, como é característico das relações de associação comercial, aumentados pelos diversos graus de informalidade característicos dessa esfera social, onde os vínculos da economia estão fortemente atravessados pela economia dos vínculos. Essa confiança é baseada em homofilia de comportamentos, como descrito por McPherson et al. (2001). O ego não empresta necessariamente para quem é próximo dele, mas para que tem comportamentos similares aos dele, considerados confiáveis para os assuntos comerciais e de trabalho. Portanto, nesses casos, frequentemente não há intimidade na relação, que envolve indivíduos que interagem apenas no domínio público, embora haja confiança.

Para as confidências e o apoio emocional em assuntos mais pessoais, entretanto, a situação é bastante diferente. No extremo, esses envolvem os temas que Luciano, do Jaguaré, classificou como "picantes" ou os momentos que Lúcia, da Vila Nova Esperança, definiu como "hora da precisão". Nesses casos, a primeira dimensão de homofilia que se faz presente com força é a de sexo – mulheres confidenciam com mulheres, e homens, com homens. A exceção parecem ser os jovens, que em alguns casos mantêm amigos confidentes de outro sexo, como em situações reportadas por David, de Paraisópolis. Entretanto, o caráter altamente seletivo desse tipo de apoio credencia apenas uma parte dos indivíduos, mesmo próximos, para veiculá-lo.

Outro requisito para o estabelecimento de relações que veiculam confidências parece estar associado à ausência de assimetria, e apenas em relações com baixa desigualdade esse tipo de ajuda pode ser prestado. Nesse sentido, a relação com alguns membros da família pode aparecer com sinal invertido, e a proximidade pode descredenciá-los a tornarem-se confidentes ou a exercerem apoio emocional, embora em outras situações, não. Esse é o caso da relação entre pais e filhos de famílias com estrutura mais tradicional ou patriarcal, nas quais a gramática das relações envolve fortemente autoridade ou hierarquia. A presença de confidências entre mãe e filhas adolescentes ou adultas, no entanto, parece ser muito comum e um dos principais pontos de apoio emocional para ambas. Como já discutido, embora confiança possa estar presente em relações que envolvam autoridade, intimidade não está, sendo algo típico de relações entre iguais. Acredito que essa dimensão não é particular do grupo social analisado.

Um elemento adicional importante a destacar nas confidências e no apoio emocional diz respeito à homofilia de comportamentos ou, como afirmou João, da Cidade Tiradentes, quando "as ideias batem". Nas palavras de Luciano, do Jaguaré, "confiança para mim é a pessoa ter os mesmos hábitos que você, ela gostar das mesmas coisas que você, ela mostrar o mesmo caráter que você, frequentar os mesmos ambientes que você e ter os mesmos gostos que você". Assim, é muito mais provável que indivíduos com crenças, comportamentos e práticas similares se tornem confidentes do que quando isso não ocorre. Os exemplos desse caso abundam, incluindo jovens que confidenciam com jovens com quem têm práticas comuns, um homossexual que confidencia com homossexuais, e evangélicos que confidenciam com evangélicos. Essa seletividade parece estar ligada ao fato de, como os assuntos são frequentemente pessoais, envolverem julgamentos morais que são mediados pela existência de homofilia de comportamentos e ideias. Essa homofilia potencializa o compartilhamento de linguagens e repertórios que tornam mais fácil o entendimento das questões discutidas.[5]

Para os indivíduos que têm vida associativa, as entrevistas indicaram a existência de outro tipo de confiança específica. No caso da confiança política, também está presente um tipo de homofilia de ideias associada com a similaridade de posicionamentos políticos. Por vezes, as relações são marcadas por um caráter hierárquico, como na relação entre um líder e os indivíduos de seu grupo político. E embora nessas relações possa existir confiança política, muito raramente aparecem confiança pessoal e intimidade, pois como David, de Paraisópolis, afirmou: "Na questão política eu tenho certa dificuldade de colocar essas questões, pois para eles a gente tem que mostrar certa capacidade, certa força, e aí eu me sinto impossibilitado e não fico à vontade que eles conheçam fraquezas minhas". Gramáticas hierárquicas são pouco compatíveis com intimidade.

No caso de todas essas ajudas mais custosas e baseadas em confiança, a redução da presença de indivíduos mobilizáveis na rede de um dado ego pode criar problemas ainda mais dramáticos do que nas ajudas anteriores. Isso pode acontecer por deslocamento físico, mas também por quebra de confiança ou redução da intimidade, levando à redução do apoio, em especial emocional. Em casos extremos, isso pode ocorrer mesmo nas relações familiares, quando eventos gradativa ou abruptamente retiram o indivíduo do pertencimento ao coletivo, no sentido de Grosseti (2009). Esse é o caso de Cristina, uma jovem de 24 anos da Cidade Tiradentes, desempregada e mãe de três filhos. Na primeira entrevista a jovem morava com a família do marido. Um ano depois, havia sido agredida por ele, brigado com os sogros e passado a morar na casa dos pais, com o terceiro filho. Os seus outros filhos, hoje com onze e nove anos (de outros pais), já eram criados por sua mãe, mas nesse caso não se tratava de ajuda com as crianças, mas de adoção (informal), perdendo a mãe o controle sobre os destinos das crianças.

Cristina alega que a sua família não tolera o seu marido, pai do terceiro filho. Ele não trabalha, frequenta gangues e a maltrata fisicamente com frequência. Toda vez que ela era agredida, seus irmãos batiam no marido, mas ela em seguida voltava com ele. Após a repetição da situação algumas vezes, ela perdeu completamente o crédito com a família em termos morais, resultando em uma situação em que os vínculos ainda existem, mas

---

[5] Foi Renata Bichir, a quem agradeço, quem me chamou a atenção para essa dimensão.

os conteúdos esperados (por serem de família) foram esvaziados. Assim, apesar de morar hoje na casa dos pais, a entrevistada nem mesmo fala com a maior parte das pessoas da família, que a tratam com visível desprezo. Para uma pessoa nessa situação, as relações que veiculam apoio emocional e ajudas baseadas em confiança estão praticamente exauridas, e a entrevistada parecia às portas do desespero. Segundo a sua narrativa, a única pessoa que continuava a ajudá-la era um morador do prédio que tinha pena dela (caso de solidariedade difusa e despersonalizada). No entanto, a natureza das relações familiares é tão forte que a família a aloja e a alimenta, e o conteúdo dos vínculos pode até mesmo voltar dependendo dos acontecimentos futuros. O mesmo talvez não acontecesse se o coletivo em questão não fosse a família.

Mas o conteúdo de vínculos de uma determinada rede também pode aumentar a disponibilidade de indivíduos potencialmente associados a ajudas custosas e baseadas em confiança. Isso pode ocorrer inclusive como produto das próprias ajudas prestadas. Um caso reportado por Joana, que mora em um cortiço com dois filhos, ilustra a situação. Uma vizinha de Joana, recém-chegada e sem conhecidos no cortiço, tinha três filhos pequenos e não tinha com quem deixá-los quando ia trabalhar. Como ela deixava os filhos trancados no quarto durante todo o dia, outra moradora denunciou a situação ao Conselho Tutelar da Infância e a polícia apareceu para averiguar. Joana recolheu as crianças em seu quarto, escondendo-os da polícia, e afirmou que a denúncia era falsa. Desde esse dia, Joana e a vizinha são muito próximas e se ajudam reciprocamente, tendo se tornado amigas íntimas. Voltarei a esse tipo de situação no capítulo a seguir ao discutir os mecanismos relacionais.

Como as redes importam?
Mecanismos nas (e das) redes

As informações obtidas nas entrevistas em profundidade evidenciaram também a existência de regularidades causais cercando as redes. Essas regularidades estão associadas à mobilização da sociabilidade na resolução de questões cotidianas, assim como ao estabelecimento de estratégias por parte dos indivíduos. Sua análise pode nos sugerir quais são os mecanismos relacionais que contribuem para a produção da pobreza (ou sua mitigação) e para os efeitos demonstrados anteriormente. Não se trata de regularidades das redes ou elementos individuais, mas de mecanismos sociais no sentido de Tilly (2001; 2005) e Mahoney (2001), que impactam as redes e a sua disponibilidade para a solução dos problemas cotidianos pelos indivíduos.

Como vimos, mecanismos são regularidades de médio alcance observáveis empiricamente, mas que fazem parte de nossos modelos de análise, e que podem ser consideradas elementos causais específicos que levam a certos resultados sociais recorrentes. No caso dos mecanismos relacionais, essas regularidades estão associadas às redes, às sociabilidades e à sua mobilização diferenciada pelos indivíduos. Sua delimitação permite passarmos da investigação das correlações, no sentido de Mahoney (2001), como nas discussões sobre efeitos de vizinhança, para a construção de explicações causais, especificando de que maneira as associações observadas nos capítulos anteriores são produzidas. No caso específico das discussões sobre pobreza urbana, permite que passemos da discussão algo normativa contida na ideia de capital social produzido por meio das redes para a especificação de como diferentes mobilizações de estruturas relacionais podem levar a certos resultados de forma regular, dadas certas condições.

As regularidades observadas sugerem a existência de mecanismos que influenciam a formação diferenciada das redes e da sociabilidade dos indivíduos, ao mesmo tempo que impactam a ação social e medeiam o acesso a oportunidades de forma similar a estruturas ou condições objetivas. Essa distinção, entretanto, é apenas analítica e, na prática, ambas as dinâmicas ocorrem de forma concomitante e, por vezes, associadas. Além disso, embora os mecanismos sejam apresentados ao longo do capítulo de forma isolada por razões didáticas, tendem a operar de maneira associada nas trajetórias dos indivíduos. Na maior parte das vezes, como discutirei, essa cumulatividade contribui para a construção de circularidades que levam à reprodução persistente de desigualdades, no sentido de Tilly (2005).

Como já comentado, a literatura de estratificação propõe a distinção entre as desigualdades de resultados e as desigualdades de oportunidades. As primeiras dizem respeito às diferentes condições de vida, e as segundas, às diversas probabilidades relativas de os indivíduos atingirem certa situação social, dados diferentes pontos de origem (Valle Silva, 2007). Os mecanismos relacionais que serão discutidos a seguir interferem em ambas. Ao reduzir diretamente o acesso dos indivíduos a bens, serviços e ajudas que proveem bem-estar, os mecanismos contribuem para a produção (e reprodução) de desigualdades de resultados; ao mediar diferenciadamente o acesso dos indivíduos às estruturas de oportunidades, contribuem para a constituição de desigualdades de oportunidades. Dado que os mecanismos relacionais produzem efeitos combinados sobre esses dois tipos de desigualdade, não farei distinção entre eles ao longo do capítulo.

Nesse sentido, os mecanismos ajudam, em primeiro lugar, a explicar as diferenças encontradas entre redes de indivíduos de classe média e pobres. Adicionalmente, explicam como indivíduos com atributos sociais e econômicos similares, mas cujas redes viabilizam condições de acesso a oportunidades de modo diferente, podem viver situações sociais bastante distintas, que inclusive lhes deem acesso acumulativo a oportunidades ou desvantagens. Analisar esses processos é o objetivo deste capítulo.

Como a apresentação dos mecanismos envolve principalmente um esforço de síntese, o patamar analítico é mais abstrato do que o dos capítulos anteriores, e reduzo as referências aos casos ao mínimo necessário, sendo o leitor remetido para as descrições detalhadas já apresentadas para maiores detalhes dos elementos destacados. Na maior parte das vezes, a descrição dos mecanismos deve relembrar relatos apresentados, em especial no capítulo anterior.

Este capítulo se organiza em duas seções. Na primeira, discuto os elementos envolvidos com a transformação das redes no tempo, analisando os principais processos de mudança nas estruturas relacionais. A segunda seção apresenta os mecanismos relacionais que exercem impacto sobre as condições de vida urbana em geral e sobre a pobreza em particular.

174

MUDANÇA NA REDE

Os capítulos precedentes consideraram as redes estruturas relacionais relativamente estáticas. Em parte, isso se deve ao foco principal deste livro, mas também se associa ao fato de que não foram levantadas redes em mais de um momento. Entretanto, as entrevistas qualitativas trouxeram informações sobre as mudanças ocorridas nas redes desde nossos primeiros encontros, aproximadamente um ano antes. Sem ter a pretensão de investigar a fundo as transformações nas redes, essa seção sistematiza os aprendizados quanto a mudanças, introduzindo dinâmica no que discutimos até o momento.

As mudanças nas redes podem seguir padrões mais localizados e conjunturais ou mais estruturais, associados à trajetória e aos tipos de ambientes relacionais a que os indivíduos têm acesso. As mudanças tanto podem criar (ou destruir) oportunidades para relações (o que podemos denominar oportunidades relacionais) como mudar o ambiente em que elas ocorrem, contribuindo para a alteração dos conteúdos dos vínculos. Como consequência, não apenas os tamanhos e as estruturas das redes podem ser alterados, como também são transformados a sociabilidade e os tipos de vínculos, com importantes consequências para as ajudas que vimos no capítulo precedente.

O processo mais geral de mudança das redes diz respeito ao próprio ciclo de vida dos indivíduos, já discutido no Capítulo 3. Trata-se de uma tendência de mudança de caráter bem geral e que pode ser contrabalançada por diversos outros fatores, mas que tende a exercer influência sobre todos nós. A descrição da literatura é relativamente conhecida. Em termos gerais, durante a infância, os indivíduos contam com redes pequenas e baseadas em vínculos primários (primeiro da família e depois dos vizinhos e de amigos de parentes). Ao longo da adolescência, as redes tendem a se expandir muito, em especial por intermédio do ambiente escolar e da vizinhança, com a entrada de grande quantidade de novos nós adquiridos por meio de outros contatos (rede) e das esferas dos amigos e da vizinhança. A entrada no mundo do trabalho e a saída da escola alteram substancialmente as redes, tendendo a reduzi-las e a torná-las mais heterofílicas. Outros eventos importantes alteram as redes, como a migração, as mudanças de endereço, os casamentos, as separações e o nascimento de filhos, como destacado pela literatura que vimos no Capítulo 1. Quando os indivíduos envelhecem, as redes tendem a se reduzir, tanto pelo efeito da saída do mundo do trabalho, quanto pela redução da mobilidade física e das atividades em que se envolvem. Consequentemente, as redes se tornam menores e mais concentradas na família, na vizinhança e nos amigos. Os resultados apresentados no Capítulo 3 confirmaram essa descrição, tanto com relação à sociabilidade de jovens, quanto às redes e à sociabilidade dos idosos.

Para além dessas mudanças gerais e tendenciais, entretanto, outros processos localizados costumam operar. Foram encontrados basicamente dois processos de transformação e constituição de redes. Em primeiro lugar, as redes são intensamente alteradas pela saída ou entrada de pessoas em virtude de mudanças geográficas de residência, ao menos para os pobres. Dependendo da distância física de deslocamento, isso atinge até mesmo relações fortes e íntimas, mas tem um efeito muito mais comum sobre conhecidos com os quais são estabelecidos contatos frequentes e cotidianos, mas pouco intensos. Nas entrevistas da pesquisa, uma considerável quantidade dos indivíduos havia perdido (ou ganhado) algo entre 5% e 10% dos nós de sua rede em um ano, concentrados em contatos mais superficiais, mas frequentes, especialmente na vizinhança. Evidentemente, o próprio processo migratório está envolvido com essa dinâmica e causa alterações de grandes proporções, mas as mudanças intraurbanas operam na mesma direção. Esse tipo de mudança impacta os pobres muito mais fortemente do que a classe média, pela maior dependência do espaço para suas relações e pelo mecanismo da economia dos vínculos já citado e que será detalhado na segunda seção deste capítulo. Ao contrário dos pobres, os indivíduos de classe média têm maior facilidade para lidar com os custos de manutenção dos vínculos, mesmo com grande distância física.

Em pelo menos dois casos entre os entrevistados foram observados aumentos significativos da distância social causados por deslocamentos físicos de pequena monta. Neles, os contatos dos egos se mudaram para outras regiões da mesma favela relativamente perto, mas com composição social relativamente mais rica e mais pobre, constrangendo os egos, que acabaram por romper com os contatos. O efeito aqui parece estar relacionado ao estigma ou a distinção social de certas localizações, que as marcam de forma negativa ou positiva de maneira similar ao destacado por Wacquant (2001) e Ayuero e Swintun (2009). O interessante nesse caso é que a mudança de conhecidos para áreas de melhores condições também pode reduzir o contato, pelo constrangimento que certas pessoas sentem em frequentar áreas melhores.

Além disso, há pessoas que entram e saem das redes por conflitos e brigas, por travarem novos conhecimentos e pela exposição a ambientes relacionais ou organizacionais distintos. As brigas, entretanto, nem sempre geram rompimento, mesmo quando são muito intensas. Foram encontrados alguns casos de indivíduos que experimentaram sérios conflitos com o ego, mas que pelo tipo de vínculo e intensidade envolvidos (família ou amigos íntimos, por exemplo), voltaram à rede ou veicularam auxílios cruciais em situações mais graves. Nas palavras de David, um jovem morador de Paraisópolis: "Pode voltar a estar tudo bem e o tempo supera bastante coisa". Trata-se de casos de latências, em que os contatos não são citados nas entrevistas, mas não chegam efetivamente a sair da rede. O adormecimento das relações, portanto, encontra-se mediado por uma combinação entre tipo de vínculo e intensidade, e pode voltar a ser mobilizado no caso de relações familiares ou de amizades intensas.

Associadas a esse conjunto estão também as alterações das redes causadas por mudanças de ambiente organizacional ou relacional. A frequência a novos ambientes, assim como o abandono de antigos, criam ou retiram oportunidades para contatos. Este é o caso, por exemplo, da alteração do turno na escola, da mudança de trabalho ou de local de culto frequentado pelo ego. Essas mudanças são mais conjunturais e tendem a acontecer constantemente. Elas também podem causar a latência de relações, ou a aparente saída de um contato com retorno posterior, de forma similar ao que acontece no caso de reatamentos depois de brigas.

É importante destacar, entretanto, que se essas transformações tendem a agir continuamente, provocando uma rotatividade razoável em um conjunto de vínculos de um dado ego, incidem principalmente sobre um conjunto específico de vínculos pouco intensos, permanecendo uma parte importante da rede pouco alterada no tempo.

Um último elemento de mudança a destacar está associado ao intenso e constante processo de transformação dos conteúdos veiculados pelos vínculos. Não se trata do rompimento ou da construção de laços, mas de mudança do seu tipo. De forma geral, as entrevistas indicaram que essa dinâmica está associada a processos complexos de construção de confiança e de intimidade, os quais se assemelham bastante aos discutidos por Blokland (2003) na construção de intimidade, mas também ao processo de desacoplamento ou autonomização dos contextos das relações, como definido por Grossetti (2009) e especialmente Bidart (2009). Nesse sentido, quanto mais forte e íntima uma relação, mais liberada de contextos.

No que diz respeito ao principal interesse dessa pesquisa, como discutirei a seguir, os processos de transformação de vínculos são muito importantes, pois quebras de confiança ou reduções da intimidade têm efeitos sobre os tipos de apoio que os indivíduos podem receber de seus vínculos. De forma similar, o estabelecimento de determinados tipos de ajuda pode construir confiança, cumplicidade e intimidade e levar à transformação do tipo de vínculo estabelecido anteriormente, tornando amigo ou mesmo confidente um simples conhecido.

OS MECANISMOS QUE MOLDAM AS REDES E MEDEIAM A SUA MOBILIZAÇÃO

Os mecanismos podem ser organizados em pelo menos dois grandes grupos, separados apenas por razões da lógica da apresentação. O primeiro inclui

Eduardo Marques

os gatilhos causais que produzem diferenciação entre as redes de pessoas de classe média e de indivíduos em situação de pobreza (embora também diferenciem indivíduos pobres entre si), e o segundo explica grande parte da variabilidade das redes entre indivíduos em situação de pobreza.

Diferenciando redes de classe média e em situação de pobreza

Tanto as descrições presentes na literatura quanto as informações analisadas nos últimos capítulos sugerem que, quando os indivíduos em situação de pobreza e de classe média são bastante jovens, suas redes não diferem substancialmente. Até perto da adolescência, o principal condicionante em operação ainda é o ciclo de vida. Isso nos indica que a partir de então mecanismos sociais operam intensamente provocando uma crescente diferenciação dos padrões relacionais por grupo social.

Os relatos das entrevistas sugerem que um importante mecanismo de diferenciação inicial das estruturas relacionais opera quando os jovens saem da adolescência e transitam para a idade adulta. Refiro-me aos efeitos diferenciados da sociabilidade escolar e da socialização para o trabalho entre grupos sociais, e especialmente da existência de uma transição para as redes profissionais no caso da classe média. A questão não está na maior escolaridade em si, mas nos efeitos relacionais da permanência mais longa em instituições escolares que têm impactos posteriores sobre a inserção no mundo do trabalho. Para além da já citada menor homofilia do ambiente escolar (quando comparada com a da família e a da vizinhança imediata), há um segundo efeito mais importante que se superpõe a este. Os pobres enfrentam descontinuidade relacional na socialização para o trabalho quando os comparamos com a classe média. Para entendermos a questão, acompanhemos a mudança das relações e das redes na passagem da adolescência para a vida adulta.

Como vimos, no percurso entre a infância e a idade adulta, os vínculos dos indivíduos caminham desde a homofilia local e primária até relações mais externas, mistas e construídas em ambientes institucionais, tanto para pessoas pobres quanto de classe média. A escola é um dos espaços onde ocorre a transição de certos tipos de esfera mais primários e locais (família, vizinhança, amigos) para outros menos locais e menos primários (igreja, trabalho, associação). A própria progressão no ciclo escolar está marcada por essa dimensão, sendo o ensino médio usualmente bem menos homofílico (e menos local geograficamente) do que o fundamental. Assim, ao longo de suas trajetórias de vida, os indivíduos constroem gradativamente os atributos do mundo adulto ao mesmo tempo que adquirem os padrões de rede desse mundo. No caso da classe média, isso ocorre de forma paulatina e paralela, sendo o mundo dos estudos o local (e o período da vida) onde acontece a transição. No caso dos pobres, o mundo dos estudos não ocupa um lugar similar, pela menor duração da vida escolar e pela sua superposição com eventos da vida adulta, como os casamentos precoces, a entrada prematura no mercado de trabalho em atividades de baixa especialização e a gravidez na adolescência.

O elemento crucial, entretanto, parece-me estar na presença muito mais rara de ambientes universitários e outros espaços de preparação paulatina da vida profissional nas trajetórias de socialização para o trabalho dos pobres. É no interior dos ambientes universitários que a classe média constrói o início de suas redes profissionais, visto que o mundo dos estudos no caso dos cursos superiores representa também uma transição relacional lenta ao mercado de trabalho especializado, construída no bojo da transição relacional para a vida adulta. Ao final desse processo, as redes dos jovens engenheiros, por exemplo, terão transitado relacionalmente de redes da adolescência para redes da idade adulta em que tramos inteiros estão associados à profissão, e a partir dos quais empregos, informações, oportunidades e técnicas serão compartilhados ao longo de toda a vida.

Os indivíduos em situação de pobreza, diferentemente, mesmo quando completam o ensino médio, enfrentam uma grande descontinuidade relacional para o mercado de trabalho, visto que seus amigos e contatos do mundo escolar se dirigem para as mais variadas profissões. A sociabilização no mundo do trabalho acontece diretamente na prática (e normalmente nas atividades que se consegue, e não nas que se escolhe), sem a mediação (longa) de um ambiente no qual as relações são tecidas.

O efeito dos cursos técnicos profissionalizantes é similar e talvez possa ser importante para os raros pobres que os frequentam. Contudo, é menos intenso em virtude da menor duração e do caráter periférico das profissões associadas a tais cursos nos respectivos campos profissionais. Isso porque no interior dos campos profissionais operam diferenças categoriais entre atividades associadas às fronteiras socialmente construídas entre profissões com e sem curso superior, como, por exemplo, entre médicos/dentistas/enfermeiros de um lado e auxiliares de enfermagem e operadores de equipamentos de saúde de outro. Essa fronteira é a importação para o campo profissional da saúde da clivagem entre trabalho não manual e manual, que constrói e reproduz desigualdades persistentes no sentido de Tilly (2005). Uma das dimensões reprodutoras dessas desigualdades são as redes diferenciadas construídas a partir das trajetórias de sociabilização profissional de cada lado da fronteira.

Entretanto, outro mecanismo já comentado que se superpõe a este, diferenciando ao longo da trajetória dos indivíduos as redes de indivíduos em situação de pobreza das redes de classe média, é a economia dos vínculos, ligada aos custos econômicos, emocionais e de tempo ou mobilização pessoal associados a criar e, em especial, manter vínculos (manter comunicação, promover deslocamentos para visitas e atividades em comum etc.). De fato, as redes de indivíduos de classe média observadas apresentavam contatos e tramos de várias épocas da vida, enquanto as dos pobres se concentravam em laços construídos mais recentemente.

Tudo indica que os indivíduos enfrentam dificuldades para fazer frente aos custos dos vínculos e, portanto, têm maiores limitações para construir e especialmente manter vínculos. Como consequência, uma parcela significativa das redes de indivíduos em situação de pobreza é abandonada periodicamente, entrando em latência por certo período, mas depois não sendo mais mobilizável pelos indivíduos. Em casos mais extremos, a relação chega a ser simplesmente esquecida por eles. Isso ocorre mesmo no caso de familiares que migraram para outras regiões do país, por exemplo, embora tipos de vínculo mais intensos, como a família, tendam a resistir mais a esse mecanismo. O mecanismo opera de forma constante e leva à perda de parte da estrutura relacional regularmente, gerando um efeito acumulado no tempo de redução das redes e empobrecimento da variabilidade da sua sociabilidade.

Embora esse mecanismo atinja potencialmente todas as redes, incide de maneira mais intensa sobre indivíduos em situação de pobreza, em especial migrantes. A migração cria custos adicionais para a manutenção dos vínculos, como já destacado por Jariego (2003; 2006), mas enquanto indivíduos migrantes pobres tendem a perder amplas parcelas de suas redes no processo migratório, migrantes de classe média mantêm partes significativas das redes de seus locais de origem ativas. Contudo, indivíduos em situação de pobreza não migrantes enfrentam um efeito similar ao dos migrantes no que diz respeito aos custos de manutenção de vínculos, embora a centralidade do fenômeno talvez seja menor na constituição de suas estruturas relacionais.

O efeito agregado desses mecanismos é que as redes de classe média são maiores e mais ricas em sociabilidade e representam a superposição de redes de vários períodos associados a esferas distintas. As redes de indivíduos em situação de pobreza, diferentemente, tendem a ser menores, menos variadas e mais novas, acumulando muito menos ao longo do tempo e eliminando regularmente uma quantidade expressiva de vínculos e de esferas de sociabilidade.

Diferenciando redes de indivíduos em situação de pobreza

Um segundo conjunto de mecanismos diferencia as redes de pobres entre si, gerando heterogeneidade ao longo da trajetória dos indivíduos, independentemente de seus atributos.

Redes sociais, segregação e pobreza

As diferenciações entre os pobres começam a operar já na inserção relacional inicial do migrante e do jovem não migrante no mercado de trabalho e nas oportunidades em geral, com efeitos sobre suas trajetórias futuras. O efeito sobre migrantes recém-chegados e jovens que entram no mercado de trabalho é similar, mas apresenta particularidades.

No caso dos migrantes, esse mecanismo diz respeito ao fato de os indivíduos recém-chegados dependerem dos vínculos disponíveis no local de chegada, em especial os que podem ser fornecidos pelos indivíduos que os trouxeram, membros da família ou outros indivíduos próximos a eles. A primeira atividade profissional é obtida usualmente por meio de tais vínculos, influenciando inclusive o ramo de atividade em que o indivíduo vai trabalhar, dado que a sociabilização profissional ocorre na prática para a maior parte deles. Assim, as oportunidades disponíveis para o recém--migrado são trazidas pelas relações dos indivíduos presentes no local, ou nos locais, no caso de indivíduos que mudam novamente logo após a sua chegada. Essas primeiras atividades e contatos tendem a influenciar as condições do indivíduo nos momentos seguintes à migração, em especial pela baixa especialização profissional prévia aos primeiros trabalhos obtidos na cidade. Adicionalmente, isso influencia também a estrutura relacional posterior dos indivíduos, com evidentes consequências, considerando tudo o que vimos até aqui. Assim, cria-se aqui um efeito de dependência da trajetória na especialização ocupacional e nas atividades futuras. O mais interessante é que isto é, em boa medida, produto do acaso no momento da migração, visto que o migrante não tem controle (e conhecimento) do que encontrará em termos espaciais e relacionais ao chegar – com frequência, sabe apenas de maneira genérica a respeito da situação social e do ramo de atividade dos indivíduos que o auxiliam na migração e dos mais próximos a eles.

Não pretendo dar a esse mecanismo, assim como a nenhum outro, caráter de determinação. Todos os mecanismos aumentam a probabilidade da ocorrência de certos eventos e, às vezes, o fazem de forma dependente da trajetória. No caso das oportunidades relacionais encontradas quando das primeiras localizações na cidade, as entrevistas sugerem casos de indivíduos que fizeram contato inicial com estruturas relacionais ricas e que conseguiram inclusive introduzi-los em nichos ocupacionais de boa qualidade. Nesses casos, a lógica dos vínculos fracos de Granovetter não se aplica, já que para o recém-chegado, assim como para quem entra no mercado de trabalho, as informações de trabalho trazidas pelos vínculos fortes podem fornecer dados novos e estratégicos para uma boa colocação. Alguns indivíduos, todavia, só conseguiram se engajar em atividades de baixíssima qualificação e remuneração quando de sua chegada, e acabaram por ficar presos posteriormente em circuitos de empregos e ocupações de baixa qualidade.

Um efeito similar pode ser imaginado para os jovens não migrantes que entram no mercado de trabalho. Dada a dimensão de descontinuidade relacional na trajetória escolar comentada anteriormente, a primeira inserção profissional dos pobres, com frequência, é produto das oportunidades relacionais proporcionadas pelas redes dos indivíduos com os quais um dado ego se relaciona, que nessa etapa da vida são, principalmente, família, vizinhos e colegas de escola. Também neste caso, portanto, as primeiras atividades profissionais são produto em grande parte das redes de outros e estão fora do controle do indivíduo. Desnecessário repetir a importância dessas primeiras atividades para o que segue na trajetória de vida.

Ao menos em parte, a questão está também associada a atributos dos indivíduos, via homofilia, visto que pessoas de melhores condições tendem a ser trazidas por redes com indivíduos também em melhores condições (ou a pertencer a famílias desse tipo, para os jovens não migrantes). Essas pessoas tendem também a morar em melhores locais e a ter contato com outros indivíduos em situações menos precárias e mais bem inseridos em termos profissionais. Entretanto, a dinâmica incorpora uma parcela significativa de acaso, em especial para os migrantes, não gerando de forma alguma resultados deterministas.

Em seu conjunto, entretanto, esse mecanismo tende a gerar desigualdades persistentes importantes, similares às descritas por Tilly (2000). Tal efeito é produzido ao se gerar monopolização de oportunidades para algumas pessoas, dando acesso diferenciado entre indivíduos do mesmo grupo social e da mesma localização urbana às diversas estruturas de oportunidades, no sentido de Kaztman (1999).

Evidentemente, os mesmos elementos já destacados na diferenciação entre redes de classe média e de indivíduos em situação de pobreza também produzem diferenciações entre estes últimos. Assim, as estruturas relacionais dos indivíduos jovens em situação de pobreza que entram na idade adulta também serão marcadas pelas diferentes sociabilidades na vida escolar e sociabilizações para o trabalho. Assim, os jovens que conseguirem frequentar cursos superiores (assim como, em menor medida, ensino médio profissionalizante) tenderão a se diferenciar dos demais, não apenas pelos efeitos da escolaridade e da formação profissional destacadas pela literatura, mas também pelo mecanismo relacional evidenciado anteriormente. Vale salientar que esse mecanismo pode se associar positiva ou negativamente ao anterior, reduzindo o efeito de isolamento vivenciado pelos jovens que entram no mercado e acessam oportunidades por meio de redes limitadas, ou aumentando o isolamento produzido por elas.

Similarmente, ao longo da trajetória de todos os indivíduos em situação de pobreza, a economia dos vínculos faz sentir seus efeitos de forma diferencial. As informações das entrevistas foram pródigas em relatos de abandono de parcelas significativas das redes, e os indivíduos em situação

Redes sociais, segregação e pobreza

de pobreza que contam com mais recursos para fazer frente aos custos de manutenção de contatos costumam acumular redes maiores, mais diversificadas e que integram camadas de momentos distintos. Inversamente, as pessoas com recursos menores tendem a acumular desvantagens também em sentido relacional, adormecendo e perdendo continuamente parcelas de suas redes. Desnecessário reafirmar o caráter regressivo desse acúmulo de desvantagens, já que o mecanismo incide tão mais intensamente quanto mais pobre for o indivíduo.

Outro importante mecanismo tende a impactar as oportunidades dos indivíduos mobilizarem ajudas em uma direção similar à economia dos vínculos. Ele diz respeito à existência de uma associação entre confiança e homofilia. Como vimos, os indivíduos costumam confiar em seus iguais, e as formas mais custosas ou crônicas de ajuda são veiculadas usualmente nas redes apenas por indivíduos em quem se confia. Essa associação cria círculos viciosos de fornecimento dos apoios mais próximos (o segundo e o terceiro tipos de ajuda) apenas entre indivíduos similares no interior de grupos (por exemplo, de mesma origem migratória, credo religioso ou comportamento pessoal), reduzindo a circulação de repertórios e informações, mesmo entre os mais pobres. O efeito para os mais pobres entre os pobres é novamente de cumulatividade de desvantagens e reforço do isolamento.

É razoável imaginar que esse fenômeno também apareça na classe média, mas nesse caso leva a efeitos de monopolização de oportunidades no sentido de Tilly (2000), tanto entre grupos quanto entre indivíduos. No caso dos indivíduos em situação de pobreza, dado o acesso restrito a oportunidades, contribui para o "aprisionamento" de alguns indivíduos em situações de baixo acesso a auxílios, bens e serviços, tanto via mercados quanto fora deles, auxiliando a reprodução persistente de desigualdades.

Como vimos ao longo do livro, caso os indivíduos habitem locais segregados, outro mecanismo introduzirá potencialmente ainda maior heterogeneidade. Os casos estudados indicaram que as redes de indivíduos que habitam locais mais segregados geralmente têm uma proporção levemente mais elevada de pessoas que moram fora do local de moradia do ego, embora essa proporção varie bastante. Além disso, os rendimentos de indivíduos segregados costumam ser proporcionais à variabilidade de suas sociabilidades, sendo que esse efeito inexiste para indivíduos menos segregados. Em ambos os grupos há heterogeneidade, mas opera aqui um mecanismo de diferenciação, pois, para segregados, a conexão com oportunidades é mediada pela variabilidade de sua sociabilidade. Como o efeito de isolamento social não se faz presente para os indivíduos que habitam locais não segregados, a heterogeneidade da sua sociabilidade não tem efeitos diretos sobre seus rendimentos.

Embora isso represente um importante mecanismo de geração de heterogeneidade no interior dos grupos de segregados, tendem a reduzir a capacidade explicativa da categoria segregação em si. Não se trata, entretanto, da ausência de efeito da segregação, como poderia indicar uma análise quantitativa superficial das diferenças entre segregados e não segregados, por exemplo, mas dos efeitos da combinação entre segregação e variabilidade da sociabilidade nas estratégias cotidianas dos indivíduos. Esse resultado é bastante importante, e representa a confirmação da hipótese inicial desse livro sobre a relevância conjunta da segregação e das redes para as condições de pobreza, embora de forma complexa e não direta. Tanto as redes quanto a segregação medeiam o acesso dos indivíduos às estruturas de oportunidade, portanto apenas a sua consideração conjunta permite observar o fenômeno.

Além das oportunidades relacionais encontradas quando da migração, construídas na trajetória de escolarização ou viabilizadas pela variação da sociabilidade, os indivíduos têm continuamente acesso a outras "janelas de oportunidade" para padrões relacionais que lhes deem acesso a menores localismo e homofilia. Adicionalmente às oportunidades que vêm de contatos da rede (e derivados dos elementos já discutidos), há o efeito potencial de outras redes contatadas por um dado ego, mesmo que sem a adição de novos contatos. Os casos estudados sugerem a existência de um mecanismo que possa produzir esse contato por meio da frequência a certos locais ou organizações onde circulam grandes quantidades de informações. Essa frequência dá acesso às informações que vêm pelas redes dos outros indivíduos que frequentam esses locais ou organizações, e que nem sempre pertencem às redes dos egos em questão. O ponto fundamental aqui não está nas redes em si, ou nos seus vínculos fracos, como no trabalho de Granovetter, mas no fato de certos lugares concentrarem pessoas com redes diversas e ricas, cujo acesso pode ser feito por um dado ego meramente pela frequência a esses locais, mas sem que o ego participe efetivamente de qualquer uma delas. Trata-se de locais de encontro, como praças, e também de estabelecimentos como salões de cabeleireiro ou de organizações como igrejas e associações. Nem todos os locais de encontro, entretanto, impactam da mesma forma dado o tipo de frequência que agregam. Em geral, quanto mais homofílica for a frequência, menos importante será o efeito do mecanismo. Por esse mecanismo, indivíduos com redes muito locais e muito homofílicas podem ter acesso a informações que circulam a partir das redes de outros indivíduos das quais não participam necessariamente.

O efeito desse mecanismo está obviamente associado à evidência apresentada em capítulos anteriores de que pessoas com sociabilidades construídas em ambientes organizacionais no trabalho, na igreja e em associações têm melhor situação social. Mas a descrição do mecanismo é mais ampla e inclui um elemento novo associado aos pontos de encontro, e não necessariamente apenas às organizações. Os diferentes graus de homofilia de cada local têm provavelmente um papel definitivo para mobilizar esse mecanismo, que pode representar um importante elemento de combate à circularidade dos mecanismos anteriores, visto que, em locais de baixa homofilia, indivíduos de condição social muito precária podem travar contato com redes de indivíduos de melhores condições.

Independentemente das oportunidades relacionais disponíveis para os indivíduos, entretanto, a dinâmica das ajudas cotidianas relatadas no capítulo anterior pode melhorar ou piorar potencialmente a situação dos apoios disponíveis para os indivíduos, já que as ajudas podem mudar os tipos de vínculo envolvidos nas relações. A concessão de ajudas pode levar a aumentos de confiança ou mesmo de intimidade presentes nas relações, capacitando indivíduos que antes estavam disponíveis apenas para prestar ajuda pontual a prestar também tipos de ajuda mais constantes e custosas. Um exemplo de situação que pode produzir este efeito é o aumento da confiança provocado pela ajuda oferecida por um conhecido em um momento crucial da vida de um indivíduo.

De maneira similar, outras mudanças podem ter efeito negativo e piorar a situação dos indivíduos, reduzindo o estoque de contatos disponíveis para prestar ajudas mais custosas e constantes. Isso pode ocorrer por mudanças de endereço, com o posterior arrefecimento dos contatos latentes, mas também pela ocorrência de conflitos ou por perda de confiança. Vimos, entretanto, que certos tipos de vínculo muito fortes podem evitar rompimentos definitivos e manter certas relações latentes indefinidamente, como no caso da família. O efeito, entretanto, é de redução dos apoios, mesmo nesse caso. Em ambos os casos, a questão não está na transformação da estrutura das redes, que podem permanecer idênticas, mas na mudança dos conteúdos dos vínculos, com importantes consequências para o que pode ser veiculado pelas redes na vida cotidiana dos indivíduos.

Por fim, vale ressaltar o efeito conjunto dos mecanismos ao longo da trajetória dos indivíduos. Os relatos das trajetórias indicam que vários mecanismos discutidos até aqui reduzem paulatinamente os graus de liberdade das escolhas dos indivíduos de forma a depender da trajetória. Um resultado desse processo é o distanciamento cada vez maior dos indivíduos das melhores oportunidades e a criação de situações progressivamente confinadas em termos sociais. Essa dependência da trajetória não significa um imperativo dos constrangimentos sobre a ação, pois os indivíduos realizam escolhas sobre suas vidas cotidianamente, assim como acontecimentos diversos alteram as condições disponíveis para eles. Entretanto, o leque de escolhas pode se reduzir muito ao longo de certas trajetórias, distanciando crescentemente situações que eram antes similares. Esse processo representa outro mecanismo de produção de heterogeneidades entre os próprios pobres, mas que opera pela superposição dos efeitos dos mecanismos anteriores.

Entretanto, essa superposição gera consequências ampliadas sobre a própria ação. É possível especular que ao longo das trajetórias estão

Eduardo Marques

continuamente em operação mecanismos cognitivos dos tipos destacados por Elster (1998), que adapta os enquadramentos de mundo dos indivíduos às situações vivenciadas em seus cotidianos. Ao menos para alguns deles, isso significa que suas percepções e visões de mundo são moldadas socialmente de forma adaptativa a situações crescentemente sem saída que reduzem seus graus de liberdade. Refiro-me a certos elementos culturais, entendidos amplamente como *frames* (Lamont; Small, 2008) – formas de compreensão do mundo que conformam o pano de fundo das narrativas por meio das quais os indivíduos dão conta de suas vidas e explicam para si próprios e para seus contatos a situação em que se encontram. Uma vez instituídos, esses enquadramentos ou visões de mundo informam de maneiras diferentes as práticas e influenciam as estratégias empreendidas pelos atores, assim como seus próprios objetivos quanto às diversas dimensões cotidianas de suas vidas, incluindo o mercado de trabalho. Ao fazê-lo, confirmam ou não as oportunidades que as redes podem trazer por meio dos mecanismos anteriores.

É fundamental destacar, entretanto, que não me refiro a elementos culturais coletivos, mas a referenciais culturais que informam de modos diversos as ações individuais e que são influenciados por trajetórias de vida específicas. Nesse sentido, esse mecanismo se coloca em oposição à visão predominante da literatura que tematiza a chamada cultura da pobreza de forma homogênea e socialmente abrangente (Moya, 2003; Lamont; Small, 2008), e opera justamente na direção de diferenciar os indivíduos e a tornar o grupo social mais heterogêneo. Vale destacar também que esses enquadramentos representam condições necessárias, mas não suficientes para a ação (Lamont; Small, 2008). Embora nos informem sobre o comportamento médio de certos indivíduos, tais enquadramentos não nos permitem compreender porque algumas pessoas informadas por eles agem de certa forma, enquanto outras não o fazem. O ganho analítico em entender o seu efeito está em compreender a variação modal dos comportamentos.

Esses referenciais culturais que informam o comportamento dos indivíduos e a própria ação são impactados de forma adaptativa por trajetórias cumulativas de destituição associadas a inúmeros eventos negativos, assim como por escolhas desastrosas da parte dos indivíduos, que conjuntamente constroem espirais reiteradas de precariedade. Nos casos mais extremos e mais próximos dos limites da sobrevivência, os indivíduos são levados a situações em que tematizam a sua própria situação de forma fatalista, constrangendo ainda mais a ação.

Desnecessário destacar que, a exemplo de outros mecanismos anteriores, também aqui se produzem e reproduzem desigualdades persistentes no sentido de Tilly, reforçando as situações sociais de maneira circular, em especial quando esses mecanismos operam de forma combinada.

CONCLUSÃO

Inicio esta conclusão resumindo os principais achados deste livro sem me ater às descobertas específicas, já debatidas intensamente, mas, sim, destacando a sua relevância para a construção de um ponto de partida relacional para o estudo da pobreza. Em seguida, finalizo com a discussão do impacto dos resultados encontrados para a construção de políticas públicas de combate à pobreza que incorporem os elementos relacionais discutidos.

Em termos analíticos, trazer os padrões de relação para o centro da investigação das situações sociais permitiu a construção de um nível intermediário de análise, o qual se afasta tanto de interpretações estruturalistas e holistas da pobreza, que derivam essa condição diretamente de dinâmicas estruturais, em geral da economia e do mercado de trabalho, quanto de perspectivas individualistas e atomistas, que veem a pobreza como simples resultado de atributos individuais e comportamentos e decisões pessoais. Uma parte importante dos debates brasileiros e latino-americanos sobre o tema esteve, e ainda está, polarizado por essas duas perspectivas.

O estabelecimento desse ponto de partida de médio alcance integra as dimensões macro e micro referentes à pobreza e aos pobres. Além disso, incorpora de maneira sistemática e precisa dimensões das práticas, do cotidiano e da esfera da cultura dos indivíduos sem que precisemos recorrer a categorias descritivas amplas, como vulnerabilidade e cidadania. O uso de tais conceitos, muito comum para outra parte importante do debate sobre o tema no Brasil e na América Latina, pode levar à produção de interpretações interessantes, mas abdica da tarefa de explicar ao não especificar precisamente os elementos envolvidos na reprodução da pobreza. O estudo das dimensões relacionais da pobreza, entretanto, não pretende substituir a importância de atores ou de processos sistêmicos ou societários amplos, mas articulá-los nos contextos concretos que cercam os sujeitos e a partir dos quais estes operam.

As relações, portanto, fazem parte do conjunto de elementos que constrói as condições de vida dos indivíduos em sentido multidimensional, produzidas de forma paulatina, tanto na constituição dos seus padrões de relação, quanto na aquisição de grande parte dos seus atributos. O resultado desses processos se acumula no tempo ao longo das trajetórias de vida e constitui os indivíduos como são em um dado momento. Na produção de tais processos, combinam-se estratégias norteadas por várias racionalidades, acaso, decisões de outros indivíduos e constrangimentos relacionais provocados por processos mais amplos como a migração, a mudança de endereço, a frequência a certos locais e determinadas práticas, entre outros.

Consequentemente, o lugar das relações sociais na reprodução da pobreza não se esgota com a presença de certos tipos de relação, ou mesmo de determinados padrões de relações, como tem sido destacado por uma parte do debate sobre capital social. As redes são estruturas e, portanto, apresentam importância apenas potencial, representando configurações relacionais passivas. É necessário integrar o seu mapeamento à investigação da sua mobilização na sociabilidade cotidiana dos indivíduos, a qual, como analisado, varia substancialmente tanto entre grupos sociais quanto entre os pobres.

Nesse sentido, as redes de indivíduos em situação de pobreza tendem a ser menores, mais locais e menos variadas em termos de sociabilidade do que de indivíduos de classe média. As redes, portanto, são socialmente específicas e variam segundo o grupo social considerado, assim como entre os indivíduos. Em decorrência disso, as redes não afastam, mas, ao contrário, repõem as diferenças e desigualdades sociais, só podendo ser entendidas a partir dessa relação. Vimos que elas também variam substancialmente segundo as situações e os momentos da vida em que se encontram os indivíduos, devendo ser consideradas não apenas de forma relacional, mas também relativa.

As diferenças entre redes, assim como suas diversas mobilizações, nos ajudaram a entender a heterogeneidade das situações sociais, mesmo entre os pobres. Essa heterogeneidade é produzida pelos efeitos complexos dos diversos atributos e processos, como escolaridade, idade e sexo, mas também por decisões e estratégias ao longo da vida, assim como pela ocorrência de eventos e dinâmicas acima do controle dos indivíduos. De forma geral, a exploração da heterogeneidade das redes indicou que estão presentes entre os pobres tanto redes pequenas ou grandes com sociabilidade local e primária quanto redes de tamanho médio, pouco locais e com sociabilidade construída com ênfase em ambientes organizacionais, marcados potencialmente por menor homofilia. Essas variações ajudaram a explicar uma parcela importante das condições sociais e da pobreza, visto que o acesso a bens e serviços é mediado pelas redes, tanto no mercado quanto fora dele. Como vimos, ter emprego, estar em situação vulnerável e obter renda são situações influenciadas pelos tipos de rede e de sociabilidade dos indivíduos. Em geral, os resultados reforçam a importância dos padrões de relações pouco locais, mais institucionais e menos homofílicas.

Nesse sentido, a homofilia social aparece como uma dimensão-chave e com consequências amplas, mas que não deve ser entendida apenas de maneira restrita, como representando a existência de vínculos entre grupos sociais, inclusive porque, ao menos no caso de São Paulo, tais vínculos praticamente inexistem. Homofilias de diversos tipos produzem efeitos importantes e mesmo entre os pobres é possível observar grandes diferenças. Um exemplo disso é a associação de elevada privação social com redes grandes de indivíduos jovens com significativa homofilia e localismo.

Mas as redes também medeiam o acesso a diversos bens e serviços fundamentais para o bem-estar dos indivíduos socialmente providos. Na dinâmica dessas ajudas (entendidas como trocas sociais), observamos que diferentes patamares de confiança e custos de ajuda se entrelaçam de forma dinâmica, cercados pelas lógicas da reciprocidade social (material, imaterial e simbólica) e incorporando graus diferenciados de impessoalidade ou personalização. Em vários desses elementos estão presentes fortes circularidades causais, que reproduzem desigualdades de forma persistente ao criar maiores dificuldades para indivíduos com inserção social mais precária mobilizarem ajudas mais custosas.

A análise desses processos especifica as associações entre atributos e relações, além de precisar de forma mais direta os mecanismos envolvidos, diferentemente do uso da categoria capital social ou dos efeitos de vizinhança, que se atêm usualmente às correlações entre elementos. O estudo das redes e da sociabilidade é mais preciso inclusive do que a consideração do capital social veiculado pelas redes. Isso porque admite a análise dos padrões de relação sem apriorismos quanto à maior ou melhor qualidade dos padrões, inclusive porque estes são considerados intrinsecamente não intencionais, ou apenas parcialmente intencionais. Não se trata, portanto, de classificar vínculos como fortes ou fracos ou pensar seus papéis na construção de pontes ou de coesão (*bridge/bond*), mas de investigar como são os padrões de relação dos indivíduos e de que maneira são mobilizados por eles.

Entretanto, o foco mais importante talvez seja a delimitação precisa de um conjunto de mecanismos responsável tanto por moldar as redes quanto por mediar a sua utilização pelos indivíduos e influenciar suas ações. Alguns mecanismos operam na diferenciação entre redes de indivíduos pobres e de classe média, enquanto outros geram heterogeneidade entre os pobres, assim como influenciam a reprodução das desigualdades. Esses mecanismos envolvem dinâmicas diferenciadas de acesso ao ensino, em especial universitário, a formas de fazer frente aos custos de produzir e manter vínculos, às dimensões espaciais da migração na cidade, às transformações dos tipos de vínculos e às combinações entre variabilidade da sociabilidade e segregação. Novamente, vários desses mecanismos apresentam funcionamento circular e cumulativo, reproduzindo as situações de pobreza e as desigualdades entre os indivíduos. Outros mecanismos criam oportunidades ou viabilizam estratégias para que os indivíduos escapem de tais circularidades, como no caso da maior variabilidade da sociabilidade de certos indivíduos segregados ou da contínua transformação dos tipos de vínculo. Entretanto, ao menos para uma parte dos indivíduos, trajetórias de cumulatividade estreitam paulatinamente as opções disponíveis para as suas escolhas, levando em muitos casos à desesperança e à sensação de fatalismo.

A consideração conjunta das redes e da segregação, por fim, trouxe clareza aos efeitos potenciais de integração e de isolamento (muitas vezes combinados contraditoriamente) das estruturas relacionais e espaciais, consideradas de forma indiferenciada e pouco precisa para uma parte importante da literatura sobre o tema. A maior parte do debate considera, mesmo que implicitamente, que contiguidade física corresponde a relações. Como vimos, ao menos duas dimensões espaciais devem ser diferenciadas analiticamente. Em primeiro lugar, o localismo diz respeito à proporção do padrão de relações de um dado ego que ocorre em seu local de moradia. Trata-se, tecnicamente, de homofilia de lugar de residência, tendo efeito similar aos demais tipos de homofilia. Assim, indivíduos com maior localismo apresentam piores condições sociais em razão da possibilidade elevada de acesso mais restrito a bens e serviços, materiais e imateriais. Essa dimensão pode se fazer presente tanto em locais espacialmente isolados quanto integrados em termos urbanos, o que nos leva ao segundo elemento espacial – a segregação.

A relação entre segregação e redes se apresentou menos direta e mais complexa do que considerado por uma parcela importante do debate sobre a pobreza urbana. Como vimos, áreas segregadas não apresentam redes menores, menos variadas e mais locais, rejeitando a relação direta entre padrões relacionais e espaciais considerada por uma parte importante do debate. No entanto, entre os indivíduos isolados pelo espaço, aqueles que apresentam padrões de vínculo de sociabilidade mais variados costumam ter melhores condições sociais, o que sugere que as redes realmente podem combater o efeito de isolamento social produzido pela segregação. Mas isso se dá apenas para uma parte dos indivíduos segregados, aumentando a heterogeneidade, tanto entre os segregados, quanto entre os pobres em geral.

Como as políticas de combate à pobreza são baseadas em nossas representações sobre o fenômeno, todas essas questões têm consequências práticas importantes para as ações do Estado. Para entendermos melhor a relação entre políticas públicas, pobreza e redes ainda necessitamos da replicação de estudos como este em outros contextos sociais, além de análises específicas do impacto das políticas públicas sobre os padrões relacionais. Entretanto, é possível adiantar aspectos que sugerem algumas direções para a ação e levantam advertências sobre como não proceder.

É evidente que a discussão das redes sociais nas políticas não significa de forma alguma uma substituição das políticas sociais tradicionais. Além da importância das redes, os dados analisados reafirmaram a relevância das políticas sociais universais para a superação da pobreza, inclusive pela indicação de efeitos relacionais ainda não descritos. Essa influência se fez presente, por exemplo, nos casos dos mecanismos da economia dos vínculos e de sociabilidade na esfera dos estudos. Dada a força do mecanismo associado ao ambiente de ensino, por exemplo, a promoção de acesso ao ensino superior entre os mais pobres tende a ter efeitos relacionais muito importantes, para além dos associados aos atributos, viabilizando transições das redes da adolescência para as da idade adulta (e do mundo do trabalho) mais próximas às vivenciadas pelos jovens de classe média, com impactos que ultrapassam em muito os objetivos das políticas.

Ademais, é evidente também a centralidade das dinâmicas do mercado de trabalho, em especial da promoção de emprego mais estável e protegido, como seria de se esperar. O combate à pobreza não pode absolutamente prescindir das políticas sociais tradicionais, bem como de políticas macroeconômicas que promovam empregos de boa qualidade e em grande quantidade. Se essas dimensões são importantes no geral, tornam-se ainda mais fundamentais nos locais com grande concentração de pessoas em situação de pobreza, especialmente em locais segregados.

Em um sentido muito geral, a absorção das redes nas políticas implica para considerá-las em todas as iniciativas do Estado de forma difusa, incorporando interpretações relacionais nas políticas. Essa dimensão diz respeito tanto a políticas sociais tradicionais, como educação e saúde, quanto às desenvolvidas mais recentemente, como as de transferência direta de renda e microcrédito, entre outras.

Entretanto, em razão de as redes influenciarem as situações de pobreza, as políticas públicas podem interagir com elas e considerá-las efetivamente. A princípio, as políticas podem tirar proveito, para a sua implementação, de determinados tipos de redes individuais existentes em comunidades pobres. Embora certos setores de formulação de políticas já tenham descoberto isso, a dimensão apenas começa a ser disseminada e não de maneira explícita. Dado que algumas redes apresentam padrões importantes de penetração no tecido relacional das comunidades, a sua integração às políticas do Estado pode ajudar a lhes dar maior resolutividade, tanto fazendo as políticas chegarem aos seus usuários de forma mais precisa quanto ajudando a customizá-las, inclusive em termos de linguagem, mediando culturalmente as relações entre o Estado e as comunidades. O sucesso dessa estratégia, entretanto, parece depender da mobilização dos indivíduos no interior das comunidades que contam com determinados padrões relacionais, dada a grande heterogeneidade dentre as redes existentes. A integração desses indivíduos e organizações às políticas estatais representa desafios específicos, considerando as lógicas de funcionamento das burocracias, das carreiras e das próprias organizações estatais.

Além disso, podem fazer sentido iniciativas de combate à pobreza que envolvam incentivos à constituição de certos tipos de rede ou o combate a certos mecanismos. No entanto, deve-se ter em mente que uma parte muito predominante das redes e da sociabilidade serão construídas fora das políticas e que os efeitos dessas iniciativas tenderão a ser provavelmente muito mais lentos do que se considera em geral. Também se deve levar em conta que as políticas tenderão muito mais a construir interações do que relações. Entretanto, políticas desse tipo podem produzir efeitos ao incentivar os indivíduos a interagir e a construir laços, expandido suas redes, embora os resultados apresentados sugiram várias advertências com relação a isso.

Não se trata de incentivar apenas a constituição de vínculos em geral, pois redes grandes, mas locais e baseadas em vínculos primários, pouco ou nada contribuem para a mudança na situação social dos indivíduos. Esse elemento é importante, pois na maior parte das iniciativas existentes, as ações passam pela densificação do tecido social local visando ao fortalecimento comunitário. Ao acreditar nos resultados apresentados, esse tipo de iniciativa pode até ajudar dinâmicas comunitárias ou mesmo melhorar os atributos dos moradores, mas não os auxiliará a melhorar suas situações sociais considerando as dimensões relacionais da pobreza.

De forma geral, os elementos que devem ser incentivados estão associados a sociabilidades menos homofílicas e locais, e que possam gerar contatos com indivíduos diferentes do ego (em várias dimensões). Isso geraria efeitos sobre vários condicionantes e mecanismos observados. Como percebemos, maior variabilidade da sociabilidade gera maior acesso a informações e melhores oportunidades, em especial para indivíduos segregados, além de abrir um leque mais amplo de indivíduos e esferas disponíveis para a prestação de ajudas e o acesso a bens e serviços socialmente acessados.

Esses resultados destacam as vantagens de contextos sociais em que os contatos entre os indivíduos são frequentes e nos quais grupos sociais diversos convivem cotidianamente. Em termos amplos, isso indica uma direção oposta à dos contextos sociais e urbanos isolacionistas e segregadores que produzem o empobrecimento dos espaços públicos, como os que marcam inúmeras propostas urbanísticas e de governos locais em período recente. Embora não seja possível afirmar mecanicamente o efeito

Redes sociais, segregação e pobreza

positivo dos contextos urbanos integradores sobre as redes, a sociabilidade dos condomínios fechados e dos shoppings centers, por exemplo, certamente caminha em sentido contrário ao desenvolvimento dos padrões relacionais sugeridos como menos homofílicos e de sociabilidade mais variada analisados ao longo desse livro. A constituição de espaços urbanos de menor segregação e encontros mais heterofílicos, ao contrário, tenderia a gerar efeitos relacionais positivos.

Entretanto, dependendo dos objetivos das políticas, redes diferentes devem ser incentivadas de forma diferenciada. Os únicos indivíduos que tendem a ser beneficiados por iniciativas meramente locais (e homofílicas) são os praticamente isolados (como os idosos), cujas redes são tão pequenas que a sua simples ampliação pode trazer efeitos importantes em termos de acesso e apoio social. É basicamente nessa direção que vão as iniciativas de promoção de locais de encontro e interação para idosos constituídos atualmente pelo poder público e por organizações assistenciais. Para o caso dos demais indivíduos, diferentemente, a questão do tamanho não parece ser muito relevante.

Em relação aos jovens, isso é especialmente verdadeiro, visto que esses indivíduos costumam apresentar redes grandes, mas predominantemente locais e homofílicas. Nesse caso, a questão pode passar pelo incentivo a contatos externos à comunidade e que possam representar transições relacionais de suas redes da juventude para as redes do mundo do trabalho. Essa estratégia é possível graças à intensa sociabilidade que marca o universo dos jovens, mas que em geral se restringe às esferas da família e da vizinhança. Isso significa que, conjuntamente à promoção de contatos externos, seria central propiciar a redução dos custos de se manter contatos.

Para a maior parte dos indivíduos, contudo, a constituição de iniciativas públicas de combate à pobreza ligadas às redes deve fomentar vínculos não locais e de menor homofilia, como os constituídos em ambientes institucionais. Nos locais segregados seria necessário incentivar o desenvolvimento de redes variadas e não locais para conjuntos mais amplos de indivíduos, bem como reduzir os custos de manter contatos. No caso específico do emprego, o desenvolvimento de agências de emprego que disponibilizem informação integrada sobre trabalho, mas se localizem de forma radicalmente descentralizada nas comunidades, poderia auxiliar na redução do efeito do mecanismo da localização inicial do migrante e de entrada dos jovens no mercado de trabalho, distribuindo mais equitativamente acessos a informações e a estruturas relacionais pouco locais.

No entanto, um elemento central completamente ausente nas atuais iniciativas públicas parece relacionar-se ao fato de a criação de vínculos não locais e pouco primários também não ser suficiente para lidar com a questão de forma dinâmica. Se o mecanismo da economia dos vínculos é realmente relevante, outro esforço importante a ser realizado passa pela

193

redução dos custos de manutenção de vínculos, em especial os menos locais e de menor homofilia, que, além de mais importantes, tendem a ser destruídos mais facilmente. Nesse caso, trata-se de evitar que o processo constante de destruição de parcelas da rede continue a operar ou opere de forma mais tênue, gerando acúmulo de vínculos mais próximo do observado em grupos sociais não pobres. Para isso, a redução dos custos de comunicação e de deslocamento parece ser uma chave para o desenvolvimento e a manutenção de redes mais ricas e diversificadas entre os mais pobres.

Entretanto, os resultados apresentados indicam que as redes provêm de processos lentos e longos de acúmulo e quebra de vínculos. Portanto, programas públicos que pretendam dinamizar as redes devem ser duradouros, baseados em estruturas de implementação institucionalizadas e provavelmente somente produzirão efeitos em prazos relativamente longos.

ANEXO

Indicadores médios por tipo de rede

Indicadores	Tipos de redes				
	Grandes	De grandes a médias	Médias	De médias a pequenas	Pequenas
Nº de nós	131	85	58	42	22
Nº de vínculos	328	182	126	73	32
Diâmetro	7,7	7,6	6,5	6,4	4,7
Densidade	0,038	0,060	0,095	0,094	0,174
Coeficiente de clusterização	0,31	0,41	0,48	0,47	0,50
Índice de centralização	18,5	22,2	34,4	36,3	56,1
Nº de 2-clans/Nº de nós	0,9	0,6	0,4	0,4	0,3
Nº de 3-clans/Nº de nós	0,5	0,4	0,3	0,3	0,2
Tam. eficiente da rede ego	21,7	18,4	19,6	15,0	11,3
Densidade da rede ego	4,1	5,1	8,8	8,0	10,8
Grau médio normalizado	2,8	3,7	6,3	8,3	15,0
Informação	1,68	1,23	1,54	1,23	1,24
Índice E-I dos contextos	0,218	0,283	0,308	0,324	0,332
Índice E-I das esferas	0,244	0,290	0,296	0,271	0,270
Índice E-I de local	−0,342	−0,238	−0,188	−0,145	−0,094
Nº total de contextos	4,7	4,6	4,7	4,5	3,8
Nº total de esferas	4,5	4,1	4,4	3,6	3,1
% de pessoas externas ao local	35,2	33,4	36,5	40,9	34,5

Fonte: Cálculo próprio a partir de material empírico coletado.

Referências bibliográficas

ALMEIDA, R., D'ANDREA, T. Estrutura de oportunidades em uma favela de São Paulo. In: MARQUES, E.,TORRES, H. *São Paulo*: segregação, pobreza urbana e desigualdade social. São Paulo: Senac, 2005.

ALMEIDA, R., D'ANDREA, T. Pobreza e redes sociais em uma favela paulistana. *Novos Estudos Cebrap*. São Paulo, 2004. 68, p.94-106.

ALSAYYAD, N., ROY, A. Medieval Modernity: on Citizenship and Urbanism in the Global Era. *Space and Polity*. 2006. 10 (1), p.1-20.

ARRETCHE, M. *Estado federativo e políticas sociais*. Rio de Janeiro: Revan, 2000.

ARRETCHE, M. Federalismo e relações intergovernamentais no Brasil: a reforma de programas sociais. *Revista Dados* 2002. 45:3.

ARRETCHE, M. Federalismo e relações intergovernamentais no Brasil: a reforma dos programas sociais. *Dados – Revista de Ciências Sociais.* Rio de Janeiro 2001. 45(3), p.431-57.

AUYERO, J. "This is a Lot Like the Bronx, isn't it?" Lived Experiences of Marginality in an Argentine Slum. *International Journal of Urban and Regional Research,* 1999. 23(1), p.45-69.

AUYERO, J., SWISTUN, D. *Flammable*: Environmental Suffering in an Argentine Shantytown. Oxford: Oxford University Press, 2009.

BAENINGER, R. Crescimento da população: desconstruindo mitos do século XX. In: KOWARICK, L., MARQUES, E. (Orgs.). *São Paulo*: olhares cruzados – sociedade, economia e política. Quito: Flacso, no prelo.

BALTAR, P. Mercado de trabalho na região metropolitana de São Paulo dos anos 1990: modificações na estrutura ocupacional. XIII ENCONTRO NACIONAL DA ABEP, 2002.

BALTRUSIS, N. *Mercado imobiliário informal e o processo de estruturação da cidade*: um estudo sobre a comercialização de imóveis em favelas na região metropolitana de São Paulo. 2005. Tese (Doutorado) – Faculdade de Arquitetura e Urbanismo da USP.

BARROS, R., HENRIQUES, R., MENDONÇA, R. A estabilidade inaceitável: desigualdade e pobreza na Brasil. In: HENRIQUES, R. *Desigualdade e pobreza na Brasil.* Rio de Janeiro: Ipea, 2000.

BARRY, B. *Why Social Justice Matters.* Londres: Polity, 2005.

BEARMAN, P., PARIGI, P. Cloning Headless Frogs and Other Important Matters: Conversation Topics And Network Structure. *Social Forces,* 2004. 83(2), p.535.

BEARMAN, R., MOODY, J., STOVEL, K. Chains of Affection: The Structure Of Adolescent Romantic And Sexual Networks. *American Journal of Sociology.* 2004. 110(1):44-91.

BEGGS, J. Revising The Rural-Urban Contrast: Personal Networks in Nonmetropolitan and Metropolitan Settings. *Rural Sociology,* 1996. 61, p.306-25.

BERQUÓ, E., CAVENAGUI, S. Fecundidade em declínio: breve nota sobre a redução no número médio de filhos por mulher no Brasil. *Novos Estudos Cebrap.* São Paulo, 2006. 74, p.11-15.

BIAN, Y. et al. Occupation, Class and Social Networks in Urban China. *Social Forces,* 2005. 83(4), p.1443-68.

BICHIR, R. *Segregação e acesso a políticas públicas no município de São Paulo.* 2006. Dissertação (Mestrado em Ciência Política) – Faculdade de Filosofia Letras e Ciências Humanas da USP.

BICHIR, R. Determinantes do acesso à infraestrutura urbana no município de São Paulo. *Revista Brasileira de Ciências Sociais,* 2009. 24 (70), p.75-89.

BICHIR, R., TORRES, H., FERREIRA, M. Jovens no município de São Paulo: explorando os efeitos das relações de vizinhança. *Revista Brasileira de Estudos Urbanos e Regionais,* 2005. 6(2), p.53-70.

BIDART, C. En busca del contenido de las redes sociales: los "motivos" de las relaciones. *Redes – Revista hispana para el análisis de redes sociales,* 2009. 6(7), p.178-202.

BIDART, C., LAVENU, D. Evolution of Personal Networks and Life Events. *Social Networks,* 2005. 27(4), p.359-76.

BIRD, K., PRATT, N. *Fracture points in social policies for chronic poverty reduction.* Londres: Overseas Development Institute/Chronic Poverty Research Centre, Working Paper 242. 2004.

BLOKLAND, T., SAVAGE, M. *Social Capital and Networked Urbanism.* Londres: Basil Blackwell, 2008.

BLOKLAND, T. *Urban Bonds.* Londres: Basil Blackwell, 2003.

BÓGUS, L., TASCHNER, S. São Paulo como *patchwork*: unindo fragmentos de uma cidade segregada. *Cadernos Metrópole,* 1999. 1, p.43-98.

BOLTVINIK, J. Poverty Measurement Methods: An Overview. *Poverty Elimination Programme,* UNDP, 1998.

BONDUKI, N., ROLNIK, R. Periferia da Grande São Paulo – Reprodução do espaço como expediente de reprodução da força de trabalho. In:

MARICATO, E. *A produção capitalista da casa e da cidade no Brasil industrial.* 2.ed. São Paulo: Alfa-Ômega, 1982.

BORGATTI, S., EVERETT, M. Network Measures of Social Capital. *Connections*, 1998. 21(2), p.27-36.

BORGATTI, S., EVERETT, M., FREEMAN, L. *Ucinet for Windows: Software for Social Network Analysis.* Harvard, MA: Analytic Technologies, 2002.

BOURDIEU, P. The Forms of Capital. In: RICHARDSON, J. (org.). *Handbook of Theory and Research for the Sociology of Education.* New York: Greenwood, 1986.

BOURDIEU, P. *A distinção:* crítica social do julgamento. São Paulo: Edusp, 2007a.

BOURDIEU, P. *La miseria del mundo.* Buenos Aires: Fondo de Cultura Económica, 2007b.

BRASILEIRO, A. *Região metropolitana do Rio de Janeiro:* serviços de interesse comum. Brasília: IPEA/IBAM, 1976.

BRIGGS, X. Ties that Bind, Bridge and Constrain: Social Capital and Segregation in the American Metropolis. In: *Segregation and the City*, Lincoln Institute for Land Policy, 2001.

BRIGGS, X. *Bridging Networks, Social Capital and Racial Segregation in America.* Cambridge: KSG Faculty Research Working Paper Series, 2003.

BRIGGS, X. Social Capital and Segregation in the United States. In: VARADY, D. *Desegregating the City.* Albany: Suny Press, 2005.

BUENO, L. *Urbanização de favelas.* 2000. Tese (Doutorado). Faculdade de Arquitetura e Urbanismo da USP.

BURT, R. The Network Structure of Social Capital. In: SUTTON, R., STAW, B. *Research in Organizational Behaviour.* v. 22, Nova York: Jai Press, 2004.

BURT, R. *Structural Holes:* the Social Structure of Competition. Cambridge: Cambridge University Press, 1992.

CABANES, R., GEORGES, I. (orgs.). *São Paulo, debut de siécle:* La ville d'en bas. Paris: L'Harmattan, 2009.

CALDEIRA, T. *Cidade de muros.* São Paulo: Ed. 34, 2000.

CAMARGO, C. (org.). *São Paulo, 1975* – Crescimento e pobreza. São Paulo: Loyola, 1976.

CAMPBELL, K., LEE, B. Sources of Personal Neighbor Networks: Social Integration, Need, or Time? *Social Forces,* 1992. 70(4), p.1077-100.

CARVALHO, I., PEREIRA, G. (orgs.). *Como anda Salvador.* Salvador: Edufba, 2006.

CARVALHO, I., SOUZA, Â., PEREIRA, G. Polarização e segregação socioespacial em uma metrópole periférica. *Cadernos CRH,* 2004. 17(41), p.281-97.

CASE, A., KATZ, L. *The Company You Keep:* The Effects of Family and Neighborhood on Disadvantaged Youths. Princeton: Nber Working Paper W3705, 1991.

CASTELLS, M. *A questão urbana.* Rio de Janeiro: Paz e Terra, 1983.

CECHI, C., MOLINA, L., SABATINI, F. *Is Social Capital a Policy Tool Against Poverty and Inequality? A Discussion of Development Strategies in Rural India 2008*. Disponível em: http://www.socialcapitalgateway.org.

CEM. *Mapa da vulnerabilidade social da população da cidade de São Paulo*. São Paulo: CEM/Cebrap, SAS/PMSP, SESC, 2004.

CHAMBOREDON, J.-C., LEMAIRE, M. Proximité spatiale et distance sociale. Les grands ensembles et leur peuplement. *Revue Française de Sociologie*, 1970. XI, p.3-33.

CHINELLI, F. Os loteamentos da periferia. In: VALLADARES, L. *Habitação em questão*. Rio de Janeiro: Zahar, 1980.

COLEMAN, J. Social Capital in the Creation of Human Capital. *The American Journal of Sociology*, 1988. 94, p.95-120.

CURLEY, A. Draining of Gaining? The Social Networks of Public Housing Movers in Boston. *Journal of Social and Personal Relationships*, 2009. 26(2-3), p.227-47.

CURLEY, A. *Deconcentrating Poverty:* Program Effects on Neighborhood Diversity And Social Cohesion. Conference paper for Housing Studies Association. York, UK: University of York, 2008.

D'ANDREA, T. *Redes sociais em Cidade Tiradentes. Relatório parcial de Iniciação Científica*. São Paulo: CEM/Cebrap-Fapesp, 2004.

DAVIS, M. *A cidade de quartzo:* escavando o futuro em Los Angeles. São Paulo: Scrita, 1992.

DAVIS, M. *Planeta favela*. São Paulo: Boitempo, 2006.

DE LA RÚA, A. Proceso de identificación política mediante redes transnacionales de amistad. In: PORRAS, J., ESPINOZA, V. *Redes:* enfoque y aplicaciones del análisis de redes sociales (ARS). Santiago do Chile: Universidad Bolivariana, 2005.

DEGENNE, A. Tipos de interacciones, formas de confiança y relaciones. *Redes – Revista Hispana para el Análisis de Redes Sociales*, 2009. 16 (3), p.63-91.

DI MÉO, G. *L'homme, la societé, l'espace*. Paris: Anthropos, 1991.

DIANI, M., MCADAM, D. *Social Movements and Networks:* Relational Approaches to Collective Action. Oxford: Oxfrod University Press, 2003.

DOMINGUES, S. Estrategias de movilidad social: el desarrollo de redes para el progreso personal. *Redes,* out-nov 2004. 7(1). Disponível em: http://revista-redes.rediris.es/pdf-vol7/vol7_1.pdf.

DRAIBE, S. O *welfare state* no Brasil: características e perspectivas. *Ciências Sociais Hoje*, 1989. Rio de Janeiro: ANPOCS/ Rio Fundo, 1989a.

DRAIBE, S. As políticas sociais brasileiras: diagnósticos e perspectivas. *Para a década de 1990:* prioridades e perspectivas de políticas públicas. Ipea: Políticas sociais e Organização do Trabalho Brasília: Ipea/Plan, 1989b, n. 4.

DUJISIN, R. Multitudes y redes en la caída de Milosevic. *Redes – Revista hispana para El Análisis de Redes Sociales* 2008. 15, p.94-105.

DUJISIN, R., JARIEGO, I. Las puentes interlocales: las redes personales de los universitarios alcalareños en Sevilla. In: PORRAS, J., ESPINOZA, V. *Redes:*

enfoque y aplicaciones del análisis de redes sociales (ARS). Santiago do Chile: Universidad Bolivariana, 2005.

DUREN, N. Planning à la Carte: the Location Patterns of Gated Communities Around Buenos Aires in a Decentralized Planning Context. *International Journal of Urban and Regional Research*. 30(2), p.308-27.

DURHAM, E. A sociedade vista da periferia. In: KOWARICK, L. *As lutas sociais e a cidade*. Rio de Janeiro: Paz e Terra, 1988.

DURLAUF, S. The Membership Theory Of Poverty: The Role Of Group Affiliations in Determining Socioeconomic Outcomes. In: DANZIGER, S., HAVERMAN, R. *Understanding Poverty*. Nova York: Russell Sage, 2001.

DURSTON, J. Capital social: parte del problema, parte de la solución, su papel en la persistencia y en la superación de la pobreza en America Latina y Caribe. In: ATRIA, R. et al. *Capital social y reducción de la pobreza en America Latina y Caribe*: en busca de un nuevo paradigma. Santiago do Chile: Cepal, 2003.

ELSTER, J. A Plea for Mechanisms. In: HEADSTROM, P., SWEDBERG, R. *Social Mechanisms*: an Analytical Approach to Social Theory. Cambridge: Cambridge University Press, 1998.

ELSTER, J. Marxismo, funcionalismo e teoria dos jogos. *Lua Nova,* 1987. 17, p.163-89.

EMIRBAYER, M. Manifesto for a Relational Sociology. *American Journal of Sociology,* 1997. 103(2), p.231-317.

ESPING-ANDERSEN, G. *Fundamentos sociales de las economías postindustriales*. Barcelona: Ariel, 2000.

ESPING-ANDERSEN, G. Towards the Good Society, Once Again? In: *Why Do We Need A New Welfare State?* Oxford: Oxford University Press, 2002.

FAINSTEIN, S., GORDON, I., HARLOE, M. *Divided Cities:* New York and London in the Contemporary World. Londres: Basil Blackwell, 1992.

FARIA, V. A conjuntura social brasileira: dilemas e perspectivas. *Novos Estudos Cebrap,* 1992. 33, p.103-14.

FARIA, V. Divisão inter-regional do trabalho e pobreza urbana: o caso de Salvador. In: SOUZA, G., FARIA, V. (orgs.). *Bahia de todos os pobres*. Petrópolis: Vozes/Cebrap, 1980.

FAWAX, M. An Unusual Clique of City-Makers: Social Networks in the Production of a Neighborhood in Beirut (1950-75). *International Journal of Urban and Regional Research*. 32(3), p.565-85.

FELTRAN, G. *Fronteiras de tensão:* um estudo sobre política e violência nas periferias de São Paulo. 2008. Tese (Doutorado). Unicamp.

FELTRAN, G. "Travailleurs" et "bandits" dans la meme famille: manières de dire et signification politique. In: CABANES, R., GEORGES, I. (orgs.). *São Paulo, debut de siécle:* La ville d'en bas. Paris: L'Harmattan, 2009.

FELTRAN, G. Notes sur lês "debats" du "monde du crime". In: CABANES, R., GEORGES, I. (org.). *São Paulo, debut de siécle:* La ville d'en bas. Paris: L'Harmattan, 2009b.

Eduardo Marques

FERRAND, A. Las comunidades locales como estructuras meso. *Revista Hispana para el Análisis de Redes Sociales* set-nov, 2002. 3(4). Disponível em: http://revista-redes.rediris.es.

FIGUEIREDO, A., TORRES, H., BICHIR, R. A conjuntura social brasileira revistada. *Novos Estudos Cebrap,* 2006. 75, p.173-84.

FIGUEIREDO, A. et al. Relatório final Projeto BRA/04/052 – Rede de Pesquisa e Desenvolvimento de Políticas Públicas: REDE-IPEA II. mimeo., 2005.

FILGUEIRAS, F. *Una mirada crítica al assets-vulnerability approach.* Santiago do Chile: Cepal, mimeo., 2004.

FIORI, J., KORNIS, G. Além da queda: economia e política numa década enviesada. In: GUIMARÃES, R., TAVARES, R. *Saúde e sociedade no Brasil dos anos 80.* Rio de Janeiro: Relume Dumará, 1994.

FONTES, B., EICHNER, K. A formação de capital social em uma comunidade de baixa renda. *Redes: Revista Hispana para el Análisis de Redes Sociales,* 7 (2), out-nov., 2004. Disponível em: http://revista-redes.rediris.es

FREEMAN, L. *The Development of Social Network Analysis:* a Study in Sociology of Science. North Charleston: Booksurge, 2002.

FREEMAN, L. *The Development of Social Network Analysis.* Vancouver: Empirical Press, 2004.

GANZEBOOM, H.; DE GRAAF, P., TREIMAN, D. A Standard International Socio-Economic Index of Occupational Status. *Social Science Research,* 21, p.1-56, 1992.

GOMES, S., AMITRANO, C. Local de moradia na metrópole e vulnerabilidade ao emprego e desemprego. In: TORRES, H., MARQUES, E. *São Paulo:* segregação, pobreza e desigualdades sociais. São Paulo: Senac, 2005.

GONZALEZ DE LA ROCHA, M. From the Resources of Poverty to the Poverty of Resources? The Erosion of a Survival Model. *Latin American Perspectives,* 28, 2001: 72-100.

GRAFIMEYER, Y. La ségrégation spatiale. In: PAUGAM, S. *L'éxclusion*: L'état des savoirs. Paris: Éditions la découverte, 1996.

GRANOVETTER, M. The Strength of Weak Ties. *American Journal of Sociology.* v. 78 (6), p.1360-80, 1973.

GRANOVETTER, M. *A Theoretical Agenda for Economic Sociology.* Stanford, mimeo., 2000.

GREENBAUM, S. et al. Deconcentration and Social Capital: Contradictions of a Poverty Alleviation Policy. *Journal of Poverty,* v. 12 (2), 2008, p.201-28.

GROSSETTI, M. Where do Social Relations Come From? A Study of Personal Networks in the Toulouse area of France. *Social Networks,* 2005. 27(4), p.289-300.

GROSSETTI, M. Que es una relación social? Un conjunto de mediaciones diádicas. *Redes: Revista Hispana para el Análisis de Redes Sociales,* 2009. 16(2), p.44-62.

GUGLER, J., GILBERT, A. *Cities, Poverty, and Development:* Urbanization in the Third World. Oxford: Oxford University Press, 1982.

GUIMARÃES, N. Transições ocupacionais e formas de desemprego em São Paulo e Paris. In: Seminário Estrutura Social e Segregação: São Paulo, Rio de Janeiro e Paris. CEM/Cebrap, 2004.

GUIMARÃES, N. *À procura de trabalho:* instituições do mercado e redes. Belo Horizonte: Argumentum, 2009.

GUIMARÃES, R., TAVARES, R. *Saúde e sociedade no Brasil dos anos 80.* Rio de Janeiro: Relume-Dumará, 1994.

GURZA LAVALLE, A., CASTELLO, G. Benesses desse mundo: associativismo religioso e inclusão socioeconômica. *Novos Estudos Cebrap.* 2004. 68, p.73--93.

GURZA LAVALLE, A., CASTELLO, G., BICHIR, R. Redes y capacidad de acción en la sociedad civil. El caso de São Paulo, Brasil. *Redes: Revista Hispana para el Análisis de Redes Sociales,* 2007, 12, p.1-38.

GUTIERREZ, A. Redes e intercambio de capitales en condiciones de pobreza: dimensión relacional y dimensión vincular. *Redes: Revista Hispana para el Análisis de Redes Sociales,* 2008. 14(4), p.1-17.

HANNEMAN, R., RIDDLE, M. *Introduction to Social Network Methods.* Riverside: University of California, 2005.

HANNERZ, U. *Explore la ville.* Paris: Les Éditions de Minuit, 1983.

HARRIS, R.; WAHBA, M. The Urban Geography of Low-income Housing: Cairo (1947-96) Exemplifies a Model. *International Journal of Urban and Regional Research,* 2002. 12(1), p.58-79.

HEDSTORM, P., SANDELL, R., STERN, C. Meso-level Networks and the Diffusion of Social Movements. *American Journal of Sociology,* 2000. 106(1):145-72.

HEINZ, J. et al. *The Hollow Core:* Private Interests in National Policy Making. Cambridge: Harvard University Press, 1997.

HOFFMAN, R. A mensuração da desigualdade e da pobreza no Brasil. In: HENRIQUES, R. *Desigualdade e pobreza no Brasil.* Brasília: Ipea, 2000.

HOFFMANN, M., MENDONÇA, S. O mercado de trabalho na região metropolitana de São Paulo. *Estudos Avançados,* 2003. 17(47):21-42.

HUCHZERMEYER, M. The Tenement City: The Emergence of Multi-Storey Districts Through Large-Scale Private Landlordism in Nairobi. *International Journal of Urban and Regional Research.* 31(4), p.714-32.

ICELAND, J. *Poverty in America:* A Handbook. Berkeley: University of California Press, 2006.

IMMERGUT, E. The Theoretical Core of the New Institutionalism. *Politics & Society,* 1998. 26(1), p.5-34.

JACOBI, P. *Movimentos sociais e políticas públicas:* demandas por saneamento básico e saúde – São Paulo 1978-84. São Paulo: Cortez, 1989.

JANUZZI, P., JANUZZI, N. *Crescimento urbano, saldos migratórios e atratividade residencial dos distritos da cidade de São Paulo:* 1980-2000. Rio de Janeiro, 2002, mimeo.

JARGOWSKY, P. *Poverty and Place*: Ghettos, Barrios and the American City. Nova York: Russel Sage, 1997.

JARGOWSKY, P., YANG, R. The Underclass Revisited: a Social Problem In Decline. *Journal of Urban Affairs,* 2006. 28(1), p.55-70.

JARIEGO, I. A General Typology of the Personal Networks of Immigrants With Less Than 10 Years Living in Spain. In: XXIII Sunbelt Conference, 2003.

JARIEGO, I. Tipos de redes personales de los inmigrantes y adaptación psicológica. *Redes: Revista Hispana para el Análisis de Redes Sociales,* 2002. 1(1).

JARIEGO, I. *Geografías del desorden*: mallas de paisaje. El entramado de relaciones de los inmigrantes. Sevilha, 2006, mimeo.

JHA, S., RAO, V., WOOLCOCK, M. Governance in the Gullies: Democratic Responsiveness and Leadership in Delhi's Slums. *World Development,* 2007. 35(2), p.230-46.

JOHNSON, J. Anthropological Contributions to the Study of Social Networks: a Review. In: WASSERMAN, S., GALASKIEWICZ, J. *Advances in Social Network Analysis*: Research in the Social and Behavioral Sciences. Nova York: Sage Pub, 1994.

JOHNSON, R., WICHERN, D. *Applied Multivariate Statistical Analysis*. New Jersey: Prentice Hall, 1992.

KADUSHIN, C. Friendship Among the French Financial Elite. *American Sociological Review,* 1995. 60, p.202-21.

KADUSHIN, C. Some Basic Network Concepts and Propositions. In: *Introduction to Social Network Theory.* Nova York: CUNY, Draft, 2004.

KADUSHIN, C., JONES, D. Social Networks and Urban Neighborhoods in New York City. *City e Society,* 1992. 6(1), p.58-75.

KAZTMAN, R. *La dimensión espacial en las políticas de la superación de la pobreza urbana.* Montevideo, 1999, mimeo.

KAZTMAN, R., RETAMOSO, A. Spatial Segregation, Employment and Poverty in Montevideo. *Cepal Review,* 2005. 85, p.125-42.

KEYDER, C. Globalization and Social Exclusion in Istanbul. *International Journal of Urban and Regional Research,* 2005. 29(1), p.124-34.

KIRSCHBAUM, C. *Campos organizacionais em transformação:* o caso do Jazz americano e da Música Popular Brasileira. São Paulo, 2006. Tese (Doutorado) – Fundação Getulio Vargas.

KNOKE, D. *Political Networks:* the Structural Perspective. Nova York: Cambridge University Press, 1990.

KNOKE, D. et al. *Comparing Policy Networks*: Labor Politics in the U.S., Germany, and Japan. Cambridge: Cambridge University Press, 1996.

KOWARICK, L. *A espoliação urbana.* Rio de Janeiro: Paz e Terra, 1979.

KOWARICK, L. *Viver em risco:* sobre a vulnerabilidade socioeconômica e civil. São Paulo: Ed. 34, 2009.

KUSCHNIR, K. *O cotidiano da política.* Rio de Janeiro: Zahar, 2000.

LAGO, L. A lógica segregadora na metrópole brasileira: novas teses sobre antigos processos. *Cadernos Ippur/UFRJ,* 2002. 16, p.155-76.

LAHIRE, B. Do *habitus* ao patrimônio individual de disposições: rumo a uma sociologia em escala individual. *Revista de Ciências Sociais,* 2003. 34(2), p.7-29.

LAMMONT M., SMALL, M. How Culture Matters for the Understanding of Poverty: Enriching our Understanding. In: HARRIS, D., LIN, A. *The Colors of Poverty.* Nova York: Russell Sage Foundation, 2008.

LANGENBUCH, J. *A estruturação da Grande São Paulo.* Rio de Janeiro: IBGE, 1971.

LANNA, M. *A dívida divina.* Troca e patronagem no Nordeste brasileiro. Campinas: Unicamp, 1995.

LANNA, M. Nota sobre Marcel Mauss e o ensaio sobre a dádiva. *Revista de Sociologia e Política,* 2000. 14, p.173-94.

LAUMANN, E., KNOKE, D. *The Organizational State:* Social Choice in National Policy Domains. Madison: The Wisconsin University Press, 1987.

LAZO, A. *O mundo é amplo e alheio:* dos Andes a São Paulo. Publicações Braulde Papers, 2003, n.28

LE GALÈS, P. Politiques urbaines en Europe. In: PAUGAM, S. *L'exclusion:* l'état des savoirs. Paris: Éditions la découverte, 1996.

LEVITAS, R. et al. *The Multi-dimensional Analysis of Social Exclusion.* Bristol: Department of Sociology and School for Social Policy, 2007. Disponível em: http://www.cabinetoffice.gov.uk/social_exclusion_task_force.

LIN, N. Building a Network Theory of Social Capital. *Connections,* 1999a. 22(1), p.28-51.

LIN, N. Social networks and status attainment. *Annual Review of Sociology,* 1999b. 25, p.467-87.

LIPSKY, M. *Street-level Bureaucracy, Dilemmas of the Individual in Public Services.* Nova York: Russell Sage Foundation, 1980.

LONG, N. *The Multiple Optic of Interface Analysis.* In: Unesco Background Paper on Interface Analysis. Oct, 1999. Disponível em: http://www.utexas.edu/cola/insts/llilas/content/claspo/PDF/workingpapers/multipleoptic.pdf.

LONKILA, M., SALMI, A. El colectivo obrero ruso y La migración. *Redes:* Revista hispana para el análisis de redes sociales, 2008. 15, p.32-47.

LOTTA, G. *Saber e poder:* agentes comunitários de saúde aproximando saberes locais e políticas públicas. São Paulo, 2006, Dissertação (Mestrado) – Fundação Getulio Vargas.

MAHONEY, J. Beyond Correlation Analysis: Recent Innovations in Theory and Method. *Sociological Forum,* 2001. 16(3), p.575-93.

MAILLLOCHON, F. La iunvitación al matrimonio. Una aproximación a las redes de sociabilidad de la pareja. *Redes:* Revista hispana para el análisis de redes sociales, 2009.16(5), p.128-58.

MALOUTAS, T. Segregation and Residential Mobility: Spatially Entrapped Social Mobility and its Impact on Segregation in Athens. *European Urban and Regional Studies,* 2004. 11(3), p.195-211.

MARCUSE, P. Space and Race in the Post-fordist City: the Outcast Ghetto and Advanced Homelessness in the United States Today. In: MINGIONE, E. *Urban poverty and the Underclass*. Londres: Basil Blackwell, 1996.

MARCUSE, P. The Enclave, the Citadel and the Ghetto: What Has Changed in the Post-fordist U.S. city. *Urban Affairs,* 33, p.228-64, 1997a.

MARCUSE, P. The Ghetto of Exclusion and the Fortified Enclave: New Patterns in the United States. *American Behavioral scientist,* 1997b. 41(3), p.311-26.

MARICATO, E. *A proletarização do espaço sob a grande indústria. O caso de São Bernardo do Campo*. São Paulo, 1977. Tese (Doutorado) – Faculdade de Arquitetura e Urbanismo, USP.

MARICATO, E. *Política habitacional no regime militar*. Rio de Janeiro: Paz e Terra, 1987.

MARICATO, E. Metrópole, legislação e desigualdade. *Estudos Avançados,* 2003. 17(48), p.151-66.

MARQUES, E. *Estado e redes sociais:* permeabilidade e coesão nas políticas urbanas no Rio de Janeiro. Rio de Janeiro: Revan/Fapesp, 2000.

MARQUES, E. *Redes sociais, instituições e atores políticos no governo da cidade de São Paulo*. São Paulo: Annablume, 2003.

MARQUES, E. Elementos conceituais da segregação urbana e da ação do Estado. In: MARQUES, E., TORRES, H. *São Paulo:* segregação, pobreza urbana e desigualdade social. São Paulo: Senac, 2005.

MARQUES, E. Leis gerais, explicações e mecanismos – para onde vão nossas análises? *Revista Brasileira de Ciências Sociais,* 2007. 22(64), p.157-61.

MARQUES, E., BITAR, S. Grupos sociais e espaço. *Novos Estudos Cebrap,* 2002. 64, p.123-31.

MARQUES, E., SARAIVA, C. As políticas de habitação social, a segregação e as desigualdades sociais na cidade. In: MARQUES, E., SARAIVA, C., TORRES, H. *São Paulo:* segregação, pobreza e desigualdades sociais. São Paulo: Senac, 2005.

MARQUES, E., TORRES, H. *São Paulo:* segregação, pobreza e desigualdades sociais. São Paulo: Senac, 2005.

MARQUES, E. et al. Personal Networks and Urban Poverty: Preliminary Findings. *Brazilian Political Science Review,* 2008. 2(1), p.10-34.

MARQUES, E., GONÇALVES, R., SARAIVA, C. As condições sociais na metrópole de São Paulo na década de 1990. *Novos Estudos Cebrap,* 2005. (73), p.89-108.

MARQUES, E., SCALON, C., OLIVEIRA, M. Comparando estruturas sociais no Rio de Janeiro e em São Paulo. *Dados* – Revista de Ciências Sociais, Rio de Janeiro, 2008, 51(1), p.215-38.

MARSDEN, P. Recent developments in network measurement. In: CARRINGTON, P., SCOTT, J., WASSEMAN, S. *Models and Methods in Social Network Analysis*. Cambridge: Cambridge University Press, 2005.

MARTES, A., FLEISCHER, S. *Fronteiras cruzadas:* etnicidade, gênero e redes sociais. São Paulo: Paz e Terra, 2003.

MARTINE, G. A trajetória da urbanização brasileira: especificidades e implicações. In: Processo brasileiro de urbanização: diagnóstico global. Ministério das Relações Exteriores: Belo Horizonte, 1995.

MARTINE, G., DINIZ, C. Economic and Demographic Concentration in Brazil: Recent Inversion of Historical Patterns. *Urbanization in Large Developing Countries:* China, Indonesia, Brazil and India. Oxford: Oxford University Press, 1997.

MASSEY, D., DENTON, N. *American Apartheid* – Segregation and the Making of the Underclass. Harvard University Press, 1993.

MAUSS, M. Ensaio sobre a dádiva. Forma e razão da troca em sociedades arcaicas In: *Sociologia e antropologia*. São Paulo: Cosac Naify, 2003 [1923].

McCARTY, C. Structure in Personal Networks. *Journal of Social Structure,* 2005. 3, p.1-19.

McPHERSON, M., SMITH-LOVIN, L., COOK, J. Birds of a Feather: Homophily in Social Networks. *Annual Review of Sociology,* 2001. 27, p.415-44.

MINGIONE, E. Life Strategies and Social Economies in the Postfordist Age. *International Journal of Urban and Regional Research,* 1994. 18(1), p.24-45.

MINGIONE, E. *Urban Poverty and the Underclass*. Nova York: Blackwell Publishers, 1996.

MINGIONE, E. Urban Poverty in the Advanced Industrial World: Concepts, Analysis and Debates. In: *Urban Poverty and the Underclass*. Nova York: Blackwell Publishers, 1996.

MIRAGLIA, P. Apresentação. Dossiê Segurança Pública. *Novos Estudos Cebrap,* 2008. 80, p.5-8.

MIRAGLIA, P. Homicídios em São Paulo – guias para a interpretação da violência urbana. In: KOWARICK, L., MARQUES, E. (orgs.). *São Paulo:* Olhares cruzados – Sociedade, Economia e Política. Quito: Flacso, no prelo.

MISCHE, A., WHITE, H. Between Conversation and Situation: Public Switching. Dynamics Across Network-Domains. *Social Research*, 1998. 65, p.696-724.

MISCHE, A. *Partisan Politics*: Communication and Contention Across Brazilian Youth Activist Networks. Princeton: Princeton University Press, 2007.

MIZRUCHI, M., SCHWARTZ, M. *Intercorporate Relations:* the Structural Analysis of Business. Cambridge: Cambridge University Press, 1987.

MOLINA, J. Localizando geograficamente las redes personales. *Redes: Revista Hispana para el Análisis de Redes Sociales*, 2005. 8(5). Disponível em: http://revista-redes.rediris.es.

MOLINA, J., GIL, A. Reciprocidad hoy: la rede de las unidades domésticas y serviços públicos de dos colectivos de Vic (Barcelona). In: PORRAS, J., ESPINOZA, V. *Redes:* enfoque y aplicaciones del análisis de redes sociales (ARS). Santiago do Chile: Universidad Bolivariana, 2005.

MOLINA, J., LERNER, J., MESTRES, S. Patrones de cambio de las redes personales de inmigrantes en Cataluña. *Redes: Revista Hispana para el Análisis de Redes Sociales*, 2008. 15, p.48-61.

207

Eduardo Marques

MOODY, J. Peer Influence Groups: Identifying Dense Clusters in Large Networks. *Social Networks,* 2001. 23, p.261-83.

MOORE, G. Structural Determinants of Men's and Women's Personal Networks. *American Sociological Review,* 1990. 55, p.726-35.

MORENOFF, J. Neighborhood Mechanisms and the Spatial Dynamics of Birth Weight. *American Journal of Sociology,* 2003. 108(5), p.976-1017.

MORRIS, L. Informal Aspects of Social Divisions. *International Journal of Urban and Regional Research,* 1994. 18(1), p.112-26.

MOSER, C. The Asset Vulnerability Framework: Reassessing Urban Poverty Reduction Strategies. *World Development,* 1998. 26(1), p.1-19.

MOYA, E. *Repensando a questão social:* trajetórias de algumas interpretações nos Estados Unidos, França e Brasil. São Paulo, 2003. Dissertação (Mestrado em Ciência Política) – Faculdade de Filosofia Letras e Ciências Humanas, USP.

MUSTERD, S., MURIE, A. (orgs.). *The Spatial Dimensions of Urban Social Exclusion and Integration.* Amsterdã, 2002. Disponível em: www.frw.uva.nl/ame/urbex.

NAKANO, K. *Quatro Cohabs da zona leste de São Paulo:* território, poder e segregação. São Paulo, 2002. Dissertação (Mestrado) – Faculdade de Arquitetura e Urbanismo, USP.

NAZARENO, L. *Redes sociais e coalizão de poder em Curitiba (1985-2004).* São Paulo, 2005. Dissertação (Mestrado em Ciência Política) – Faculdade de Filosofia Letras e Ciências Humanas, USP.

NERI, M. Políticas estruturais e combate à pobreza no Brasil. In: HENRIQUES, R. *Desigualdade e pobreza na Brasil.* Rio de Janeiro: Ipea, 2000.

NIJMAN, J. Mumbai's Mysterious Middle Class. *International Journal of Urban and Regional Research,* 2006. 30(4), p.758-75.

NORTH, D. *Institutions, Institutional Change and Economic Performance.* Cambridge: Cambridge University Press, 1990.

NUNES, E. Carências urbanas e reivindicações populares: notas. In: ANPOCS. *Ciências Sociais Hoje: 1986.* São Paulo: Anpocs/Cortes, 1986.

NUNES, E. *A gramática política do Brasil.* Brasília: Enap/Zahar, 1997.

OLAGNERO, M., MEO, A., CORCORAN, M. Social Support Networks in Impoverished European Neighborhoods. *European Societies,* 2005. 7(1), p.53-79.

ORTIZ, M., HOYOS, J., LOPEZ, M. The social networks of academic performance in a student context of poverty in Mexico. *Social Networks,* 2004. 26, p.175-88.

OSTERLING, K. Social Capital and Neighborhood Poverty: Toward an Ecologically-Grounded Model of Neighborhood Effects. *Journal of Human Behavior in the Social Environment,* 2007. 16(1/2), p.123-47.

PADGETT, J., ANSELL, C. Robust Action and the Rise of the Medici (1400-1434). *American Journal of Sociology,* 1993. 98(6), p.1259-319.

PAMUK, A. Informal Institutional Arrangements in Credit, Land Markets and Infrastructure Delivery in Trinidad. *International Journal of Urban and Regional Research,* 2000. 24(2).

PAUGAM, S. *Les formes élémentaires de la pauvreté.* Paris: PUF, 2005.

PAVEZ, T. *Políticas públicas e ampliação de capital social em comunidades segregadas:* o programa Santo André Mais Igual. São Paulo, 2006. Dissertação (Mestrado em Ciência Política) – Faculdade de Filosofia, Letras e Ciências Humanas, USP.

PEREIRA, V. *Classes sociais e culturas de classe das famílias portuenses.* Porto: Afrontamento, 2005.

PERILLO, S., PERDIGÃO, M. Cenários migratórios recentes em São Paulo. In: Anais do X encontro nacional da ABEP, 1998.

PERRI 6. *Escaping Poverty:* from Safety Nets to Networks of Opportunity. Londres: Demos, 1997.

PIERSON, P. *Politics in Time:* History, Institutions and Social Analysis. Princeton: Princeton University Press, 2004.

PINÇON-CHARLOT, M., PRETECEILLE, E., RENDU, P. *Ségrégation urbaine:* classes sociales et équipament colletifs région parisienne. Paris: Anthropos, 1986.

POLANYI, K. *A grande transformação.* São Paulo: Campus, 1980.

POLICY RESEARCH INITIATIVE. *Social Capital in Action.* Governo Federal do Canadá, 2005a. Disponível em: http://policyresearch.gc.ca.

POLICY RESEARCH INITIATIVE. *Social Capital as a Public Policy Tool.* Governo Federal do Canadá, 2005b Disponível em: http://policyresearch.gc.ca.

PORTES, A. *Migrações internacionais:* origens, tipos e modos de incorporação. Oeiras: Celta, 1999.

POWER, A. Area-based Poverty and Resident Empowerment. *Urban Studies,* 1996. 33(9), p.1535-64.

PRETECEILLE, E. A evolução da segregação social e das desigualdades urbanas: o caso da metrópole parisiense nas últimas décadas. *Caderno CRH,* 2003, 38, p.27-48.

PRETECEILLE, E. La ségrégation sociale a-t-elle augmenté? La métropole parisienne entre polarisation et mixité. *Societés Contemporaines,* 2006. 62, p.69-93.

PRETECEILLE, E., RIBEIRO, L. Tendências da segregação social em metrópoles globais e desiguais: Paris e Rio de Janeiro nos anos 80. *Revista Brasileira de Ciências Sociais,* 1999. 14(40), p.143-62.

PUTNAM, R. Bowling Alone: America's Declining Social Capital. *Journal of Democracy,* 1995. 6(1).

PUTNAM, R. *Comunidade e democracia:* a experiência da Itália moderna. Rio de Janeiro: FGV, 1996.

RAGIN, C. *The Comparative Method:* Moving Beyond Qualitative and Quantitative Strategies. Berkeley: University of California Press, 1987.

RAMOS, D., LAZO, A. A vulnerabilidade econômica das famílias residentes na região metropolitana do Rio de Janeiro no período 1991-2000. In: XIV encontro nacional da ABEP, 2004.

RAO, V., WOOLCOCK, M. *Social Capital and Risk Management Strategies in Poor Urban Communities:* What Do We Know?, 2001. Disponível em: http://poverty2.forumone.com.

RIBAS, R., MACHADO, A. *Distinguishing Chronic Poverty from Transient Poverty in Brazil:* Developing a Model for Pseudo-Panel Data. Brasília: International Poverty Centre, 2007. Disponível em: http://www.undp-povertycentre. org.

RIBEIRO, C. *Estrutura de classe e mobilidade social no Brasil.* São Paulo: Edusc/Anpocs, 2007.

RIBEIRO, M. *História sem fim... Inventário da saúde pública.* São Paulo: Unesp, 1993.

RIBEIRO, R. Segregação, acumulação urbana e poder: classes e desigualdades na metrópole do Rio de Janeiro. *Cadernos Ippur/UFRJ,* 2002. 16, p.79-103.

ROBERTS, B. Informal Economy and Family Strategies. *International Journal of Urban and Regional Research,* 1994. 18(1), p.6-23.

ROBERTS, B. Globalization and Latin American Cities. *International Journal of Urban and Regional Research,* 2005. 29(1), p.110-23.

ROCHA, S. *Pobreza no Brasil:* afinal de que se trata? Rio de Janeiro: FGV, 2003.

ROCHA, S. Pobreza e indigência no Brasil: algumas evidências empíricas com base na Pnad 2004. *Nova Economia* 2006a. 16 (2), p.265-99.

ROCHA, S. *Renda, mercado de trabalho e escolaridade:* alguns aspectos sobre o papel de São Paulo no contexto do país. Rio de Janeiro: IETS, 2006b, mimeo.

ROCHA, R., URANI, A. Posicionamento social e a hipótese da distribuição de renda desconhecia. Brasil: quão pobres, quão ricos e quão desiguais nos percebemos? *Revista de Economia Política,* 2007. 27(4), p.595-615.

RODRIGUES, M. *Mudanças na segregação espacial em Campinas e influência sobre as redes sociais de pobres urbanos.* São Paulo, 2009. Dissertação (Mestrado em Ciência Política) – Faculdade deFilosofia, Letras e Ciências Humanas, USP.

ROSS, S. Employment Access, Neighborhood Quality and Residential Location Choice. International Seminar on Segregation in fhe City. Lincoln Institute. Boston, 2001, mimeo.

ROY, A. Urban Informality: Towards an Epistemology of Planning. *Journal of the American Planning Association.* 71(2), p.147-58.

SABATINI, F. Medición de la segregación residencial: reflexiones metodológicas desde la ciudad latinoamericana. In: CÁCERES, G., SABATINI, F. *Barrios cerrados en Santiago de Chile:* entre la exclusión y la integración residencial. Lincoln Institute of Land Policy/PUC-Chile, 2004.

SABATINI, F. Transformação urbana e dialética entre integração e exclusão social: reflexões sobre as cidades latino-americanas e o caso de Santiago do Chile. In: OLIVEIRA, M. *Demografia da exclusão social.* Campinas: Unicamp, 2001.

SABATINI, F., CÁCERES, G., CERDA, J. *Residential Segregation Pattern Changes in Main Chilean Cities:* Scale Shifts and Increasing Malignancy. Lincoln Institute of Land Policy, 2001, mimeo.

SADER, E. *Quando novos personagens entram em cena.* São Paulo: Paz e Terra, 1988.

SAHLINS, M. La pensée bourgeoise: a sociedade ocidental como cultura In: *Cultura na prática.* Rio de Janeiro: UFRJ, 2004.

SAKO, M., MURIE, A. (ed.). *The Spatial Dimensions of Urban Social Exclusion and Integration.* Amsterdã, 2002. Disponível em: www.frw.uva.nl/ame/urbex.

SALCEDO, R., TORRES, A. Gated Communities in Santiago: Wall or Frontier? *International Journal of Urban and Regional Research.* 28(1), p.27-44.

SALGADO, E. *O loteamento residencial fechado no quadro de transformação da metrópole de São Paulo.* São Paulo, 2000. Dissertação (Mestrado) – Faculdade de Arquitetura e Urbanismo, USP.

SAMPSON, R., MORENOFF, J. Ecological Perspectives on the Neighborhood Context of Urban Poverty: Past and Present. In: DANZIGER, S., HAVERMAN, R. *Understanding Poverty.* Nova York: Russell Sage, 1997.

SAMPSON, R., RAUDENBUSH, S. Neighborhoods and Violent Crime: A Multilevel Study of Collective Efficacy. *Science,* 1997. 277 (5328), p.918-24.

SANTOS, C. Loteamentos na periferia metropolitana. *Revista de Administração Municipal,* 1985. 32(174), p.22-39.

SANTOS, C. *Movimentos urbanos no Rio de Janeiro.* Rio de Janeiro: Zahar, 1981.

SANTOS, C. *Processo de crescimento e ocupação da periferia.* Rio de Janeiro: IBAM/CPU, 1982.

SANTOS, C., BRONSTEIN, O. Metaurbanização: o caso do Rio de Janeiro. *Revista de Administração Municipal,* 1978. 25(149), p.6-34.

SANTOS, G. Redes e território: reflexões sobre a migração. In: DIAS, L., SILVEIRA, R. *Redes:* sociedades e territórios. Florianópolis: Edunisc, 2005.

SANTOS, J. Uma classificação socioeconômica para o Brasil. *Revista Brasileira de Ciências Sociais,* 2005. 20(58), p.27-45.

SANTOS, W. *Cidadania e justiça.* Rio de Janeiro: Campus, 1979.

SANTOS, W. Gênese e apocalipse: elementos para uma teoria da crise institucional latino-americana. *Novos Estudos Cebrap,* 1988. 20.

SARAIVA, C., MARQUES, E. A condição social dos habitantes de Favelas. In: MARQUES, E., TORRES, H. *São Paulo:* segregação, pobreza urbana e desigualdades sociais. São Paulo: Senac, 2005.

SCALON, C., MARQUES, E. A dinâmica dos grupos sociais em São Paulo na década de 1990. XXXII Encontro da ANPOCS, 2008.

SCALON, C. *Relatório final de bolsa de professora visitante*. São Paulo: CEM/ Fapesp, 2006, mimeo.

SCHNEIDER, M. et al. Building Consensual Institutions: Networks and the National Estuary Program. *American Journal of Political Science,* 2003. 47(1), p.143-58.

SCOTT, J. *Social Network analysis*. Newbury Park: Sage Publications, 1992.

SEADE. Arranjos familiares e ciclos de vida das famílias metropolitanas de São Paulo entre 1985 e 1993. *Estudo especial:* Pesquisa de Emprego e Desemprego – PED. São Paulo, Seade/Dieese. Boletim da PED, 1995. (118 supl.).

SEADE. *São Paulo: Século XXI*. São Paulo: Alesp/Seade, 2000.

SEN, A. *Desenvolvimento como liberdade*. São Paulo: Companhia das Letras, 2000a.

SEN, A. *Social Exclusion: Concepts, Application and Scrutiny*. Development Paper 1. Manila: Asian Development Bank, 2000b.

SILVA TELLES, V., CABANNES, R. (orgs.). *Nas tramas da cidade, trajetórias urbanas e seus territórios*. São Paulo: Humanitas, 2006.

SILVA, L. *O que mostram os indicadores sociais sobre a pobreza na Década Perdida*. Relatório de pesquisa Ipea, 1992.

SILVA, M. *Redes sociais intraorganizacionais informais e gestão:* um estudo nas áreas de manutenção e operação da Planta HYCO-8. Camaçari 2003. Dissertação (Mestrado) – Escola de Administração, UFBA.

SIMMEL, G. El cruce de los circulos sociales. In: *Sociología, 2. Estudios sobre las formas de socialización*. Alianza Universidad, 1972 [1908].

SIMMEL, G. Metrópole e vida mental. In: VELHO, O. *O fenômeno urbano*. Rio de Janeiro: Zahar, 1973 [1902].

SKOCPOL, T. Bringing the State Back in: Strategies of Analysis in Current Research. In: EVANS, P., RUESSCHMEYER, D., SKOCPOL, T. *Bringing the State Back in*. Cambridge: Cambridge University Press, 1985.

SKOCPOL, T. Vision and Method in Historical Sociology. Boston: Cambridge University Press, 1984.

SMALL, M. Lost in Translation: How Not to Make Qualitative Research More Scientific. In: LAMONT, M., WHITE, P. *Report from Workshop on Interdisciplinary Standards for Systematic Qualitative Research*. Washington, DC: National Science Foundation. Disponível em: http://home.uchicago. edu/~mariosmall/Documents/Lost.pdf.

SMALL, M., NEWMAN, K. Urban Poverty After the Truly Disadvantaged: the Rediscovery of the Family, the Neighborhood and Culture. *Annual Review of Sociology,* 2001. 27, p.23-45.

SMITH, H. Housing Networks in San Jose, Costa Rica. *Habitat International* 2003. 27, p.83-105.

SMOLKA, M. Segregação social no espaço: definição do objeto de análise. In: *Estruturas intraurbanas e segregação social no espaço:* elementos para uma discussão da cidade na teoria econômica. Rio de Janeiro: Ipea/Anpec, 1983.

SOARES, R. *Estado, segregação e desigualdade:* um estudo sobre o impacto das políticas de habitação a partir das redes sociais da favela Guinle, Guarulhos. São Paulo, 2009. Dissertação (Mestrado em Ciência Política) – Faculdade de Filosofia Letras e Ciências Humanas, USP. Disponível em: http://www. teses.usp.br/teses/disponiveis/8/8131/tde-03112009-162339/.

SPOSATI, A. *Mapa da exclusão/inclusão social da cidade de São Paulo.* São Paulo: Educ, 1996.

TASCHNER, S. Espaço e população nas favelas de São Paulo. XIII encontro nacional da ABEP, 2002.

TASCHNER, S. Habitação e demografia intraurbana em São Paulo. *Revista Brasileira de População,* 1990. 7(1), p.3-34.

TAVARES, R., MONTEIRO, M. População e condições de vida. In: GUIMARÃES, R., TAVARES, R. *Saúde e sociedade no Brasil dos anos 80.* Rio de Janeiro: Relume Dumará, 1994.

TILLY, C. *Big Structures, Large Processes Huge Comparisons.* Nova York: Russell Sage foundation, 1992a.

TILLY, C. Prisoners of the State. *Historical Sociology,* 1992b. (133).

TILLY, C. *La desigualdad persistente.* Madri: Manatial, 2000.

TILLY, C. Mechanisms in Political Processes. *Annual Review of Political Science,* 2001. 4, p.21-41.

TILLY, C. Identities, boundaries and social ties. Boulder: Paradigm, 2005.

TOLEDO, B. *São Paulo:* três cidades em um século. São Paulo: Cosac Naify, 2004.

TOLEDO, D. *O empresariado paulista nos anos 90.* São Paulo, 2005. Dissertação (Mestrado em Sociologia) – Faculdade de Filosofia Letras e Ciências Humanas, USP.

TORRES, H. A fronteira paulistana. In: MARQUES, E., TORRES, H. *São Paulo:* segregação, pobreza urbana e desigualdades sociais. São Paulo: Senac, 2005 a.

TORRES, H. Políticas sociais e território: uma abordagem metropolitana. In: MARQUES, E., TORRES, H. *São Paulo:* segregação, pobreza e desigualdade sociais. São Paulo: Senac, 2005b.

TORRES, H., BICHIR, R. Residential Segregation in São Paulo: Consequences for Urban Policies In: ROBERTS, R., WILSON, R. (orgs.). *Urban Segregation and Governance in the Americas.* Austin: Palgrave MacMillian, 2009.

TORRES, H., MARQUES, E. Reflexões sobre a hiperperiferia: novas e velhas faces da pobreza no entorno metropolitano. *Revista Brasileira de Estudos Urbanos e Regionais,* 2001. 4, p.49-70.

TORRES, H., FERREIRA, M., GOMES, S. Educação e segregação social: explorando os efeitos das relações de vizinhança. In: MARQUES, E., TORRES, H., FERREIRA, M. *São Paulo:* segregação, pobreza e desigualdade sociais. São Paulo: Senac, 2005.

TORRES, H. Medindo a segregação. In: MARQUES, E., TORRES, H. *São Paulo:* segregação, pobreza e desigualdade sociais. São Paulo: Senac, 2005c.

Eduardo Marques

TORRES, H., ALVES, H., APARECIDA DE OLIVEIRA, M. São Paulo Peri-Urban Dynamics: Some Social Causes and Environmental Consequences. *Environment and Urbanization,* 2007. 19, p.207-23.

TORRES, H., BICHIR, R. Consequências da segregação residencial para as políticas públicas: o caso do atendimento básico de saúde em São Paulo. *Cadernos do CRH (UFBA),* 2007. 20, p.245-59.

TORRES, H., BICHIR, R., PAVEZ, T. Mudanças no padrão de consumo da população de baixa renda. *Novos Estudos Cebrap,* 2006. 74, p.17-22.

TORRES, H., PAVEZ, T., GOMES, S., BICHIR, R. Educação na Periferia de São Paulo: ou como pensar as desigualdades educacionais?. Workshop Neighborhood Effects, Educational Achievements and Challenges for Social Policies. Rio de Janeiro: Observatório das Metrópoles, 2006.

TROTTER, R. Friends, Relatives and Relevant Others: Conducting Ethnographic Network Studies. In: SCHENSUL, R. *Mapping Social Networks, Spatial Data and Hidden Populations.* Londres: Altamira, 1999.

VALLADARES, L., PRETECEILLE, E. Favela, favelas: unidade ou diversidade da favela carioca. In: QUEIROZ, L. *O futuro das metrópoles: desigualdades e governabilidade.* Rio de Janeiro: Observatório/ Revan, 2000.

VALLE SILVA, N. Prefácio. In: RIBEIRO, C. *Estrutura de classes e mobilidade social no Brasil.* São Paulo: Edusc/Anpocs, 2007.

VEIGA, D. *Social Inequalities and Socio-Spatial Changes: The Case of Montevideo.* RC21 Conference. São Paulo, ago. 2009.

VETTER, D. A segregação residencial da população economicamente ativa na região metropolitana do Rio de Janeiro, segundo grupos de rendimento mensal. *Revista Brasileira de Geografia,* 1981. 434, p.587-603.

VILELA, J. A dívida e a diferença. Reflexões a respeito da reciprocidade. *Revista de Antropologia,* 2001. 44(1), p.85-220.

VILLAÇA, F. *Espaço intraurbano no Brasil.* São Paulo: Studio Nobel, 1998.

WACQUANT, L. Três premissas perniciosas no estudo do gueto norte-americano. *Mana:* Estudos de antropologia social, 1996. 2(2), p.145-61.

WACQUANT, L. *Os condenados da cidade.* Rio de Janeiro: Revan, 2001.

WACQUANT, L. A estigmatização territorial na idade da marginalidade avançada. Berkeley, 2007. Disponível em: http://sociology.berkeley.edu/ faculty/wacquant/wacquant_pdf/LW-ESTIGMATIZACAOTERRITORIAL.pdf.

WACQUANT, L. *Urban Outcasts:* A Comparative Sociology of Advanced Marginality. Cambridge: Polity Press, 2008.

WASSEMAN, S., FAUST, K. *Social Network Analysis:* Methods and Applications. Cambridge: Cambridge University Press, 1994.

WEBER, M. Economia e sociedade: fundamentos da sociologia compreensiva. São Paulo, UnB/Imprensa Oficial, 1999 [1922].

WELLMAN, B. The Community Question: The Intimate Networks of East Yorkers. *American Journal of Sociology,* 1979. 84(5), p.1201-31.

WELLMAN, B. *The Persistence and Transformation of Community:* from Neighborhood Groups to Social Networks. Toronto, 2001. Disponível em http://www.chass.utoronto.ca/~wellman/publications/lawcomm/lawcomm7.PDF.

WHITE, H. Network Switchings and Bayesian Forks: Reconstructing the Social and Behavioral Sciences. *Social Research:* An International Quarterly of the Social Sciences, 1995. 62(4), p.1035-63.

WILSON, W. *The Truly Disadvantage*: The Inner City, The Underclass and Public Policy. Chicago: University Chicago Press, 1987.

WILSON, W. *Expanding the Domain of Policy-Relevant Scholarship in the Social Sciences*. Londres: Case/LSE, 2002.

WIRTH, L. O urbanismo como modo de vida. In: VELHO, O. *O fenômeno urbano*. Rio de Janeiro: Zahar, 1972 [1938].

WU, F. Urban Poverty and Marginalization Under Market Transition: The Case of Chinese Cities. *International Journal of Urban and Regional Research,* 2004. 28(2), p.401-23.

YINGER, J. Housing Discrimination and Residential Segregation as Causes of Poverty. In: DANZIGER, S., HAVERMAN, R. *Understanding Poverty*. Nova York: Russell Sage, 2001.

ZALUAR, A. Urban Violence, Citizenship and Public Policies. *International Journal of Urban and Regional Research,* 1993. 17(1), p.56-66.

ZALUAR, A., RIBEIRO, A. Teoria da eficácia coletiva e violência. *Novos Estudos Cebrap,* 2009. 84, p.175-96.

SOBRE O LIVRO

Formato: 16 x 23
Mancha: 27 x 49 paicas
Tipologia: StempelSchneidler 10,5/12,6
Papel: Off-set 75 g/m² (miolo)
Supremo 250 g/m² (capa)
1ª edição: 2010

EQUIPE DE REALIZAÇÃO

Edição de Texto
Renata Truyts (copidesque)
Thaís Totino Richter e Gabriela Trevisan (revisão)

Capa
Megaart

Editoração Eletrônica
Sergio Gzeschnik